释读金沙

——重建巴蜀先秦史

白剑 著

西南交通大学出版社

·成都·

图书在版编目（CIP）数据

释读金沙：重建巴蜀先秦史 / 白剑著. —成都：
西南交通大学出版社，2015.8
ISBN 7-5643-4173-2

Ⅰ.①释… Ⅱ.①白… Ⅲ.①巴蜀文化–考古发掘–
成都 Ⅳ.①K872.711.5

中国版本图书馆 CIP 数据核字（2015）第 189319 号

释读金沙 —— 重建巴蜀先秦史

白 剑 著

责 任 编 辑	廖艳珏	
特 邀 编 辑	廖仁龙	
封 面 设 计	米迦设计工作室	
出 版 发 行	西南交通大学出版社	
	（四川省成都市金牛区交大路 146 号）	
发行部电话	028-87600564　87600533	
邮 政 编 码	610031	
网　　　址	http://www.xnjdcbs.com	
印　　　刷	四川森林印务有限责任公司	
成 品 尺 寸	144 mm×204 mm	
印　　　张	11.125	
插　　　页	4	
字　　　数	283 千	
版　　　次	2015 年 8 月第 1 版	
印　　　次	2015 年 8 月第 1 次	
书　　　号	ISBN 978-7-5643-4173-2	
定　　　价	48.00 元	

作者在金沙文物库房考察

作者与著名考古学家王仁湘教授在三星堆博物馆前留影

金沙"螺日"（日月交合器）

北方草原东胡人战国
时期的"螺日"金器

金沙青铜"螺日"祭器

中原春秋战国时期制作的"螺日"玉器

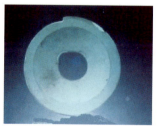

三星堆仁胜村出土的"螺日"

二里头出土的"螺日"玉器

三星堆伏羲像

三星堆青铜傩鬼

金沙石傩鬼

金沙伏羲像

河南安阳殷墟妇好墓中出土的玉傩鬼

青羊宫中青铜羊

三星堆青铜爬龙柱形器龙头
上有一对龙角和一对羊角

金沙青铜牛头

陕西贺家村西周墓中出土的青铜牛头

金沙扶桑树上的太阳鸟

三星堆扶桑树上的太阳鸟

三星堆「鱼-鸟-人」金杖

金沙"鱼-鸟-人"金带

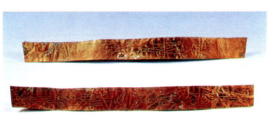

金沙两件鱼鸟合体图腾金带

良渚文化"鱼—鸟—人"三连玉器

人面鸟身的三星堆北方遇强

金沙金质遇强

三星堆金虎

三星堆"白琥"祭器

峨眉山博物馆展出的"虎食人"青铜器

金沙"虎食人"

大汶口陶制白虎

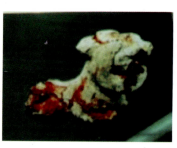

三星堆二期文化出土的土陶虎

金沙石虎

金沙铜兽面

金沙玉人像

峨眉山博物馆展出的巴人青铜"鱼凫"

金沙石蛇,为巴人图腾

玉镯

玉凹刃凿形器　　玉凿　　玉璋

玉凹腰筒形器

青铜戈

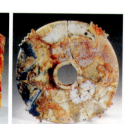

玉十节长琮　　玉四节短琮　　玉四出有领璧形器　　玉形贝饰

目 录

第一章

遭遇金沙

　　大概缘于上帝的厚爱，中国西南的四川，近十多年来，不断发现大型古代文明遗址，在三星堆文明刚刚苏醒十几年后，又在近临成都市西部一个叫做"金沙"的地方，再次发现一个庞大的古国文明，出土了大量的器物和遗留。其整体文化面貌为一处"古代的祭祀中心"，系统文化表现出与三星堆文明一脉相承。但又比三星堆内含的文化系统复杂，蜀、巴、良渚三种文化并存一庙，表现出一个具有三种文化的联盟体。然而，它们到底是谁的？该怎样为它们验明正身？已有的观点为什么会有那么多的矛盾？

金沙遗址冲天而出

　　2001 年初，成都市在扩大城市建设中，中房集团成都房地产总公司将成都西郊金沙村的一块土地列入了自己的开发计划，拟在这块土地上新建"蜀风花园"，并于年初进场施工。首先挖了两条深达 4 米多的沟槽，做给排水工程之用。2 月初两条沟基本挖成。就在此时，挖沟工人从挖掘机翻出的泥土中，发现杂有古代的青铜器，于是惊动了成都考古界，考古工作者迅速进入现场，在秘密状态下进行了为时一个月的发掘，至 3 月初消息透出，新闻媒体争相报道。于是，一个埋藏了几千年的古代文明昭揭于世。

　　这个遗址被人们习惯地称作"金沙遗址"，位于成都西部二环路与三环路之间，摸底河以南，目前已发现出土器物遗址点还靠近二环路（见图 1）。金沙遗址从发现至今，已发掘了近五年之久，地下埋藏的文物基本上已全部挖出，共获文物 2000 余件。成都市考古研究所在《金沙淘珍》一书中扼要介绍了这批文物：

　　金沙村遗址清理和发掘出土的重要文物共 2000 余件，包括金器 40 余件、铜器 700 余件、玉器 900 余件、石器 300 件、象牙骨器 40 余件等，此外还出土了数量众多的象牙和数以万计的陶器、陶片等。

　　金器的器类主要有人面像、射鱼纹带、四鸟绕日饰、鸟首鱼纹带、喇叭形器、盒形器、球拍形器、鱼形器及大量器物残片等。

其中射鱼纹带上的鸟、鱼、箭和人头的组合图案与广汉三星堆一号器物坑出土金杖上的图案几乎完全相同，是具有权力象征意义的图案；四鸟绕日饰造型生动，极富动感和韵律，是商周时期黄金艺术的精品。

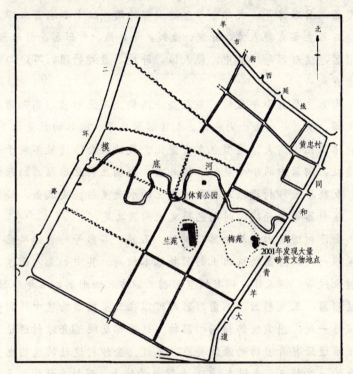

图1　金沙遗址在成都市西郊二环路至三环路之间

金沙村遗址出土的铜器器形较小，主要有立人像、牛首、曲刃戈形器、璧形器、方孔锄形器、眼睛形器、铃、贝饰等。其中立人像高约20厘米，立于座上，双手握于胸前，其造型风格与三星堆一号器物坑青铜立人像的造型十分相近。铜器均为小型器物，大多不能独立成器，应是大型铜器的附件。同时也发现有少量的铜尊圈足残片和大型铜异形器残片，暗示着今后极有可能出土大型青铜器。

玉器是金沙村遗址出土器物中数量最多、器类最丰富的一类，主要种类有琮、璧形器、斧形器、戈形器、凿形器、神人头像、环形器、贝形饰等。大部分斧形器阑部的阴线纹上都涂有朱砂。

石器主要有跪人像、卧虎、盘蛇、龟、钺、斧形器，璧形器、锛形器、凿形器等。其中，跪人像、卧虎、盘蛇的眼、耳、口部都涂有朱砂。

陶器主要有小平底罐、袋足盉、高柄豆及豆形器、高颈罐、圈足罐、瓶、尖底盏、尖底杯、束腰形器座等。陶器的数量很多，有的体量相当高大，造型也富有变化，反映出金沙遗址不同于普通遗址。陶器中的小平底罐、袋足盉、高柄豆和豆形器、细颈瓶等，反映了金沙村遗址与三星堆文化的承袭关系；尖底盏、矮柄豆、簋形器等又开战国时期巴蜀文化陶器之先河。

金沙村遗址出土的金器、铜器、玉器、石器等的总体风格与三星堆一、二号器物坑出土的器物基本相同，其中如金人面像、金射鱼纹带、铜人像、铜有领璧形器、铜方孔锄形器、玉斧形器、玉璧形器、玉戈形器、玉凿形器都可以在三星堆器物坑中找到造型风格一致、图案纹饰相同的器物，这些都反映了金沙村遗址与三星堆遗址有着密切的源流关系。不过，金沙村遗址的遗物也有自身的一些特点，表现在：① 金器数量较大，形制多样化，多数器类不见于三星堆遗址；② 玉器数量众多，品种齐全，几乎囊括了中国青铜时代玉器的主要种类，并且大型玉器和微型玉器并存；③ 众多的圆雕石像，种类有跪人像、卧虎、盘蛇等，在国内极其罕见；④ 陶器中尖底盏、尖底杯、高颈罐、圈足罐等是十二桥文化的典型器物，其器类的丰富程度远远超过了十二桥遗址群，是十二桥遗址的中心和典型遗址。

同时在金沙遗址处还发现了一些同期遗迹,也在同书中给出,其主要遗迹有:

1. 房址 主要发现了在金沙村的"兰苑"和黄忠村"三合花园"。均为挖基槽的木(竹)骨泥墙式建筑。有两种建筑形式:第一种是基槽内仅有密集的小柱洞,这种房址面积一般较小;第二种是基槽内除了密集的小柱洞外还间隔一定距离(1米左右)有一大柱洞,这种房址面积较大。所有房址的方向基本都为西北—东南朝向。

2. 陶窑 发现于金沙村的"兰苑"、黄忠村的"三合花园"和"金都花园"。均是小型馒头窑,面积约6平方米。由工作面、窑门、火膛、窑室组成,窑室多呈前低后高的斜坡状,是四川省目前发现的时代最早的窑址群。

3. 墓葬 主要发现于金沙村的"花苑"和"体育公园"内。墓坑均为西北—东南向,头朝西北或东南,以东南方向为主。葬式有一次葬和二次葬,一次葬均为仰身直肢。约半数的墓葬无随葬品,有随葬品的器物也不多,主要是陶器。只有5座墓葬随葬器物较丰富,不仅有陶器,还有一定数量的铜器和玉器等。

4. 灰坑 遗址各地点都有散布,但以金沙村的"兰苑"等地数量最多。多为圆形灰坑。有少数圆形灰坑形制极为规整,并有成排分布现象,其中一个灰坑出土了较多无实用价值的特殊陶器。这类灰坑的功能是一个值得注意和研究的内容。

5. 象牙堆积坑 位于金沙村"兰苑"东北角。该坑坑口露头于第⑦层下,坑在发掘前的机械施工中已遭到严重破坏,现存部分平面为三角形。残长1.6米,残宽0.6米。坑内有两层填土:第一层填土为褐色土,厚约0.6米;第二层填土为沙土,沙土中有规律地平行放置了大量的象牙,象牙最长者近150厘米。象牙经过初步鉴定系亚洲象。从断面观察,象牙共分8层放置。在坑内还有大量的铜器和玉器。由于象牙的保护还处于实验阶段，该坑未继续发掘，详细情况尚不十分清楚。

6. 石礼器半成品分布区　位于"梅苑"的东北部发掘区的南部，分布面积约 300 平方米。这个范围内石制的璧形器和斧形器（璋）分布密集，形成西北高、东南低的倾斜堆积，层层叠压，器物之间多有黄土相隔。在该区未发现房址和制作石器的残渣等剩料，发掘工作也还没有结束，其性质还有待进一步的发掘与研究。

7. 猪牙、鹿角、美石分布区　位于"梅苑"的东北部发掘区的北部。从发掘前施工机械开挖的断面观察，该分布区的面积约在 300 平方米以上。从已清理的情况看，上述遗物堆积较为零乱，似无规律，但仔细观察，野猪獠牙多在鹿角之上。野猪牙经过初步鉴定全系野猪下犬齿，说明这些是经过专门挑选的，不是随意所为。

金沙遗址出土了如此之多的青铜、金、玉、石器和遗址群，表现了一个大规模的古代文明遗存。可以说是成都平原除三星堆之外，出土有价值的器物最多、包含的文化信息量最大的古代遗址了。不过，书中对某些器物的定名尚嫌不够准确，而且将不同时期也不是同一文化系统、性质的遗存也纳入其中。同时，文中又联系成都平原的其他遗址，如十二桥、三星堆等及其近邻的"黄忠村"、"体育公园"等处遗址，杂述杂议，难以让非专业读者明白。因为"金沙遗址"是一座独立的圣城，尽管周围的遗址与它有同时代的关系，但由于文化性质和内涵并不一致，因而，放在一起混说，容易冲淡对"金沙遗址"的专门讨论。本书就将专门针对"金沙遗址"进行讨论，在引用其他文化时，会加以说明，以避免混淆。

金沙遗址出土后，着实让成都人民兴奋了好久，成了成都市民相当长一段时间的热门话题，各媒体也争相用了大量篇幅报道，热情至今不减。然而，激动之后，人们开始冷静下来：一个实实在在的古代文明遗址出土，总应为它验明正身，弄清它的来龙去脉，产生的时间、文化性质，等等，才能理直气壮地向人介绍自己的先祖文化吧！于是，成都市的专家们，包括从北京飞来的专家们以及热情关注金沙遗址的爱好者们，都开始纷纷猜测，凭借已发现的种种现象及已知的有关成都平原的古代文化，打算弄清金沙遗址的客观情况，为它验明正身，以便用最合适的嫁妆包装它。

迄今对金沙遗址的文化性质定位喊得最响亮的口号是"三星堆第二"。

由于金沙遗址出土了相当部分与三星堆相似相同的器物，特别是其中的玉器、青铜戈、金带及其上的图案等，都非常一致；只有同样文化系统的后人才会沿承先祖文化的规制，那么，金沙遗址的古人就有可能是三星堆族的后裔。从遗址出现的大概时间来看，也有这样的空间，因为金沙遗址正是出现在三星堆文明放弃之后的一个时期。于是，一些同志凭借这一现象，简单地预支了"金沙遗址就是继三星堆之后在成都平原兴起的同一文化"的观点。

然而，这一观点过于简单，容易将人导向误区。

1. "三星堆文明"的性质至今尚在争议中。传统的"三星堆三期文化来自广汉土著商代中晚期的杰作"之观点，迄今找不到一例有力的证据。又将"金沙遗址"冠以"三星堆第二"，等于说还是弄不清楚。

2. 虽然金沙遗址出土了与三星堆文化中惊人一致的器物，但也同时出土了与三星堆文化完全不一样的器物。这就不能简单等同，三星堆三期文化（出土青铜、金、玉等器物的时期），文化面貌非常单纯，就是单纯的"蜀文化"，没有其他文化介入。而金沙

7

遗址出土的器物中，除了沿承有三星堆文化之外，还有非常典型的"巴文化"和"良渚文化"中的器物。如巴人崇拜的最高图腾"虎"（"开明"王朝之号亦为"白虎"）、"良渚文化"中的多节玉琮等器物，这些器物及文化均不见于三星堆遗址。因此，不能简单地将"金沙遗址"等同于"三星堆第二"。

3. 从目前有关"金沙遗址"文化面貌的定性来看，由于简单地认为它是"三星堆第二"，导致了对古蜀史最为复杂的一段鲜为人知的历史被掩盖，以至丢失。因为这样的定位，就会给人这样一个错觉：古蜀历史很单纯，三星堆就是古蜀第一个大型的统治中心，紧接着就是"金沙中心"，之后就是秦人入蜀，灭掉开明十二世，之后就是秦汉。事实上，古蜀历史并非如此单纯。因为古蜀史上还有一个"诸王时代"（即"五王时代"）的传说。而"诸王时代"正好嵌在三星堆与金沙两个中心兴立之间的几百年间，其间有着丰富的故事，本书将在后面分析。

由此看来，目前用"三星堆第二"来为"金沙遗址"的文化性质定位，还不够准确。

金沙故城何时有

如果说弄清一个古代文明的文化性质，便能确定"它是属于谁的"，那么，紧接着人们就会提出另一个问题：它产生于什么时间？金沙遗址出土后，同样面临着这个问题：金沙遗址出现于什么时间？

这是个不深入研究便很不容易回答的问题。因为金沙遗址发现时，有着极为复杂的现象，像雾一般遮盖着它的真实面目。如果仅凭某种单一现象，极易误断。让我们先看看已有的观点：

《金沙淘珍》一书，是成都市考古所在金沙遗址的发掘基本结束，并参照了不少学者的研究而形成的，因而其中对金沙遗址的观点具有一定的代表性。书中首先给出了一个蜀内学者建立的古蜀历史序列：宝墩村文化—三星堆文化—十二桥文化—上汪家拐遗存。

这个"序列"将三星堆文化视为宝墩文化的延续，是蜀地部分学者的认识。从目前掌握的情况来看，这个认识不一定有说服力。书中同时认为"金沙遗址与第三阶段即十二桥文化最为近似"。因而下判："我们认为金沙遗址的年代上限应在商代晚期，下限可至春秋时期，主体文化遗存的时代应在商代晚期到西周早期，属十二桥文化偏早阶段。"

请读者注意，这里已为"金沙遗址"的时间定位于"上限在商代晚期，下限可至春秋时期"，即距今 3200～2700 年间。同时认为"主体文化遗存"即遗址中出土的青铜、金、玉、石等礼器，出现于"商代晚期至西周早期"，也即距今 3200～2900 年间。

同书中另一处更加明白地写道："金沙村遗址的发现使我们意识到，成都作为都邑并不始于战国时期蜀开明王朝的第九世君王。它至迟在商代晚期就已经成为成都平原的一大都会，根据金沙村遗址的发现可以推测，成都的城市最初是在今市区的西北，由西北向东南逐渐移动和逐渐扩展，到了唐代末期才发展到了两江交汇处。金沙村遗址—蜀开明王城—秦汉的大、小城—唐末以后的罗城—现代的成都城，就是成都城市发展的足迹。"

注意！这里又将"金沙遗址"与"开明王城"割离，并认为是先后兴起于两个时代又互有承继关系的蜀地中心，这样的划分与公认的蜀史不相符合。因为金沙遗址出土的大量礼器表明，它就是一座都城，那么，开明时代的都城又在哪里呢？金沙遗址又是谁的都城呢？

综前所述，不难看出，成都市的学者们对金沙遗址的断代基本上集中在"商代晚期至西周早期、下限为春秋"这一时期，然而，这一断代导致了许多无法解决的矛盾。

1. 前述大量出土于金沙遗址的器物，在《金沙淘珍》一书中，也被断代于"商晚期至西周"这一阶段。但同出一个遗址的"玉十节长琮"（见图2）却被断代为"龙山时代"；"玉凹腰筒形器"（见图3）又被断代为"龙山时代至晚商"；"玉璧状斧形器"被断代为"夏代晚期"！这就让人不理解了，遗址出现的时间上限为"晚商"，这些同遗址出土的器物都早于遗址整体时间几百至一千年，岂不自相矛盾！这些器物是从哪里来的？为何早出？

图2　玉十节长琮

图3　玉凹腰筒形器

不过，这种敢于将器物出现的时间超过遗址允许上限的勇气令笔者佩服。比起将三星堆出土器物拘谨地限制在一个狭小范围

内的胆怯之举，要强似百倍。

2. 遗址中出土的第一批器物，是挖掘机的杰作。挖掘机深入到地下 4 米多深，将其上的泥层反复搅拌，不仅使地下的器物脱离了原有地层层位，同时将本来埋置在上层的器物搅至 4 米以下的层位。这样就完全破坏了原有的地层层位关系，导致了无法通过地层层位为器物断代。同时，还有相当多的器物是事后从民工手中回收的，就更无断代价值。特别是不能依赖挖掘机翻入 4 米以下的器物层位断代。

3. 考古工作者进入遗址发掘后，在数百平方米的范围内，揭露了 1 米多厚的覆土，发现了一个奇怪的现象：尚未被挖掘机触碰的金、铜、玉、石等器物，都散乱地躺在离现在地面 1.5～2 米的地层中（见图 4）。只有几捆象牙有人工挖坑掩埋的迹象，其他器物都没有坑埋，包括已钻有数百个孔洞的龟甲、半成品的礼器和十几平方米的猪牙与鹿角。当时负责现场的指挥者介绍，器物躺落的地层，就是当年的地面，这些器物就像是人工分撒在几百平方米的范围内一样。由于这些器物均为古代礼器，因而引起他们思考：这是否为过去从未见过的"撒祭"？金沙遗址出土的器物，绝大部分出自这一地层，并呈散置的"撒祭"状。

4. 金沙遗址的器物，出现在离现在地面以下 1.5～2 米的地方，这个层位也具有推断时代的证据性。前面给出了一些学者认为这个地层出土的器物为"商代晚期至西周"的观点，那么，让我们看看这个层位的地层是否是这一时期呢？

由于成都平原处于较低海拔带，又是一块盆地，周围山上和高原剥蚀的尘土，大都汇集到成都平原堆积，逐年增厚。通过近几十年的考古实践，成都地区的考古工作者对地下不同层位遗址的年代已有基本掌握，其原因就在于成都平原地面的堆积速度和厚度基本一致。

图4 金沙遗址发掘工地，地面以下1米多就是器物出现的地层

这里以"十二桥遗址"为例比较。"十二桥遗址"位置也在成都西部，离"金沙遗址"不到半公里（现在仍名"十二桥"），而且其分期文化一度又与金沙遗址相似，因而是最理想的比较例子。

1985年12月发现的成都十二桥遗址（见图5），其文化层堆积厚达4米以上，共分文化层十三层，推定最早的年代为距今3700～3500年的商代早期。

"十二桥遗址"最底层的文化被推定为"商代早期"，其层位在离现在的地面以下4米多，"金沙遗址"的器物埋藏在离现在地面以下1.5～2米的层位中，却被断为"商代晚期"，差别太大。

"十二桥遗址"上面的同层位情况又是怎样的呢？

图5 十二桥遗址发现的"干栏式"建筑（恢复图）

《发掘简报》上这样写道：

"第一、二层：灰色粘土，两层共厚 69～100 厘米，为近、现代的堆积。"

"第三、四、五层……共厚 132～197 厘米，……年代当属隋唐时期。"

"第六、七层……共厚 33～140 厘米，为汉代。"

"第八层，厚 10～90 厘米，为战国秦汉……"

"十二桥遗址"从地面到地下 2.5～3 米的地方，也不过才是战国秦汉时期的文化层，而相距不过几百米的"金沙遗址"地下 1.5 米左右就被判为"商代晚期至西周早期"，显然不够合理。

离现金沙遗址约 1 公里的"战国船棺"遗址，似乎也能说明同样的问题。几年前，人们在成都市中心商业街发现了一处船棺墓葬群，其年代被断为战国。由于墓葬埋在当年的地面以下，因而棺木的层位较深，但却同时发现了当时开口的地面，其地面离现在的地面也不到 2 米，与金沙遗址当年的地面层位相差不大。

这两处遗址离"金沙遗址"距离很近，最远的相距不过两公里，同在成都平原腹地，所处的环境也一致，因而可以作为最有力的对比物。可以肯定，"十二桥遗址"和"战国船棺遗址"与"金沙遗址"，在历史上，遗址上面的覆土堆积速度和厚度会非常一致。即使有差别，也可以微小到忽略不计，不会大到如此惊人的程度——厚度差错 1～2 倍，时间差错 1000 多年。

之所以弄出这么大的矛盾，是因为已有的观点，在认识上弄反了对金沙遗址的地层与器物的关系。一般情况下，人们要想弄清一件古代文物的年代，往往依赖于出土的地层层位来确定。由于金沙遗址的器物，一部分脱离了地层关系，一部分虽躺在地层中，但从器物形制上看，又应比所在层位的时间早，这样，就导致了考古工作者们首先将这些器物人为地定位在"西周早期"，然后又依赖于自定的时间去为地层定位，这就导致了与周邻遗址在同一层位时间上发生矛盾。归根结底，是人为主观意识弄出的麻烦，其根本原因又在于尚未把握遗址的整体情况。

已有的观点对"金沙遗址"还有一个误识。考古学在遗址文化层中发现了有从西周早期至后来的人类文化遗存，说明此地从西周初期开始就有人类活动了，但并不能说明出土的器物就一定出现在西周早期，与遗址最原始的文化同期出现，只能说器物出现在遗址中的某个阶段。一般情况下，一个遗址上呈现的文化总是从原始到发达，越是早期越落后原始，越到后期越发达，有一个从原始到发达的文明积累和过渡过程。金沙出土的部分器物相对于其整体文化而言，比遗址上的早期文化要进步得多，因而不可能一开始就出现，而应出现在遗址存在的某个时期。具体的时期得通过其他方面的情况综合论证。

不知是天意还是巧合，三星堆遗址中出现的同类情况，从现象上看，与金沙正相反，从实质上看又惊人相似：三星堆遗址中的器物被集中在两只土坑中埋藏，金沙的器物当年被散乱地撒在几百平方米的平地上裸置，但两者都有一个共同的特点——它们都脱离了可以确定断代的地层关系，这就必然给今天的考古工作带来不可避免的困难。

要确定金沙遗址的文化性质及其年代，需要从多个方面入手，结合蜀史，深刻挖掘其文化内涵，通过多角度综合研究，才能如愿。本书就拟从多个角度全方位阐释金沙遗址，并通过对金沙遗址的读释揭示整个成都平原的早期历史，披露诸多古蜀至今不被人知的历史秘案。

第二章

诸神复活

　　金沙出土的器物，原本是一组"五行"傩祭神明图
腾，与三星堆出土的祭祀器物为同一系统。有不少器物
还保留着神系先祖早期形象和特征。只需进行对比，便
一目了然。本章同时介绍了这些器物的产生原因和传播
地域及负载的文化背景。当然，有不少器物现在的定名
和解释与真相较远，也在此一并纠正。

五行傩祭

金沙出土的器物中,有相当部分与三星堆出土器物相近相似,似与三星堆祭器有同样的祭祀系统。但由于迄今为止,史界大部分人尚未弄清三星堆文明的内涵,也没有弄清三星堆出土的器物的名称及相互关系,因而,说金沙出土的礼器与三星堆来自同一系统,还是等于没有结论。虽然发现了它们两者相似,但仍不知道这些器物的名称、作用、布挂方式,等等。

笔者对三星堆文明进行了长期的研究,并因此揭示出一个早就存在、普遍见于中国史前遗址的祭祀系统。同时也发现了金沙出土的器物与三星堆祭祀系统基本一致,虽有少量的变异,那是因为后期祭祀活动的演变,本质上还是同一系统。这一庞大的华夏民族核心祭祀文化系统,笔者已在三年前出版的《文明的母地》和近期出版的《华夏神都——全方位揭谜三星堆文明》两书中作过介绍,这里为了较详尽地分析金沙遗址出土器物内含的华夏祖源文化,再行结合金沙的器物,扼要介绍这一系统。本书中大凡涉及三星堆文明的地方均在上述两部书中有过介绍。

这个庞大的华夏民族(包括西南少数民族)共同拥有并承继至今的祭祀文化系统,笔者将其归纳为"五行傩祭"。

华夏民族从古至今传下一个深刻的核心文化,就是"五行"文化系统。"五行"文化大约兴起于距今5~10万年前的昆仑时期。"五行"初起时,古人只是朴素地认为,天地宇宙是由金、木、水、火、土这五种物质构成，后来又认为这五种物质分别由五位星神掌握，因而又将这五称赋予天上的五颗星辰，再后来又认为这五星分别占有部分天区，于是又将五星在理论上分置（也参考了一定的观察事实）四个方位和中央，并逐渐固结成古人认为的宇宙布局，形成了古人的宇宙观。由于古人生活在浓郁的神明崇拜时代，并认为天地万物及一切事物的有序运动和自然存在，包括宇宙的"五行"布构，都源于其背后神明的操纵。因而，无论做什么事，都要按照和顺应这种既定的宇宙布局，并且以虔诚之心敬祀各方天神。

由于认定天上有五方天神，并形成定制要祭祀五方天神，于是，在很早的时候，就兴起了"五行傩祭"。

. 所谓"五行傩祭"，就是指由于古人在原始初民时期就崇拜太阳神，并认为太阳神是一种"螺旋运动的神灵"，因而又别称"螺神"，早期所有祭祀太阳神的活动通称"傩（螺）祭"；由于"傩祭"的具体活动，就是祭祀五方神明，而这五方神明本质上就是太阳神的裂变，因而，所有的核心祭祀活动，特别是皇室、国家的最高级别的祭祀，就是"五行傩祭"。通俗地说，"五行傩祭"就是古人根据理论上的"五行"宇宙布局，用可操作的具体行为对这五方神灵进行的祭祀活动。

"五行"分布在远古时期一直流行，成为古人认定的唯一真实的宇宙布局。在传承过程中，又将新的发现和新的文化概念附合其上。包括方位、四季、音乐、颜色、神明系统等，至后来已如滚雪球般形成了一个庞大的系统，而每一个方位也被缀串出一个个不小的支系统。

为了较为充分地介绍华夏原始核心文化和细致分析三星堆和金沙出土的器物及全部信息，这里将古传的五行系统及各支系统列表如下，以便读者对号入座。

中国古代"五行"系统分解表

方位	季节	五行	星属	护星	主神	辅神	代表兽	五音	天干	执器	颜色	主味	五帝
东	春	木	木星	发星	太昊	句芒	苍龙	角	甲乙	圆规	青	酸	青帝
南	夏	火	火星	荧惑	炎帝	祝融	朱雀	徵	丙丁	秤杆	赤	苦	赤帝
中	年中	土	土星	镇星	黄帝	后土	黄龙	宫	戊己	准绳	黄	甘	黄帝
西	秋	金	金星	太白	少昊	蓐收	白虎	商	庚辛	量具	白	辛	白帝
北	冬	水	水星	辰星	颛顼	遇强	龟蛇	羽	壬癸	秤砣	黑	咸	黑帝

注：《淮南子》中又认为黄帝的代表虫为"蠃"（螺）；《礼记·月令》也
认为其代表虫别称"倮虫"。"螺虫"就是中央黄帝太阳神和黄龙的别
称，也是"螺日"或"盘龙"的俗化。

请读者特别注意表中各方诸神的名称及手中的法具和其他信息，因为后面的分析都将以此表为据。表中所列，是华夏民族实践了几万年的祭祀规制。此前尚无人系统分析和系统给出。

广汉三星堆故城就是蜀地在距今 3600 年前兴起的祭祀中心，其祭祀系统文化就是严格按照古传"五行"系统布局，出土器物正好构成一套完整的五行傩祭系统。

三星堆故城中心古代建有一座"三星台"，台为"一字形"高台，台上分作三段，中为灵台，左为祖台，右为社台。三星堆出土的青铜、金、玉等祭祀祀器，绝大部分都置于这三座台上。三星台中最至尊无尚的是中间的灵台，台也最高。灵台上面有浓缩的"五行"布局，分为东、南、中、西、北。并在这五方中分别置放前述"五行系统"中的各类青铜、金、玉神灵图腾，拟作宇宙中心和神灵统治中心，充作人王与天神沟通的圣地。古人们的大型祭祀活动就在这里进行。由于这种活动就是"傩祭"，故该城又圣称"傩城"。"傩城"北有"傩河"，以及严格复杂的古制文化，后面有详述。

"雒城"就是进行神圣"傩祭"的地方。所谓"傩祭",本质上就是祭祀太阳神,因为古人们将日神称作"螺(傩)"。同时按照"五行"布局的要求,在不同的时间、月份进行不同方位神灵的祭祀活动。而在进行这些祭祀时,要使用某些相适应的器物相伴合,三星堆和金沙遗址出土的器物就正好与古代的"五行傩祭"祭祀活动相吻合。金沙出土了与三星堆相似的成组器物,再加上本书中给出的尚不被人知的成都周边的祭祀系统,可以肯定,金沙故城作为当时的统治中心,也流行着与三星堆时期一致的"五行傩祭"。

"五行傩祭"初起时很原始,至后来逐渐丰富,到夏王朝时期已至鼎盛,形成了一个固定的庞大系统。周朝有着与夏朝相似的礼乐祭祀规制,因为周人也是古羌人,同为古氏羌族团后裔,族内一直流行着同样的习俗。商人灭夏后,更改了夏俗,推行商俗,因为商人不是氏羌族团后裔。周朝兴立,又抛弃了商俗,恢复了羌人祖俗,复行夏礼,又再行恢复一直在羌族中流传的傩祭。因此,夏、周两代王朝的都城也名"雒",就是传承的"傩祭中心"矣。夏、周两朝有完全一致的祭祀习俗。《诗经·颂·閟宫》有句:"奄有下土,赞禹之绪。"白话译作:"后稷从此率天下,继承大禹有德操。""后稷"就是周人敬崇的图腾始祖。此句就是指周人立国后,恢复了大禹时期的礼制。

周王朝所以恢复夏王朝时期的礼乐祭祀规制,主要原因在于周人与夏人均为纯正的氏羌族。史前的国家并非中央集权制,其联盟较为松散。各侯国均可在不影响王国统治的情况下,传承本族的祖俗。周人居地本来就在中原的最西部,较少受商俗的影响,一直执着地传承着本族的祖文化。周立国之后,当然更会抛弃商俗,大张旗鼓地将本族祖俗升为国俗。由于周与夏为共祖文化,有同族传俗,很自然地将乐(傩)俗复归到夏俗轨制之上。

周王朝的都城不仅名"洛城"，祭俗亦为"傩祭"。《尚书·洛诰》有句："王宾杀禋咸格，王入太室，祼。"白话译作："杀牲，禋祭时成王主管迎神，众神都降临了，成王便进入太室灌祭。"译者可能对史前傩祭了解不多，故未将全意译出。原文为"王入太室，祼"，"祼"就是"傩祭"，一个字就概括了史前繁多的祭仪。由于史前更早时期的傩仪活动，参祭者多为裸身，故有用"裸"代替"傩祭"之俗称（而"裸"字之音正是源于原始傩祭的裸身形象）。在上述引文中，"祼"就是指"傩祭"。联系该文中上下内容，大意是说，周国的新都"洛邑"新建落成，周成王亲自到洛邑举行新都落成剪彩仪式，举行了大规模的祭祀活动。周成王进入的"太室"，就是祭祀天地的神堂，并且亲自操持指挥"傩祭"。由此可见，周代祭俗与夏俗一致。

由于周行夏制，今天能够找到的比较完整的祭祀规则和遗存，多为西周时期的，而西周又流行夏朝礼俗，因此，我们同样可以参照西周时期的祭俗来解释三星堆夏朝的祭祀，及其后继的金沙遗址。

夏、周两代盛行"傩祭"，蜀地三星堆人也流行完全一样的"傩祭"，如此庞大的系统能够完全一样，决不可能偶然相似，百分之一百来自同一文化的传承。同理，金沙遗址也出土了与三星堆傩祭一致的祭器，也肯定为同一系统的传承无疑。

因此可以认为，金沙故城当年也是座专行祭祀的"雒城"，流行的也是"傩祭"，其故城的摆向、布局和城内祭台，也应与三星堆故城基本一致。这样，我们就能够一边与三星堆的情况对比，一边参考中原华夏古文化来释读金沙遗址了。

有关"五行"傩祭系统，《淮南子·天文训》中有清楚的介绍：

什么叫五星？东方是木星，主宰它的是太皞，辅佐它的是木神句芒，它手执圆规管理春天，它的守护神是岁星，它的代表兽

是苍龙，它在五音中属于角音，它的出现时间是十干中的甲乙；

南方是火星，主宰它的是炎帝，辅佐它的是火神祝融，它手拿秤杆治理夏天，它的守护神是荧惑星，它的代表动物是朱雀，它在五音中属于徵音，它的出现时间是十干中的丙丁；

中央是土星，主宰它的是黄帝，辅佐它的是土神后土，它手拿准绳统治各方，它的守护神是镇星，它的代表兽是黄龙，它在五音中属于宫音，它的出现时间是十干中的戊己；

西方是金星，主宰它的是少昊，辅佐它的是金神蓐收，它手拿量具管理秋天，它的守护神是太白星，它的代表兽是白虎，它在五音中属于商音，它的出现时间是十干中的庚辛；

北方是水星，主宰它的是颛顼，辅佐它的是水神玄冥，它手拿秤砣治理冬天，它的守护神是辰星，它的代表兽是龟和蛇，它在五音中属于羽音，它出现的时间是十干中的壬癸。

不难看出，古人的"崇五"之俗无处不在，以至将方位、星宿、图腾、干支、五行、五音等全部附合在一起。此引也是前面给出的"五行系统分解表"的根据。

上述所说的"五方"中，均有天帝统领，这些天帝都有名称。《周礼·天官·大宰》有句："祀五帝。"唐贾公彦疏："五帝者，东方青帝、南方赤帝、中央黄帝、西方白帝、北方黑帝。"这些"帝"均以颜色命名。其色有青、赤、黄、白、黑，并与"五行"色属相合，可见其名完全来自"五行"系统的衍生。

令人惊奇的是，古蜀所祀的诸帝与此完全一样。《华阳国志·蜀志》云："九世有开明帝，始立宗庙，……但以五色为（神）主，故其庙称青、赤、黑、黄、白帝也。"开明王朝所崇五帝与中原史前所崇完全一致，铁一般地证明了古蜀文明来自中原文明的传播。

"五行傩祭"的基本规制，从远古形成后，一直传至秦汉以后，只不过在夏代推向最高峰，之后逐渐简化和演变。至西周时，还有将"灵台"上的布饰模型化，置于天子都城外不远的地方，专供前来朝觐天子的诸侯行仪之用。

《周礼·觐礼第十》就完整地录记了这个小型的"灵台"布饰：

诸侯到天子的地方朝觐，要在国门外方圆三百步遗土为宫墙，有四个门。用土筑坛，方圆九十六尺，高四尺，把上下四方神明的像放在坛上。上下四方神明的像是木制的。四尺见方，涂六种颜色：东方青色，南方赤色，西方白色，北方黑色，上方玄色，下方黄色。用六种玉装饰：上为圭，下为璧；南方璋；西方琥；北方璜；东方圭。……摈者四次传命，天子乘坐龙马驾的车，车上载着太常旗，旗上画有日月升龙、降龙的图案。出王城门，在东门外礼拜太阳，返回来在坛上祭祀上下四方神明；在南门外礼拜太阳，在北门外礼拜月亮和江、河、淮、济四水；在西门外礼拜山川丘陵。祭天，积柴焚烧；祭山、丘陵，要到高处；祭川要向水中投入祭物，祭地要埋牲、玉。

这就是古代对"灵台"上的神明布局和"五行傩祭"的概念，包括各种器物的祭祀对象也非常准确，此俗在古代流行了几千年基本未变。基本了解了华夏古代核心文化"五行傩祭"之后，我们便可以"对号入座"来分析金沙出土的器物了。

螺旋太阳神

金沙遗址出土的器物中，最耀眼夺目的要算一件金质的"太阳器"（见图6），此器出土时非常完整，线条流畅，构形别致。

学者们一致认为这是一件"太阳器"，并为其定名"四凤朝阳"。现在又流行称它为"太阳鸟"，并成为《中国文化遗产》的图徽。由于此太阳器内有十二齿呈螺旋运动状，其中包含着深刻而古远的螺旋太阳神文化，而这一漫长的人类曾真实经历过的"螺日"文化，至今古史界知者不多，因而这里结合器物介绍一下古远的"螺旋太阳神"文化。

图6　金沙遗址出土的
四鸟朝日金器

　　人类在原始时代初期，都流行过深刻的日、月、星辰崇拜，并在后传中演变成各个复杂的神话系统。可以说人类各民族流传的所有神话故事，都来自早期的日、月、星辰崇拜在后期的人格化演绎。由于星辰之中，日、月两星在视觉中最大，故将日、月两神置于突出地位，喻为阴阳二主。特别是将太阳神传为至尊之神。

　　华夏民族也不例外，也是正宗的太阳神崇一族。《礼记·郊特牲》云："郊之祭也，迎长日之至也，大报天而主日。"郑注："天之神，日为尊"。"以日为百神之王。"孔颖达疏："天之诸神，莫大于日。祭诸神之时，日居群神之首，故云日为尊也。"《汉书·郊祀志》云："神明，日也。"

　　类似以"日"为天神之首的记载遍见于多种古文献中。由此可见，华夏先祖敬祀的核心神祇亦为太阳神。其他神明均来自太阳神的衍生和分化。同时，我们从其他诸神均要放光、发火的特征中，也可以看到其先祖太阳神的基因。

　　华夏民族为太阳神崇一族，已为史界公认。其最早期的神明文化均为太阳神崇拜。新石器时期文化遗址中出土的器物及陶片上，多为太阳画；史前多处崖画中也多为太阳画和人形"太阳神"画（见图7、8）。这都是华夏民族崇拜太阳神的例证。

图7 沧源崖画太阳神   **图8 南方地区的崖画太阳神**

　　正因为华夏民族是太阳神崇拜之民族，所以史前部族的名号及族长之号均借太阳神图腾为号，如伏羲、黄帝、炎帝、昊帝，等等，这些汉字早期的甲文构形和表达的意思均为太阳神之意，其近意来自后传的演化。

　　伏羲古作"华羲"，"华"字古音读"伏"，先秦以前为"日"之本字；"羲"字意为伟大、光明之意。因此，"伏羲"意为"伟大光明的太阳神"。

　　黄、皇相通，且通光、晃等，"黄"指太阳光的颜色，甲文构形为"日"之光焰。黄帝即光帝。张舜徽先生认为："皇，煌也，谓日出土上光芒四射也。""皇之本字为日，犹帝之本义为日。"

　　"炎"字构形为"重火"，不是普通的柴火，而是太阳喷射的烈焰之火。《白虎通义》直云："炎帝者，太阳也。"

　　昊字甲文构形为"人形头上顶着一个光芒四射的太阳"，与史前崖画中的"人形太阳神"构形一样。昊与天通，天与帝通。"帝"更是令人仰视的天神。

"帝"早期就是太阳神的专称。《荀子·疆国》:"帝,天神也。"《辞海》:"帝,最高的天神,古人想像以为宇宙万物的主宰。"《周易》有句:"帝出于辰。"说帝来自天上的星辰,而星辰就包括日、月、星,本质上还是太阳神。

古人在天神"帝"前加上"黄"、"炎"、"昊"等字符,表示"五行"各方位之图腾称号,以示各部族信奉的图腾之区别。传至后来,竟成了各部族族人之名号,实乃误传 ——其族号本指天神、太阳神。古人认为人来自神造,因而,神在某种意义上又是人的先祖,选择太阳神作为本族族号和图腾,既表示自己是天神的后代,又是对神祖的尊崇和敬祀。"图腾"一词的本意就包含有"本族之先祖亲族"之意。各部族敬祀的图腾本质上都来自太阳神的变形、分化和裂变。

古代有一种祭祀叫做"湮祀",就是将柴火堆于祭坛上,点燃之后,向火中扔进各类牺牲,如牛、羊等。这些动物的肉体会在燃烧中化作烟雾升上天空,从而让在天上飞来飞去的神们能够抽空闻一下香喷喷的牛羊肉烧烤之后的味道。那么,人们祭祀时到底要将这些香喷喷的肉味送给谁呢?

《通典·礼四·湮六宗》引郑玄注云:"湮,烟也,取其气达升报于阳也。"原来,这些随烟升空的牛羊肉的香味是为了"报于阳",即送达给太阳神的祭品。

太阳是挂在天空发光释焰的火球,每天从东到西有规律地运行,几乎没有任何变化,古人从小到老,一代又一代地目击着这一现象。每当夜晚,还可以在更遥远的地方看到亮晶晶的星星和近距离莹莹发光的月亮。古人认为太阳、月亮、星星是同一性质的神灵,故尔从太阳神崇拜引申到整个星辰崇拜,把天空中的每颗星都视为与太阳一样的神灵加以崇拜。因而在古代相当长的时期内流行着星辰崇拜。每颗星都被编上名称和序号,绘成星谱,作为太阳神来崇拜。这一习俗一直延长到春秋战国以后。《封禅书》中有载，"雍有日、月、参、辰、南北斗、荧惑、太白、岁星、镇星、二十八宿、风伯、雨师……百有余庙"，就是说仅先秦时期秦国的都城"雍"地，就有祭祀各类星辰的庙宇100多座，可见史前星辰崇拜之盛。早期的"星谱"，本是用于"占星"的"星神谱"，后来被现代天文学利用。

因此，从这个意义上讲，华夏早期传说的伏羲、黄帝、炎帝等，均为人造的神明图腾，而非人王。

不过，经研究，太阳神在古代传说中有两形两称，即"黄日"与"螺日"。黄日人人皆知，这里主要分析"螺日"。

今天还在一些地区特别是少数民族地区尚存的"傩戏"，就是早期祭祀太阳神的仪式，也即"傩仪"。由于在后传中加入了戏剧成分，演变为自娱自乐的一种古老戏剧了。早期的"傩仪"就是在"傩城"中举行的祭祀太阳神的仪式。为什么要将如此神圣的仪式称"傩（螺）"呢？"傩戏"又别称"阳戏"，传至今天的"梓潼阳戏"、"酉阳阳戏"等就是"傩戏"。可见"傩（螺）"与"阳"概念全等，可以相互置换。《史记·天官书》有句："阳则日。"注云："日，阳也。""阳"就是太阳！因而，"阳戏（傩戏）"的早期仪式，就是演绎有关太阳神的祭仪。

不过，早期的太阳神正称"螺"。由于文字晚出，书记时假借了"傩（乐、罗、雒）"等同音字，掩盖了一个起于几万年前，曾在人类早期的文化中占主体地位的庞大神明文化系统。

"螺日"文化不仅一直凸现在人类早期神明文化之中，且有大量的实物作证。

中国考古工作者在郑州大河村仰韶文化遗址中，发现了一组太阳纹（见图9）。经分析，发现其中正好有十二个不同的太阳形象。有学者认为，这是古人分别祭祀十二月太阳使用的祭器，非常正确。这正是古人在祭祀十二月太阳（古人认为每个月都有一个不同的太阳司职）的陶器破碎后留下的残片。不过，有大部分学者没有注意到，这些太阳纹，不是普通的放光日纹，而总是用"螺旋"图示表达。要么太阳自身有螺旋放射光线，要么由多个同心圆组成，要么用由粗到细的旋臂构成螺动感。一句话，这些太阳纹虽形象各异，但却有两个共同特征：一是太阳，二是螺动。综合起来看，就是"螺日"，也即螺旋运动的太阳！

图9 郑州大河村出土的一组陶片上的太阳纹，均为"螺日"

考古工作者在一座汉墓中发现了一幅浮雕，浮雕上均为"昆仑神话"中传说的图腾，但打头的却是青龙和白虎，两个图腾的中间，就是一座象征昆仑祖山的三级四方台，台上有一个明显的"螺日"（见图 10），此图以青龙和白虎象征东、西两方，以三级四方台象征昆仑祖山，所以位在东、西两方的"正中"。因为昆仑山在古传中，就立于天之正中，又似支撑天穹的天柱，神人们上下都依赖于这个天柱，所以昆仑山又被传为"帝之下都"，也即天神们在地面设立的办事处。

图10　汉墓中的浮雕：三级四方台上有"螺日"

最精彩并能与金沙此螺日器妣美的"螺日"金器，出现在北方草原战国早期的遗址中（见图11），考古学将其定名为"东胡圆形鸟纹金饰牌"，大大地降低了这件金器的文化内涵。它也是一件正宗的"螺日"！其边幅镶嵌15只鸟，头尾顺向构成一种螺动感，远看似太阳光辐射，近看就是"螺日"。而且用鸟装饰太阳更显正宗，因为古代传说的太阳版本中，最普通的就是"太阳鸟"。这件金器在本质上内含的文化与金沙"螺日"完全一致，说明华夏民族文化共祖，早期拥有完全一致的原始文化。因为金沙人与东胡人不可能在战国以前有文化上的交流，即使有，也没有人会接受。因为古人只会固执地承继先祖文化，决不会引进他族文化，况且这是最崇高的图腾崇拜，更无引进借鉴之说。

与古代汉文化紧密相关的一件可以真正称为"螺日"的器物，出土在中国北方草原新石器时期的夏家店上层文化中。夏家店遗址中有丰富的古代文化信息，文化遗留分作两期。下层文化略早一点，上层文化大约在距今4000年前左右。上层文化中多出石器、骨器、陶器工具，相对于中原的龙山文化，略显落后。但遗址中出土了一件比手掌还小的器物（见图12），证明了一个古老的"螺日"文化的存在。这件器物看似平常，就是一个小小的太阳纹，不过它是由"贝壳"制作的。考古学迄今未予深究，只是将其释

作"日纹"草草而过。

图 11　北方草原东胡人
战国时期的"螺日"金器

图 12　夏家店出土的
4000 年前的贝制"太阳纹"

实际上，这件器物蕴藏着深刻的古代日神文化。史前古人对物种的划分很粗，没有今人这样细致的划分，往往把同类事物给以同称。同样，古人将螺、蜗、贝也视为同类，早期也只有一称"螺"。因为这三种小动物都有着相似的特征：都有坚硬的角质外壳，都生活在水边，个头也都差不多大。在"螺神"崇拜的时期，古人们认为，天上的一切神灵都来自地上的动物"成精"，因而认为地面上大凡身体上有"螺纹"的动物，就是"螺神"的幼年期。当它们"成精"之后，便会嬗变为天上的"螺神"或星辰。因此，早期对天上的"螺形太阳神"崇拜，后来又延伸到地面的螺、蜗、贝崇拜，并将此类小动物统称"螺"。

夏家店上层文化中出土的这件贝质日纹，本质上表达的就是"螺日"。以"贝（螺）"为材料，制成日纹，按中国无文字时代的习惯，这样的做法就是"会意"或"暗示"类的表达，古人们此举就是表达"螺日"！

至今生活在横断山脉南端的纳西族，由于一直生活在一个与世无争的边远山区，本族几乎呈封闭式发展，因而承继着祖先的正宗传统文化。他们的象形文字和对日神的语称，似乎也能说明这一点。纳西族将管理宇宙的神称"署"，将阳神称"卢"，将阴神称"色"。其实，这种简单的对音翻译来自不谙内情的现代记者采访后的自我理解。实际上，纳西族的神也有裂变和演义，他们的最高神也是太阳神，并且直接将其称为"神"，与英语今日仍将太阳称"尚"一样，都是最原始的太阳称谓。今人误记作"署"，是方音导致的微小音变。纳西人将阳神称"卢"，实际上就是将太阳神称"螺"，仍然保留了太阳神初起时的称谓。因为大量事实证明太阳初起时就有两个同指一物的称谓：神和螺。特别是纳西人将阴神称作"色"，更是大大误译。因为纳西人所指的阴神本身就是指"蛇"。蛇是水陆两栖动物，早期为龙的代表。而龙蛇早期都被视作"水神"，水神就是"阴神"。如此准确的称谓被现代记者大大的误译，实在不该。从纳西族的太阳神裂变并未超出昆仑神系，及其几种原始称谓正好准确地反应了原始的昆仑神系来看，非常符合中国古代的神明系统，特别是保留了太阳神最原始的"螺"称，当记大功。

古人为什么要将太阳刻画成螺旋运动形态呢？这就涉及到古人的宇宙观了。古人认为，天和地不是静止存在的，而是相对旋转、相协相错运动的。

《史记·天官书》说："北斗星……用昏建者杓……斗为帝车，运中央，临制四乡。分阴阳，建四时，均五行。"意思是说，北斗七星为天地的中央，又是天帝乘坐的天车。它位处中央，管理全天下，监管四方。古人通过北斗斗柄的指向，来分辨阴阳，建立四季，区别五行分布。

《鹖冠子·环流》中又细析说：北斗的斗柄指向东为春季，指向南为夏季，指西为秋，指北为冬。

由此可见，古人认为，一年四季是因为天地旋转而形成的。因为古人把北斗柄看作一年旋转一周。同时认为，天是逆时针旋

转，地是顺时针旋转，在天地阴阳相协相错的旋转中，构成一年四季和自然界各种生命的生生不息。同时祝愿天和地就这样有序地旋转运动下去，以保障各类生命、生物有序地生活，这也是金沙出土的"日月交合器"要表达的意思。汉语今有"天旋地转"、"山不转水转，水不转人转"的说法，也许就来自早期古人对"天地对转"的宇宙认识。

从已掌握的材料和发现的实物来看，太阳神初起时被传作两类：一类是放光的日形，一类是螺旋日形。

放光的黄色太阳较好辨认，基本上就是常见的日纹。而螺形太阳神一般表现为三种形象。

第一种形象是同心圆，由多个同心圆构成。

第二种形象为"螺日"。即一个圆中间由一根线构成的螺旋纹，或者两个相扣的双螺纹。

第三种形象为"旋臂形"。即在一个圆中伸出几条螺动的旋臂，像电扇的叶片，或者在一个放光的日纹外面，配以旋动的臂表达此为"螺日"。

这三种类型的日纹均出现在郑州大河村仰韶文化出土的陶片上。同时，也可以在全世界各民族的太阳神崇拜中见到这几种表达螺旋太阳的日纹。

有关"螺日"的证据还有很多，如古老神秘的"河图"和"洛书"，表现了神灵通过两条圣河向人类传达神谕，这两条圣河分别名"黄河"与"洛河"。至今在中国大地上仍有这样两条圣水之名。其名就源自早期日神的"黄"、"螺"两称。《五行》系统的中央是黄帝之位，也亦"黄日太阳神"占据的位子，但《淮南子》又认为中央之位还有别名图腾"裸（螺）"。后来传说最响亮的"黄帝"与"嫘祖"，其本质上就是两形太阳神的人格化并沿用了两称。有关系统的太阳神，笔者已在近期将出版的《螺旋太阳神 —— 人类共同的祖神》一书中详细介绍，这里暂省。

回过头来，再谈金沙"螺日"。

金沙"螺日"，内含着丰富的华夏古文化和太阳神文化，它采用金质制作，就是为了模拟太阳的性质，古人认为太阳光是黄色的，同时认为太阳也是黄色并且发光（所以以"黄"称日），而金就正好有这两个特征。金沙人的主体为三星堆后裔，一定会承继三星堆文化，而三星堆也出土了青铜"螺日"（就是"青铜太阳器"）。过去的研究者只识其为"太阳器"，而不知其为"螺日"。太阳器内圆中有五条辐射臂，本质上为"旋臂"，其"五"数则应合"五行"以及原始时期太阳的"五彩鸟"之名。一般的太阳纹均为圆外放光，此器为圆内放光，当是表达"螺旋"无疑。由于三星堆族为夏王朝后裔，而夏王朝时期倍崇青铜，（古人认"天"为"青天"，因而"青"铜之色之称符合当时的宇宙认识。）其日纹由青铜做，而金沙人已至1000多年之后，祭俗已有演变，且又受中原的周文化影响，"金"上升为金属之最，故用金做日纹。

金沙"螺日"内圆中有十二齿，过去的学者们只注意到了金器上刻留的"阳齿"，没有注意到阳齿之间的空处，也有与阳齿一样大小的齿形，而且与"阳齿"旋转方向相反。实际上，这中间的一空一实两组齿纹，代表着阴阳天地。阳齿代表天，呈右旋，阴齿代表地，呈左旋，构成华夏古老的"天旋地转"之宇宙观念。阳齿又代表"阳、日"，阴齿又代表"阴、月"，因而，此器实际上是一种"日月（阴阳）交合器"，浓缩了古人认识的天地阴阳相融相协的宇宙观。

同时，器周围的四只凤（本质上就是代表四方的太阳鸟），头尾排列顺向一方，构成旋动，且旋动的方向与"阴齿"旋动的方向一致。凤在中国古文化中代表女性、阴性，在这里与"阴齿"同向，亦代表"地转"，与"阳齿"构成的"天旋"相协。且与前述的"东胡"人的"螺日"一周有鸟顺向旋动的布局内涵一致。可见，此器内含的系统文化，为早期华夏民族共有。

　　器成环形，又似古代的祭器"璧"。"璧"就是环状，并专用于祭天的祭器。"环"也是祭天之器，与璧形相似。"环"字古音读"旋"，也就是祭祀"螺旋转运"之天神。因而，在春秋战国时期，中原也多出这样明显呈螺旋运动的璧与环玉器（见图13）。金沙"螺日"内含的天地阴阳相协合之形，又包含着"合璧"之意。《竹书纪年·帝尧》有句："日月如合璧"，就是此意。此器内含的"合璧"吉祥之意，再次肯定璧为象征"环天"之祭天礼器。

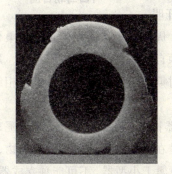

图 13　中原春秋战国时期制作的"螺日"玉器

　　此器还有"四鸟"分布四个方位拱卫中心太阳之布局。此乃华夏民族早期"五行"宇宙的经典布局，早期古人认太阳为鸟，"五行"确定了"五方"宇宙布局，太阳神又裂变为多个亚级神明，并分别占据五个方位。为了区别，仍以中央黄帝以日形表示，四方之神则用鸟形象征，此俗见于多处实物。因此，此器的四鸟实际上代表"四方"拱卫着中央，也就是一个浓缩了的宇宙中心。

　　不过，考古工作者早就在离成都不远的凉山州会理县发现了同样的图纹，一下子拉近了古蜀文化的地理距离，并为我们解决

蜀史中的某些奥秘指出了方向。不久
前，人们在会理发现了一些青铜器，
其中有一只铜鼓，称"会理四号鼓"，
鼓的整体形象近似西南少数民族的铜
鼓，但鼓面上却赫然出现了与金沙螺
日金器惊人相似的图案（见图14），
也是四鸟围绕着太阳。只不过，中心
的太阳图案呈放射的"黄日"。此经典
布局不会不让我们与金沙文化相联
系，因为此图并不是西南少数民族铜
鼓上的普通纹饰，而正是金沙之开明

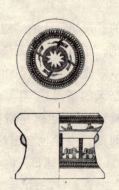

**图 14　四川会理收集的
战国时期的四号铜鼓上
有四鸟朝日图**

王朝的传播。如果再联系"邛都"周围出土了同期的青铜扶桑树
和典型的羌人陶器，以及成都平原自古有存的"邛崃"地名，那
么我们有理由将凉山州地区战国时期前后的文化与金沙遗址相结
合来分析，这一点后面详述。

　　读者现在关心的是，金沙这件器物当年会置放在什么地方呢？

　　有学者认为，这件金器是附着在某件大型礼器上的装饰物，
理由是此器的直径只有 12.5 厘米，属于小型器，不可能独立成器。
此推论是按照常理作出的，有一定的道理。但如果明白了当时金
沙圣城的青铜和黄金获取量非常微小，且艰难不易，同时知道了
整个金沙遗址出土的祭器都非常小，均为几厘米至十几厘米大，
无一大型金属祭器出土，就应当承认，它是件独立圣器，且是金
沙圣地最重要的神器之一。对于崇神的古人而言，器不在大小，
只要是神，就具有同样的神力。考虑到前述的汉墓浮雕上的"螺
日"置于三级四方台顶、汉字"昙"字甲文即为"日"在"坛"
上之构形，以及笔者已论及三星堆出土的青铜太阳器，就是置于
象征昆仑祖山的三级四方台上的木构建筑之四方，用以表示昆仑

祖山上的"昆轮（日轮）"之神。因此，可以认为，金沙出土的这件"螺日"金器，要么也会置于西城墙外的象征昆仑祖山的三级四方台顶上的木柱上，要么会因蜀地祭俗演变而置于灵台的中央，象征太阳神（代表黄、螺两日）作为宇宙中心最神圣的"核点"。其他布饰将围绕这个中心展开。

古人有一个深刻的祭俗，大凡祖承名单上有的神灵，均有专器祭祀，不能混用。《礼记》云："礼神者必象其类"，就是总结过去和指导后来的祭祀规则：必用专器祭专神。其规制就是，所用的祭器必须与所敬的神相似，或具有专神的主要特征。例如，天是"环璧"之形，因而用"环、璧"祭天；古传太阳鸟为"三足太阳鸟"，三星堆便出土了专祭南方三足太阳鸟的陶器"三足陶盉"。特别是祭祀西方白虎的祭器就叫"白琥"。

根据古人的专祭原则，金沙古人祭祀这个至高无上的"螺日太阳神"时，也应献上相应的专器。人们在金沙遗址出土的青铜祭器中，发现了这样一种器物，至今无人识得（见图15）。有关资料介绍中定名为"铜卷云形器"。这类器物可以肯定就是专门敬献给"螺日"之神的祭器。此器中心隆起如锅盖状，明显的螺动，及用青铜制作，内含着"青天"、"天穹""螺日"及圆天等四个形

图 15　金沙出土的青铜"螺日"祭器

象。由于古人认为天就是一个隆起的圆盖状，亦所谓天圆地方，而在后来，又直接将空洞的天附合于太阳之身，太阳又代表天——今天农村尚有"天老爷"之称，就是对太阳神的俗称，因此，不用怀疑，此器就是敬祀"螺日太阳神"的专器。所以出土数量很多。不过，正是因为这类器出土甚多，且工艺也好，正说明蜀人后期的青铜来源相对增多，工艺也逐渐进步。

由于华夏民族自古就有"螺日"崇拜，敬祀"螺日"之神的祭俗也当自古就有，因此，专祭螺日的祭器也应当不限于金沙，而应在多处史前遗址中发现才显合理。事实也正是这样，中国考古学几乎在所有的史前遗址都发现过类似器物，只是略有变异，且多为玉或其他材料制作。前面给出的夏家店上层文化出土的用贝制作的"螺日"器，就是其中一种。这里再给出两个遗址中发现的同类器，一处是三星堆仁胜村出土的环形玉器，一处是二里头遗址出土的同类器（见图 16、17）。这两种器物都具有前述器物的特征：圆环形、中心隆起、呈螺旋状——请注意这两种器外圆上都有一个多出的"螺头"，用以表示此器具有"螺转"特征，也可以肯定，它们出自同一文化系统，为"螺日"之祭器。

**图 16　三星堆仁胜村
出土的"螺日"玉器**

**图 17　二里头出土的
"螺日"祭器**

此器早出二里头，后至三星堆，最后又在金沙发现，再结合这几处文化中都拥有完全一致"五行傩祭"系统来看，三星堆和金沙遗址的先祖及文化来自夏王朝后裔无疑。

执规管理东方的伏羲

　　金沙遗址还出土了一具青铜人像（见图18），连足下踩的架子通高19.6厘米。由于此铜人像有诸多地方与三星堆出土的"青铜大立人"（见图19）相似，也成为人们判断金沙古人为三星堆后裔的证据之一。

图18　金沙出土的　　　　图19　三星堆出土的
　　　青铜立人像　　　　　　　青铜大立人像

　　为了充分说明此像与三星堆"青铜大立人"的一致性，及其两像的名称和内含的文化，我们先将两尊像作一个比较。三星堆这具青铜像通高2.6米，被认为是同期世界上最高的青铜人像。金沙出土的青铜人像不到20厘米，个头很小，这正是金沙诸神像的特点，均为小型器，但其中仍有严格的比例。由于金沙出土的1000多件金属器均为小型器，一些学者认为它们不是独器，而是某些大型器物上的配件。但这具青铜像与三星堆青铜像一致,"全尾全须"的一样,而三星堆此像为独具。可以肯定,金沙出土的这件青铜像也为独具。由此可认为,金沙遗址出土的绝大部分器物,均为完整的独具,而非配件。因为绝大多数器物本身就是独立的神明图腾,一直在华夏古代神话中有独立的席位,不必依托他神生存。

学者们都认为这两具像相似,但到底哪些地方相似,这里作一个分析。

1. 两像头上均饰太阳冠。三星堆铜人头饰"五齿太阳冠",由五块板饰相串,角芒朝天,表示日光的辐射。史前的太阳神均在头部用日光表示,后世巫师、端公也戴这样的"日冠",扮作半神,以望进入神界充当人类的卧底,沟通神人;金沙铜人头饰"螺日"之冠,因为金沙时期流行"螺日"崇拜。此神头上的"螺日"冠与前述的"螺日金器"正好配套,相互印证,成为以"螺日"标示神灵的神形系统。仅此即可断定,此两铜人是太阳神。至于金沙铜人头上的"日光"齿芒为13齿,其中还有故事,说明金沙古人此时已与中原有往。

2. 两铜人都平端双手,手握成"圆"状——这是最能证明两铜人是不同时代承继着同一神形的铁的证据。因为古人只会承祖文化,而且会一丝不苟地承继。先祖传说的神形是什么样,就会尽最大可能去恢复制造。而华夏民族古传神灵都有独特的特征,造型均独具经典性,不会相似相近。而有学者认为此像为人巫,如是人巫,决不可能如此严格地承继构形。

3. 两像均有"三系"身饰。三星堆铜人身背分跨前胸后背的三系并连的"绶带",金沙铜人则有三根一并相连的"发鞭"(见图20)——这一独特的相似性,被过去一些学者忽视,其实其中有深刻的故事。

4. 两像均脚踩在一个方框架子上——古人们就连这一点相似之处都没有忘记。不过，金沙铜人腹前还插了一个带柄的法器，有学者认为是"权杖"，其实当为"节器"，执此器者代表拥有行使天地之道的权力。因为"节器"本质上就是代表天地有节。此器多出中国史前遗址中，只是迄今人多不识，有关"节器"之内涵将在后续著述中详述。

图20 金沙青铜人像头饰螺日纹，背有三系发鞭

从两具铜像的制作工艺上可以明显看出，金沙铜像制作得原始粗糙；尽管他们自己也很想做好，但由于条件技术所限，尽力也只能做到如此；三星堆铜像细致精美，其身饰上还有诸多信息，金沙铜人身上不见。由此也可以看出，三星堆的青铜器不出自蜀地，否则，冶铜技术会一直延续，至金沙时期会更加成熟。事实却相反，说明金沙的青铜器是蜀人最原始的青铜器，是蜀人使用青铜的开始，所以工艺原始粗糙。

这两具铜人实际上代表的是一个完全一样的神明对象，由于三星堆铜像工艺细致、信息量大，因而，这里将两像综合一起阐释其背景。得出的结果两处皆同。

那么，此像是谁呢？他为什么会出现在一个盛大的祭祀中心？当年应当怎样置放？

此前学者们均认为此像代表行仪的祭师，在古代的傩祭中充当指挥和领队；有人认为是商周时的司宗祭之官员。尽管猜测甚多，但总起来看，不外一个观点，即都认为此像代表的是古代司号傩仪的人类装扮的巫师，在神祖面前司仪和敬授祭品。

笔者初接触这个观点就大大地无法接受，最朴素的感觉就是，古人怎敢选用如此珍贵的青铜铸造人类？在三星堆所有青铜像中，此像是用铜量最大的、神态最威严的，其神位也当是最受人尊重的，怎会是普通的人类？组器中其他表现神灵的造像，多为面具或头像或局部，个头也小，为何将神像铸造得比人像还小？为何将普通的人类铸得如此雄大？为何神人颠倒？岂不是乱了天规，亵渎神灵？

从此尊青铜像的造型、服饰及透示的诸多信息来看，无论如何也不像是由人扮演的巫。巫师为傩祭行仪的领队，傩仪的典型活动就是歌与舞，此人表情凝重肃穆，双手平端，手握一圆筒物，何以歌？何以舞？其威严的神情也不像讨好天神的媚状或驱逐傩鬼的凶相，怎么看都不像是职业巫师。

古人祀神，从来不敢请人代替，更不会专门浇铸铜像代替自己敬神。古人深信神灵无时不在、无处不在，时时刻刻都注视着人类的一言一行，谁也不敢偷懒。况且，与其这样投机，不如不事神。

《论语》云："祭如在，祭神如神在。子曰：吾不与心祭，如不祭。"此为孔子总结的前人事神的原则，并加以强调规范后人。意思是说，祭神时必须亲自去祭，必须用心去祭，犹如神灵就在自己面前一样，虔诚以祭。否则，等于没有祭，而且也不会灵验，甚至会得罪神灵。

孔子为春秋时期的礼乐学者，有着超过凡人的智力，尚且如此虔诚事神。三星堆的青铜器铸于夏代，夏代古人还要原始得多，对神明的笃信程度还要坚定得多，当更不会偷懒。可以肯定，古人决不会不亲自事神，更不敢请人代替。那么，此青铜像，也就肯定不是巫师。同时可以肯定它是一位神位极高的神灵。因为只有神灵才配用珍贵的青铜浇铸，也才配有那么辉煌的装束和身饰。

那么，此为何神呢？我们先对他的身纹装饰作一客观分析，看

看古人为何肯花费那么多时间和精力对他进行如此豪华的包装。

他身着长袍，袍上饰满各种斑斓彩纹：有龙纹、火纹，背下部有两组角芒朝外的光焰纹，背面长袍下摆上还有两组螺纹（螺阳），整体烘托出一个发光发火的神灵之型（见图21）。特别是光焰纹、龙纹及日纹，均为古代神明图腾的典型标志。古代大凡表示神灵、神兽，均以日纹相饰，作为神明的标志。这已成为判识史前出土文物的标志。至于袍上的龙纹，并不是美学意义上的装饰，而是指此神为神龙一族，具有管理、指挥神龙的权力，是龙的领导人。这一神饰，在后来的传承中逐渐突出，以至后世的皇帝都喜着"龙袍"。此俗就承自神们喜着龙袍之背景。

图 21　三星堆青铜大立人身纹

他赤足佩足镯，双足稳稳地踏在用神兽纹（有学者认为此神兽为象）支撑的底座上，稳重如山，这就更了不得！脚上的镯，为龙蛇之神灵的变相，在这里表示此神身佩的法具，可以降妖驱魔。人类的巫师决没有这个胆量，他们只能求助神灵帮助驱赶傩鬼。其坦然暴露的赤足，也令人类羡慕。在环境险恶、生产工具落后的古代，人类在野外从事生产、生活时，大概是不敢裸足的，不敢不用内衬杂草的兽皮将足包裹起来。否则，尖利的石块和杂木野藤，会在短时间内将赤足变作兽蹄。此神却敢于裸着一双光滑健康的脚，因为他每天都在天空行走，不与地面接触，即使休息也是在天堂的客厅中呷茶。而天堂的建筑被传说成金子铺地、银子做墙，光滑如镜，当然也不需用鞋子的。有关"天堂"如此装饰的传说，今天还在各个宗教中流行。近现代巫师作法时，也往往赤足，如羌人的巫师迄今仍赤足作法。此举就是为了模仿、还原传说中的神灵赤足行天之装束，从而以同类形象混入"神类"充当"卧底"。如果穿鞋"跳"神，就会被神明一眼就看出这是个必须用双脚在地面行走的凡人，会被狼狈驱出天宫。

从古至今，人体最受尊重的部位就是头部，头部的装饰也往往是身份的确定。封建时代的皇帝及诸臣均有不同级别的帽饰，就是对早期以头饰表达身份习惯的沿袭。此像有着不同凡响的头饰，它头顶抽象化了的光束之冠，有学者称为"五齿光束"之冠，冠顶正中有一明显的日纹。整个头饰表现为如日般光芒，冠额顶中心的"日"与周围的"五齿"光芒，正好构成一个完整的太阳神图案。这正是史前古人对太阳神之形象的典型表达。这种风格化表现神灵标志的日焰状头冠，同样戴在后来的巫师头上。四川古代的巫师和端公，都戴着这样类似的头冠，只是没有"日徽"。最典型的就是羌族的端公（释比），他们今天还戴着这样的象征神灵的头冠（见图22）。

图22　羌族释比（巫师）作法时头戴五齿冠

此两铜像均头戴太阳冠，毫无疑

问，就是史前古人崇拜的最大的神灵：太阳神。这样的神形我们可以随意在史前的崖画上看到，如沧源崖画上的"太阳人"、四川珙县崖画中的太阳神等。用鸟羽和日纹表达太阳神的汉字也有不少。最典型的就是"昊"字，此字今天仍保留着它的初形。其甲文初形为一明显的人形头上有一太阳。这样的象形会意造字法为古汉语造字的基本规则，说明此人形是太阳神。"昊"字今意仍指天和天神。汉语中与此字组词的有"昊天"、"昊帝"。既然此青铜像的构形与汉字"昊"之构形内涵一样，那么，它肯定是昊帝。或者说，此形是早期太阳神的普通形象，后来定形于昊帝伏羲身上。

太阳神的图记，从原始时期的发光球状纹到用太阳纹标示人形太阳神，曾经历了一个漫长的时期。而"太昊大帝"的人形形象大约出现在新石器时期的早期，即距今 10000～8000 年前。考古学最近在长江中游"背溪文化"遗址上，发现了一块 7000 年前的石刻画（见图 23）。此画就是一个人形，头上有太阳，腿两侧还有几个圆状物表示星辰。这就是早期古人崇拜的"太阳神"昊帝。从此神像刻制在一块条形石板上来看，古人是将此神像立于一处较高的土包上加以敬祀的。而用立石或在立石上刻画人形神像、神纹表示神灵并加以敬祀的做法，是人类史前的通俗。

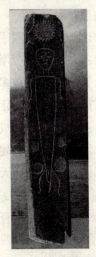

图 23　长江中游背溪遗址
出土的 7000 年前的
太阳神石刻

需要说明的是，许多学者将铜像误识为"巫"，其原因就是它的造型与巫相似，或者说其装饰、造型与巫之造型有许多共同之处。问题就出在这里。巫是人装扮的神形，神是本形；巫之装扮与真实的本形当然会很像，但也肯定有区别。一是巫决不敢为自己装饰日纹（演自后来也有），因为日纹是真神的标志，假扮神形的巫决不敢妄称真神；二是巫必须由人亲自装扮，是人类自己派出的混入神类的卧底，决不敢用青铜假拟。所有的巫师、端公都是按照传说中的神形来装扮自己的，而这具青铜神像就是传说到当时的神形的恢复，既有局限，又有创造。后来的巫师都是以此为神之本形来装扮自己的，并不是以巫之形来塑造此神 —— 一些同志正是在这一点上本末倒置了。

从此像的整体造型和设计来看，除了用全部的手段将其装饰成神形之外，整个身体只突出了一点：就是一双有力的手臂，平端着两个更为突出的东西。设计者将全部的注意力都放在他的双手上，强调其双手握住的一件宝贝，这是为什么？此神双手握住的到底是什么？

这一造型即双手空握给许多学者带来困惑，同时也产生了许多猜测。由于不少学者一开始就将此像误认为巫或人王之类，当作人类的代表，故多认为伸出的双手是向神灵敬献祭品，同时认为空握的双手中一定有什么具体的物品。有人认为是敬献象牙，但其空握的双手构成的角度，大大超过了象牙自然弯曲的幅度，无论怎么也装不进硬直的象牙。有人认为其手握的是玉琮，玉琮在古代被视为表现天与地的神器，造型为内圆外方，象征"天圆地方"，因而认为是巫在向神们敬献人类的全部领地。然而，三星堆出土的玉琮，没有一个能够合适地置放于铜像双手握住的空圆中。而且玉琮外有四方棱角，铜像手握呈完全的圆状，两者没有可供安装的基础。还有人认为，此像当年手握的是"竹简"，双手拉开的距离，正是展开竹简之意。但从此青铜人像的面部来看，又不像朗读天书的神。况且，此像铸于夏代，即使按"商代中、晚期"之说，也难以圆说，"竹简"作为"书"，是西周以后的事了，年代相差几百乃至千年，何以匹配？同时，三星堆还出土了几十个与此铜人手式一样的小型青铜人，两手间距更近，握孔角度更小，甚至完全垂直，略有错移，他们手中又应置放什么呢？还有一些说法，此处就不一一列举了。

由于此青铜像本身就不是由人类扮演的巫，况且，向神敬祭的姿势多为躬身或半跪，从未有如此之傲慢态度的。谁敢在神祖面前如此直身板面地献祭？因此，前几种解释都与事实相去甚远。那么，此青铜立人到底是谁？

从此神的装饰标志与汉字的"昊"字一致，综合各种其他因素来看，此像正应是昊帝伏羲。因为古代的伏羲太昊之神最显著的特征就是手上"执规"。前引《淮南子》说昊帝"手执圆规管理春天"，为东方主神。中国史前传说并记入文献的有两个昊帝，一为太昊伏羲，主管东方；一为少昊，主管西方。都是管理太阳的神明，由于东方有十个太阳，是太阳总公司，西方每天只有一个太阳回归，相当于招呼站，因而东方昊帝为大，所以称"太昊"；西方的昊帝为小，所以称"少昊"。此两帝均为史前古人崇敬的神明图腾。从青铜大立人在三星堆诸神中拥有至高地位来看，此神为太昊伏羲，也即史前古人敬祀的级别最高的太阳神。

太昊伏羲在古传中，是主管东方的天神，由于要管理"通天神树"，故又被誉称为"以木德王"。古传"五行"系统规定，东方属木，色属青色，故太昊伏羲又被别称"青帝"。今天泰山上还有祭祀伏羲大帝的"青帝祠"。泰山古称"东岳"，就是"五行"中的东方圣山，"青帝祠"建于"东岳"之上，相互印证。

伏羲在古代既管理东方，又管理四季中的春季，因为古人将四季和方位相合，并配以相应的神灵，这一点后面有详述。因而伏羲又别称"春神"，这个"春神"在后来传承的傩戏中叫"春官"。

近代傩戏中的"春官"就是伏羲。西南诸多少数民族现在还在上演的傩戏中，敬祀的神灵中有两个大主角，称作"傩公"、"傩母"，就是指伏羲与女娲。

那么，太昊大帝在此平端着双手干什么？还得从他的服饰谈起。

太昊大帝衣纹上明显地饰有一条类似今天的绶带之类的装饰（金沙伏羲像以背后三系发鞭表示）。此带从右肩上披下，斜入左腋，两端在背后系结。带为方格纹串编，三条支带并连一系，此为何意呢？

《说文》云："纠，绳三合也"，说"纠"就是指三股绳子合在一起之意。不过此释只作了具体的绳之组合，未说明其深刻的内涵。为何用"三条"绳相合？它来自古人对神明神力的认识。古人认为神灵之所以"神通广大"，就是因为能够随意出入三种环境和世界，即天、地、人三界。此处以"三绳"并连为带，佩于伏羲之身，正是表明他具有通天、地、人三界之神力，也即"三合"之神力，同时具有凝聚、团结此三界相互间在各自的世界生活、平安相处之意。故古代有太多的地名叫"三合"。仅四川现在存留的"三合"地名，就不下五百处。有学者认为，汉字"王"字构形亦如此：三横代表天、地、人，中间一竖代表贯通三界。

让人不能不引起高度注意的是，西南羌人的端公（释比）作法时，要戴一项"猴皮帽"，顶上有三个突峰，背面也垂系着三条猴皮带，与此青铜伏羲像表达的内涵惊人一致！特别是与金沙伏羲背饰三系完全一致。乐山张公桥一号墓中的"伏羲女娲图"不仅均作人身蛇尾、两尾相交之造型，并由伏羲执规，女娲执矩。而且伏羲头上也戴着有三个凸峰的帽子，考古学称"三山冠"。汉文化以伏羲为神祖，更早时期也以猴为祖；羌人以猴为祖，这一版本又以伏羲为祖，羌人巫师作法时戴猴皮做的"三山冠"，此地

又戴于伏羲头顶，可见羌人也以伏羲为祖。再联系当地的"乐（傩）山"地名及古有浓郁的傩仪文化，不仅说明后世的巫师都在极力模仿传说中的神灵造型及身饰，同时说明西南羌人拥有一脉相承的夏文化，亦为正宗的夏后氏。以此也再次证明了三星堆三期文化为夏文化。如果再加上金沙铜人像背后三条绳辫组合，此形为伏羲大帝，当为定论。

"纠"字又通"受"。《周礼》云："相纠相绶。"纠、授、绶、受等字，古代皆可通假。因而可以认为，伏羲大帝身佩"三合"之饰，当为绶带，与现代人在礼仪场合所佩绶带一样。虽为早期祖形，传至今日变化并不大。

《白虎通疏证·衣裳》云："佩即象其事"，"见其佩即知其所能"。由此可知，太昊大帝身上纹饰表明，他要向什么对象授予什么东西。

由于受、授两字出于同一词源，在古代均可通假，但却有着两种完全矛盾的词意，因而又弄出麻烦了。有人认为，此人像为古代的大宗伯官职，正在将祭品授予神祖，或者是神灵们伸出双手正在接受祭品。笔者认为，这两种情况都不可能。前一种情况闻所未闻，从来未听说也未见过人类向神们"授"祭品之情况，也不可能专门铸一铜人代替人类祭神。古人祀神，都是虔诚地敬献祭品，使用的词汇也多为"敬祀"之类，怎敢居高临下地向神"授"物？也未听说过神们在接受祭品时要伸出双手，更未见过伸出双手等待人类献祭的神灵造像。神们何须"伸出双手"来乞讨祭品？谁敢如此大胆地亵渎神灵？况且，古代的丝织物非常珍贵，常常只作为敬献神灵的祭品。此像身着丝织绶带，本身已证明他是神灵，而非凡人。

按传至今天的习惯来看，身背绶带者，均为礼貌地授物予他人之礼俗，没有接受者背绶带之古俗。因而，综前分析，可以认为，此神伸出双手作授物状，是要向人类授予什么东西。然而，三星堆出土的这具青铜像，出土时手中并无任何物品，那么，他要向人类授予什么东西呢？干脆直说，太昊大帝手中握着什么？他要向人类授予什么？

《淮南子·天文训》揭开了这一神秘造型。书中写道："东方是木星，主宰它的是太皥，辅佐它的是木神句芒，它手执圆规管理春天，它的守护神是岁星，它的代表兽是苍龙。"

太皥就是太昊，也就是伏羲。有关东方诸神及太昊的其他情况暂略，这里只分析其手中之物。文中记太昊手中"执圆规"，意在管理春天。此记与三星堆出土的"青铜大立人像"手中之握完全一致。如果细细观察一下这位太昊大帝的手，就会发现其手掌外有明显的四指立体纹，而掌内却无四指之立体纹塑，为一纯平面的圆弧。特别是手指并握弯回的连接处，并未与掌相连，而有一段不短的距离，这个距离间被一圆形物充填，连接指端和手掌——可以肯定，太昊大帝手中之握正是古人认为的至高无上的"规"。

今日汉语尚有"规矩"一词。"规"为圆，"矩"为方。古有民谚："没有规矩，便不成方圆。"《淮南子·天文训》有句："天道曰圆，地道曰方。"古人流行"天圆地方"的概念。"规矩"便是指天与地。伏羲本身就是管理天庭的大帝天神。

因而，"规"被尊为法度，作为统治人类最高、最神圣的统治工具，由神圣的昊帝掌握，置于祭祀中心。其实，四方之神手中均有类似法具，其意义完全一样。而这些由中国早期古人遵循的治世原理和概念，一直传承下来，仍在我们今天的生活中出现。祭祀神们的器物中，有一种叫做"璋"，其实就是"章"，再加上太昊手中的"规"，均为治世之准则。今有"规章制度"一词及概念，就来自对古代同一概念的继承，甚至连汉字的音意都未变。

以"规"等法度用为治世神器的情况，见于诸多史载。《黄帝

经·章正》第二，题名就叫"左规右矩"，正文这样写着：

"黄帝曰：'吾既正既静，吾国家愈不定，若何？'

对曰：'后中实而外正，外内必定。左执规，右执柜（矩），何患天下？'"

译成白话就是，黄帝问道："我不仅公正而且虚静，国家却愈不安定，像这样，怎么办？"

宦官答道："这是由于您本身尚未自明的缘故。一旦中实外正，才能达到自由的境界。左手执着法度，右手也执着法度去治理国家，天下必定会太平无事。"

这里也将"规"作为治理国家的法度。

道教的哲学思想中，有一种深刻的轮回、复归之思想，就是指天地万物的运动总是一轮一轮地回复，周而复始地运动，如白昼交替、四季往复等。这一思想就来自伏羲大帝手握的"规"，这个圆圆的"天规"，就内含着周而复始、永不停息的运动，内含着天地万物自然循环、无始无终的复归之意，也是史前古人总结并认为应当遵循的思想。有学者认为，"伏羲"之名为假借，因为史前只有语言，没有文字，其真实的名字当为"复兮"，即周而复始的运动之意。从中国古代哲学思想的起源及发展脉络来看，此说有理，"伏羲"也为"复兮"，因为其手握的天规，就是操纵天地万物周而复始运动的法度，其深刻的本质就是"复兮"。

"龟"、"规"相通，"龟"在古代被视为具有神力的"灵龟"，可以预见未来吉凶，所以古人用龟占卜。古人同时认为，神龟也具有操纵和管理世界之神力，所以传说整个大地均由龟背负着，龟掌握和控制着大地上的一切生命过程。"龟"、"规"两音相通，也包含着意通，即以"规"器表示遵守"龟"神之"规定"。

伏羲举"规"代表法度管理山川河流、人间万物，不仅史前有传，历代均有传说，而且还有多幅图记。汉代石刻浮雕画上，多有伏羲与女娲人身蛇尾，伏羲执规、女娲执矩的图画（见图24）。

图24　汉代石刻浮雕：伏羲女娲执器造人图

略需说明的是，这幅画中所执的"规"，不是早期伏羲手中所执的圆形的"规"，而是两根棍状物，这便是后来发展了的"规"。古人发现，圆的形成，就是一根木棍围绕一个轴心等距旋转一圈，（今天的绘图员使用的"圆规"就是这样的工具。）将制造和产生"圆"的工具视为最高的"规"，更加符合古人的哲学思想，因为伏羲是最高天神，掌握着世界万物最原始的开端，当然也掌握了制造圆的工具，并用它制造出管理世界的法度。这两型规一直并传。

太昊大帝站立此处，亮出自己的法器，平握端举，除了提醒族主王者时时牢记"天人合一"的祖训，遵循天地法则行事之外，还有一个与此紧密相连的原因，就是告诉王者，他们手中的权力来自神祖的授予。统治者的权力本来是属于神祖的，族中的王者只是受命于神祖，代神祖行使权力而已。因此，古代王者做什么事都要"告天"祭祖，就是向神祖汇报工作，请示神祖自己该做什么、该不该做，以及向神祖讨教。这一行为后来直接发展为"君权神授"之思想。后世皇帝诏书上第一句总是"奉天承运，皇帝诏曰"之类的话，就是说人王都是替天行政，并非自己的主断。

三星堆的"青铜大立人"即太昊大帝，在这里手端天规，明示于人，正表现出神明向人类王主授权之意。

其实，执"规矩"管理天下的神明，出现在全世界各民族祖传的神灵中。这里仅举一例。近几年炒得沸沸扬扬的美洲古代文化，已是家喻户晓，不少学者通过一些现象认为南美洲的古人来自东亚，也即中国，此说甚是。只是学者们举出的例子尚不够直接，原因在于没有掌握史前人类共同的原始祖文化，否则，例子俯拾皆是。

考古学在美洲墨西哥蒂亚瓦纳科发现了一座古代巨石雕刻的太阳门，门上有诸多图案，门楣正上方有一幅石刻浮雕（见图 25）。这幅浮雕上几乎写满了中国史前神明文化系统。此像头上布满羽饰，以象征太阳的光芒，足下踩着一座中国史前处处可见的三级四方台，其身饰上还有"五星"、"太阳鸟"等，这里只提醒读者注意此神双手所执之器：其左手执器，上端为明显的两根叉状物，这

图25 美洲墨西哥蒂亚
瓦纳科太阳门上的
太阳神，双手执规、矩

就是"圆规"；右手所执，看起来为一根直条，由于上端的孔为实心，下端的孔为空心，明示出两节不是一根直条，如果我们考虑到他手握之处便是此器的关节，上下两节可以通过这个关节屈折成 90 度，构成"角尺"之状，那么，我们就可以认为其右手所握为"矩"。由于其左手握的可以肯定是"规"，而"规矩"成为"天圆地方"之法器，从来都是成双成对，因而，可以肯定，此神手中握的就是"规矩"。唯一不同的是，从读者角度去此神是"左矩右规"。其实，这正是早期华夏民族更为古老的方位表达。华夏民族古传的方位是"以北为背，背北面南"，这样就会左东右西，而且"左规右矩"。

读者或许会大吃一惊，南美洲的古人为何在史前就拥有与华夏祖源文化一致的神明文化？其实，不必吃惊。因为人类早期居住在一处，共同创造了一个祖源神明文化系统，后来分手，迁布

到世界各地，因而一直传承着一致的祖源文化，有关于此，笔者已有专述。

南方太阳鸟与炎帝牛头

按古代"五行"制，排列为东、南、中、西、北，又包含着春夏秋冬，这里也按序介绍，同时也可看到金沙遗址中出土的器物也正好包含了"四方祭"之器物。

前面已给出了东方之神伏羲的情况，这里介绍南方诸神。

在"五行"规制中，南方也有三位神明，主神炎帝、辅神烛龙、代表兽朱雀（凤、乌雀等所有的神鸟）。三星堆出土的"纵目人"，就是炎帝与烛龙合体的复合图腾。其长长的牛角为炎帝之特征，而"纵目"之形，在中国古代神话中，只有"烛龙"一神具此特征。这在三星堆出土了许多，甚至有各种类型，它们就有一部分置于灵台南方。

金沙遗址也出土了一只铜鸟（见图26）。大凡古代祭祀地所出的鸟，本质上均为太阳神鸟，这样的例子举不胜举。由于古人崇拜太阳神，又发现太阳总是悬在空中运行，不曾下地休息，于是执拗地认为，太阳是一只鸟，因为太阳能像鸟一样在空中运行，但又发现太阳没有鸟翅，于是又想像太阳中间有一只鸟，负载着太阳运行，后来又直接将太阳传成"日鸟"。中国古代传说的所有神鸟都是这个"太阳神鸟"的裂变和衍生。包括后面将谈到的金沙金带上的"鱼—鸟"中的鸟，也来自这只太阳鸟的变传。

图26 金沙出土的青铜鸟

太阳鸟的传述和图记，多见于史前崖画和浮雕及器画。仰韶文化中已出太阳鸟（见图27），河姆渡出土的一块象牙板上，雕有"双头太阳鸟"（见图28）。图上两只长啄神鸟拱卫着一个多层

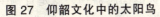

图27 仰韶文化中的太阳鸟　　图28 河姆渡象牙片上的太阳鸟

同心圆绘制的太阳，即"螺日"。还有汉代浮雕上太阳与鸟重合的形象（见图29）等。三星堆出土的扶桑树，在传说中本为栖息太阳之树，但出土的树上的实物却是鸟形，都是中国古传太阳神鸟之实物力证。

但金沙出土的这只青铜鸟，下部骑坐在一节残断的铜件上，从这个铜件呈圆弧形及中空来看，很有可能是一颗扶桑树上伸出的树枝。从金沙出土的其他器物均为模仿三

图29 汉代浮雕日中三足鸟

星堆器形之习俗来看，这个"断枝"很可能是扶桑树上的一根树枝，与三星堆的扶桑树一样，在每根伸出的树枝端部立有一只神鸟。可惜的是，到目前为止遗址中只发现了这一只，也没有发现青铜神树，但从金沙器物有不少用青铜做，而且已出四方图腾系统器物来看，当年金沙遗址中也有一棵扶桑树，只不过比三星堆的扶桑树要小得多。其大小可按人形和其他器物的比例来推定。从此鸟的大小来看，与金沙出土的其他器物比例相当，可以作为一件独器来理解。但如果看作扶桑树上的一只鸟，在比例上也合适，因为扶桑树要比一般的器物大得多，三星堆已出的扶桑树就是证明。

由于金沙遗址目前只发现了这一只鸟，因而很难把它放在一个适当的位置，由于古代"五行"祭祀系统中，只有南方之位有神鸟一席（包括东方也有神鸟，但东方神鸟是与扶桑树同在一起的，没有单独的神位），故在本节中介绍。还有的信息将在后面联系盐源的扶桑树一同分析。

但金沙遗址仍出土了代表南方神灵的图腾器物，就是青铜牛首（见图30）。此牛头两角上翘，眼、耳、鼻俱有，请特别注意此牛额头正中的"日纹"，标示其为太阳神一族。此牛首非常小，宽3.35厘米、高4.64厘米。由于太显小型，有学者认为此牛头可能是某个大型青铜器的配件。其论可能有误。因为中国学者在诸多遗址上看惯了大型的青铜器，因而大凡小器，都视为大器的配饰。

图30 金沙出土的青铜牛头

由于金沙遗址没有出土一件大型青铜器，所有的青铜器都非常小型，而且有许多小型青铜器，都没有与别的器件连接的机关，表明它们一开始就是一件独器。因而，按比例来看，这些小型青铜器均为独器。特别是这一件牛头，尽管其后部有一挂扣，那是在使用时挂在一根高高的柱子上之用，而不是用作与另器相接。况且，这并不是一条整牛，只是一只牛头，与前述的同遗址出土的"青铜伏羲像"相比，比例上正合适。

这只牛头便是南方之神炎帝的变相或象征，使用时置于灵台的南方神系供人朝拜。

读者或许又有不解，按古传"五行"，南方神系为炎帝、烛龙、朱雀三神，何以又出现一个"牛神"呢？

不错，在早期的"五行"神系中，南方主神一直是炎帝。但由于农耕文明的兴起，大部分农作物又多在夏季生长，炎帝又是主管南方、夏季之神，因而，在传说中，炎帝还有另一身份和称谓一直并传，就是"神农"。《竹书纪年·炎帝》首句为："炎帝神农氏"，又号"烈山氏"。炎帝的两称同时散见于其他古文献中。说"炎帝"又号"烈山氏"，是对他管理的南方之地的雅称。炎帝所管的南方，与属水的北方相对应，因而属阳，多为山地，南方又被视为"赤火"之地，其山地上也是"烈日炎炎"，因而又被转称为"烈山氏"。

农耕时代，人们大量地役使牛耕种，牛成了农耕时代人们生存的依赖。而炎帝古传就有"牛头人面"之形，由于农事与牛有紧密关系，因而"牛"便与"神农"炎帝重合在一起了。炎帝之形中便有了牛形的变相。中原古代图腾画中，就有炎帝牛形之像。至于人类崇牛图腾之习，还可追至更早。全世界各民族史前均有神牛图腾。

炎帝之形转化为"牛形"，可能还有这样的原因。早期"五行"中央黄帝也曾传为牛形，故用牛祭中央黄帝。大概是取其牛角与中央黄龙之角相配；取黄牛之皮色与中央"黄"色相配。三星堆出土的代表黄帝太阳神的青铜中央祭坛顶上，就有牛角人面之像

（见图 31），毫无疑问，此像铸于中央祭坛的顶部，肯定是黄帝之像。金沙圣庙的建立和器物的制造，晚于三星堆数百年，当时祭俗已有变化，可能把中央黄帝之形变化为炎帝之形了，因为在"五行"中，南方是最突出的"属阳"之方。"五行"宇宙观形成定制后，各方的神明本身已隐退，突出的是方位和行属概念，虽然东方是太阳的大本营，由于南方属阳成为既定概念，而且突出，所以逐渐由南方之阳替代了中央黄帝太阳神和东方的太阳神。这一点，在后世祭俗中特别明显。祭天的"圆丘"只有一个，且置于南方，就是综合了几方的"阳"属，

图 31　三星堆出土的青铜中央祭坛顶部的人面牛角神面

但最终以南方代表之举；祭地的方坛也只有一个，置于相对的北方，也包括了代表西方的"阴属"。而在将所有"阳属"都转移集中至南方之时，牛也成为南方的专祭牺牲之一。

　　稍后时期，专祭南方的"牛"，也被上升到与炎帝同尊的地位。再联系自古炎帝亦有牛形同传的事实，和西周以后稳定的农耕经济与牛的紧密关系导致崇牛之习兴起，因而牛头之形正是炎帝图腾的代表。

　　不过，蜀人与巴人自古在一块封闭的地方生活，一般不会自作主张更换祖承图腾，金沙出土的其他图腾造型和傩祭系统几乎原封不动地传下来，为何单单将南方图腾形象易作牛形？经研究发现，此时的金沙古人已经接受了中原文化的影响。

　　考古学在陕西岐山贺家村西周墓中也发现了这样一件青铜牛头（见图 32），造型也是双角内弯上翘，耳、眼、鼻俱有，额头

正中也有一明显的"日纹"！与金沙出土的牛首面像和五官造型完全一致，特别是额上的"日纹"，完全一样。大小也基本一致，只是略显宽肥了一点。而且也是一具独立图腾，不是什么大型器物上的配饰。可以肯定，这只牛首与金沙牛首有着深刻的文化上的联系。

同墓中不仅出土了牛首，而且出土了与蜀内羌人完全一致的文化系统，特别是祭器系统。其中还出土了几件这样的小型青铜器（见图33），构形就是一个条状绕成螺形，考古学将其定名为"镳"。其实，此器就是祭祀螺日之神的"螺日"专器，与金沙出

图32 陕西岐山贺家村西周墓中出土的青铜牛头　　**图33 陕西岐山贺家村西周墓中出土的青铜"螺日"祭器**

土的"螺日"青铜器内涵和外形表达一致。考古学将其释"镳"，也即古代马口中含着的一件神器。而马早期被崇为"天马"。中国古代的"负日巡天"神话传说有几个版本，一个是龙负日巡天，三星堆扶桑树上的龙（当为东方辅神句芒）就是做这件事的。另一个版本是"天马负日"之传说，伏羲就传为驾驰这匹天马的"日御"。而这匹天马存在于各民族的神话传说中。苯教的风马旗中心就是这匹天马，它的背上驮有神圣的"螺"，腹下有两个"螺日"图记，标示天马本质上为"螺马"，也即"螺日神马"，就是太阳马矣！中国古代特别是北方草原民族，多用这样的"螺"器装饰

马匹，就是对早期的"螺日神马"的标示，与史前大量的青铜图腾身上装饰"螺纹"来自同一文化背景。因此，将此器释作"镳"，也无大错，只是没有发掘出它更深层的文化背景。

陕西岐山一带自古就是羌人居地，加上周王朝亦为羌人，因而，在西周时期，岐山一带一直流行着正宗的羌祖文化。从《诗经·亶公》中可以看到，这个亶公治岐的故事一直在蜀羌中流行，并且将亶公与川主蚕丛传为兄弟。还有有关姜子牙的故事等。可见，蜀地羌人在西周时期与中原有过较为密切的联系，且史有所载。

《竹书纪年·夷王》有句："周夷王二年，蜀人、吕人来进献美玉，对河沉祭，用大圭。"

引文中记述了蜀人在西周中期与中原王朝有过接触，其时在"周夷王二年"，按传统编年史，周夷王在周厉王之前。大约在周厉王十二年，就有了信史记载，也即"周召共和行政元年"即公元前841年。如果加上周厉王之前的12年，再加上周夷王时代的7年（周夷王执政期共8年），那么，蜀人前往中原朝觐的"周夷王二年"，就是公元前860年左右，也即西周中晚期。这还是指官方的交往，民间的交往可能还更早。蜀羌主体本来就来自中原，与中原羌人流行着同样的祖源文化，因而极易沟通，只是蜀地封闭，发展缓慢，而中原文明发展较快，文明相对发达，这也是蜀人的共识。金沙的器物晚于此后几百年，完全可能接受其影响。

可以认为，正是蜀人在西周时期不断朝贡，认周为王，自甘为臣，在频繁的交往中，看到并引进了周朝羌人的祭俗，将中原西周以后改南方炎帝为牛首图腾之做法用在了蜀地。所以我们才在金沙遗址中发现了代表南方神明的"牛首"，而未发现炎帝之形。因为"牛首"本来就是"神农炎帝"之变相。

蜀羌不仅从中原引进了"牛首"置于灵台南方，同时引进了敬祀"牛王"的系统祭祀活动。迄今蜀地岷江河谷的羌俗中，还有"牛王会"，即单独祭祀牛王的庙会，就是从中原羌人发展的祭俗中学习而来的。其在秦人入蜀时消失，因为蜀地当时的中心已移至现成都城。大约在汉代初期，当时的羌人又自发地恢复了祖传的祭祀活动。在成都城（原秦汉故城）外的南方，又盖建了"牛王庙"，历代维建，至前几年，因为城市建设，才将此庙移走。但其遗址尚在。由于"牛王庙"传承若干年，已形成巨大的影响，导致这一地区一直承名牛王庙，甚至今天已完全变成现代化城市了，仍不得不沿用"牛王庙街"一名（见图34）。崇拜"牛王"在当时形成很大的祭俗，至今什邡境内还有"牛王庙"一名，雅安也有"牛王庙"名。而中原地区也一直有古传的"牛王庙"、"牛王寨"等，土家族也有"牛王节"，四川民间流传有民间艺术"牛儿灯"等，均来自这一时期的"牛王"之俗。

图 34　成都市牛王庙街牌。街牌后面就是牛王庙遗址

从成都城中的牛王庙建在正南方（此方位就是当时城市的正南方，至于为什么，后面有述），以及为了顺应古承的"天人应合"之观念，又在牛王庙更南方开设"牛市"（成都市牛王庙更南方几百米处，就是古代的"牛市"。今仍名"牛市口"）的行为来看，蜀地曾有一段时间，将"牛"视为南方神灵图腾无疑。而金沙牛头至少出在秦汉以前，因为秦汉之际，蜀人不可能重新构建祭俗，只会承古；而秦汉以后，社会文明发展步伐加快，战争与生产要求人们逐步改变观念，接受自然科学，祭祀趋于淡化，因而也不可能完整地承继古代祭俗或新创祭俗。可以肯定，蜀地的"牛王"替代炎帝充作南方神灵之祭俗，就起自金沙中心。而这一与三星堆系统不同的变更，就来自前述原因，即从中原引进的同俗。同时，前述的金沙出土的"青铜螺日"祭器，也当为同期引进，包括"金质螺日"的构形，也受到当时中原图腾的影响。因为这个表象为"螺"的系统，尽管是最原始深刻的祖俗，但三星堆器物系统中并无明显的"螺器"，那么，他们的后裔也不应自出心裁。而正好在西周以后，中原地区多出"螺器"，同时也在金沙出现，无疑，两者有传播与接受的联系。

金沙遗址还出土了许多器物，都能在傩祭系统中逐一解释。考虑到笔者在已出版的书中，基本上详尽地给出了这一系统，这里就省略了。本书想更多地介绍金沙遗址中的不同文化和同期的蜀史研究。有些器物将在后面章节中结合实例再行介绍。

金带上的鱼凫 —— 鲲鹏之变

金沙遗址出土了一根金带（见图35），有关介绍暂定名为"金射鱼纹带"，出土时已断开，由于断口相合，考古工作者认为它当年是一根完整的环带状。其直径19.6厘米，宽2.68厘米，厚0.02厘米。最重要的是此带上有一组图案与三星堆出土的一根"金杖"上的图案惊人一致。正是这一组几乎完全一致的图案，使最初发现这根金带的人员脱口而出：金沙的古人肯定是三星堆族的后裔。

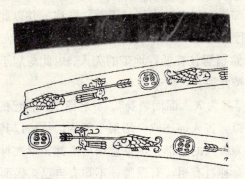

图35　金沙出土的有鱼、鸟、人图的金带

　　三星堆出土的金杖上，也有这样一组纹饰（见图36），两者确实惊人地一致。其图案为一支箭射中了一条鱼，箭杆中部有一只鸟，杖头一端有一组头戴放射齿冠的人面头像。此为一组，共有完全一样的四组同类图案。唯一的区别是，三星堆金杖上的图案分作上下各两组平行排列，五齿神面在杖端；金沙金带上的图案，人面像出现在每一组"鱼—鸟"的间隔上，而"鱼—鸟"组画是一字形排列，左右各两组，均朝向中央一个神面。

　　这是一组什么图案？表达着什么意思呢？由于图上有鱼、鸟、神三个主图，不得不略略展开一下华夏民族有关"鱼—鸟"图腾的文化背景。

　　氐羌部族早期就崇拜"人面鱼身"图腾。《山海经·海内南经》云："氐人国在建木西，其为人人面而鱼身，无足。"文中所说的"氐人国"就是早期祖居昆仑山一带的氐人，也即氐羌

**图36　三星堆出土的
有鱼、鸟、人图的金杖**

族团的核心部族。后世一直将"氐羌"联称，并以此联称命名早期的先祖族团，可见"氐人"与羌的紧密程度。有学者认为"氐"就是"底"，意指居住在低谷地带的羌人，以此与居于高山上的羌人相区别。按此说，氐就是羌。

文中有"其为人人面而鱼身"，不是指氐人自己的形象，而是指氐人的图腾。古人描述或介绍某个部族，往往以其所敬祀的图腾为据。因为古人的全部生活及意识形态都笼罩在神明文化的氛围中，只知有神、有祖、有图腾，不知有自己。因而在对外宣传时，只是宣传自己敬祀的图腾，并引以为荣。

氐羌先祖族团曾从西域穿越"河西走廊"沿渭河迁至黄河中下游，并在黄河两岸及经过的地方创造和传播了仰韶文化。其中最有代表性的是西安半坡姜家寨和陕西临潼姜寨。我们正好在临潼地区出土的仰韶文化的彩陶器上，发现了众多的人面鱼身图腾画（见图37）。这些图腾画，当为典型的"氐人国"之文化遗留。不过，这些"人面鱼身"是单纯的水神图腾。绘有此类画的器物也是祭祀北方水神的专器。

需要强调的是，早期的神鱼又是与神鸟紧密相连的。《山海经·西山经》有句："有鸟焉，其状如翟而赤，名曰胜遇。""胜遇"就是"神鱼"。"翟"通"瞿"，"瞿"字上为突出的双"目"，下为"鸟"，实为纵目太阳鸟，当与三星堆出土的"纵目烛龙"同为南方神系之一。"瞿"又通"雀"，还是神鸟矣。全文的意思是说，此鸟又等于神鱼，也即亦鸟亦鱼，此物具有两种神

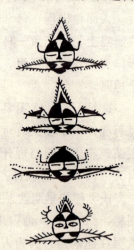

图37　仰韶文化中多见的
　　　"人面鱼身"图腾

灵变相。其神奇变相的展示，就在三星堆出土的棍形金器和金沙出土的这根金带上。

古人从原始时期就以北方水神为祖神，往往用鱼来表达和象征。此金器图画上的最前部为一条鱼，这条鱼被一支箭穿入身体，表示死亡，并不一定是射死。用这样的方法表示鱼的死亡，是古人出于无奈，如果只画一条鱼，无法表示其死活；如果画一条身体不全的鱼，表示其腐烂、死亡，又对先祖不恭敬。因此，只有用此法表示，人人皆懂。当时人们正处在用箭猎鱼的时代，而且用箭射鱼正是对北方水神的一种敬祀。当时的冬祭、北祭活动中，就有射鱼的项目。这条鱼死后，灵魂从体内脱出，化作一只飞翔的神鸟，就是箭杆中一只正在上升的鸟；之后，又变作一条鱼。如此周而复始，变化无穷。古人在金杖上用同类的四组图案表达，就是指这一变化过程反复进行永不停息之意。金沙出土的金带为一根圆形的条带，同样的图案布满一圈，更加准确地表达了这两种变相周而复始的循环出现之意。而这两种变相都来自一个背后的核心灵魂 ——太阳神在操纵！图上的"五齿神面"就是这个太阳神。

夏王朝时期，特别是夏王朝本部，还没有产生文字，书记交流只能通过图画方式，用最朴素、最常见的自然现象来图记事件，用以交流。这幅朴素的述说"鱼—鸟"循环嬗变的图画，正是当时流行的图记和述事方法。

如此惊心动魄受神灵支配的"鱼—鸟"嬗变的故事，早有文献记载。

《山海经·大荒西经》载："有鱼偏枯，名曰鱼妇，颛顼死即复苏……蛇乃化为鱼，是为鱼妇，颛顼死即复苏。"

现译本白话这样翻译："有一种鱼，一边是枯萎的，名叫鱼妇，据说是颛顼死而复生变化成的……蛇就变成鱼，于是有了鱼妇

——这是颛顼死而复苏，托体鱼胎而生成的。"

此传说认为，有一种叫做"鱼妇"的神鱼，一边是枯萎的，且是北方水神颛顼死而复生变化的。而颛顼之神又是"托体鱼胎而生成的"。（此传又将此神鱼托名北方水神颛顼。）传说虽有些混乱，但有鱼呈"枯萎"状，北方水神颛顼（太阳神）一死，"枯鱼"即复苏，以及颛顼"托体鱼胎"进行嬗变的几个主要因素已经存在。

文载中还说"蛇乃化为鱼"，而没有"鱼鸟互变"之传说。在上古传说中，龙、蛇最初就是鱼类水族神灵，所以后世北方水神中的"玄武"，就采用了龟、蛇之形。这一传说可能是对神鱼前身来自蛇变的补充。可能是更古老的传说，被残缺地保留下来。

为什么华夏民族一直传说着神鱼嬗变为神鸟的故事？它的源头在哪里？经研究发现，这一鱼、鸟互变的故事，源出古老的"昆仑神话"中的"鲲鹏之变"，其时大约距今 5～10 万年前。

庄子在《逍遥游》中，以开篇首句之重，记录了这个华夏民族古老而神奇的传说："北冥有鱼，其名为鲲。鲲之大，不知其几千里也，化而为鸟，其名为鹏；鹏之背，不知其几千里也；怒而飞，其翼若垂天之云。是鸟也，海运，则将徙于南冥。南冥者，天池也。"

白话译作："北极有一条鱼，它的名字叫做鲲，鲲的巨大，不知道究竟有几千里长；它变作一只鸟，名叫做鹏。鹏的背也不知道有几千里长；它展开翅膀，鼓足气力，奋起而飞时，它的翅膀像遮盖天空的云朵。这只鸟，当海动风起时就飞往南极。那南海，就是通天的渊池。"

这个故事就直接道出了一条巨大的神鱼变为一只巨大的神鸟的故事。"鲲"通"昆"，其实质就是古人传说的昆仑神话中的神鱼。后来又变化成巨鸟。"鲲、鹏"一直是华夏古老神话中的大主角。它们在史前昆仑文化区广泛传说,包括印度古文化（今日之佛教）中的"大鹏金翅鸟",也是这只"神鹏"的传承。

袁柯先生在其神话研究中认为,北方水神遇强（颛顼）,在传说中有两种神形:水神和风神。他在《神话选择百题》中说:"这遇强,不但是海神,并且还兼风神。当他是海神的时候,就是人的脸、鱼的身子;当他是风神的时候,就是人的脸、鸟的身子。鲲鹏之变就写了海神遇强由海神变为风神的经过。鲲所化的鹏,实际上就是大凤,也就是大风。"由此看来,北方水神遇强在传说中至少有两种变相:神鱼和神鸟。当它作为水神活动时,它就变作"人面鱼身"。因为"五行"中北方属水,要在北方称神统领水域及水物,只能变作鱼形;当它作为风神时,就会变为"人面鸟身",从北海中一跃而起,直飞九重天际。《淮南子·地形训》中亦说:"遇强,不周风所生也。"可见它兼为风神无疑。三星堆出土的"人面鸟身"青铜像,就是北方之神遇强化作风神时的典型形象。由于一只长几千里的大鱼骤变为同样巨大的神鸟所表现出的神奇异能令古人惊骇不已,故以虔诚之心代代传祀。

可以肯定,三星堆金杖上的图案,图记的正是华夏古老的神话"鲲鹏之变",只不过多加了一个注释,认为鱼、鸟两形嬗变时,需要先"枯死",之后才能转化,而金沙古人主体文化承继了三星堆族的文化,因而承继着完全一致的图腾文化。

那么,蜀人为什么要以异常隆重的方式刻记这一古老而神奇的故事,并置于祭祀中心加以礼拜呢?

由于蜀地蜀人为有缗·蜀族后裔,也亦正宗的夏后氏,因而,蜀地一直深刻传承着这个"鱼—鸟"嬗变的宗祖图腾故事。左思在《蜀都赋》中说"鸟生杜宇之魂"。杜宇就是"大鱼"（亦为"大禹"）。还有传说,杜宇（大鱼）死后又化为子规（杜鹃鸟）,其本质上就是指前述鱼、鸟互变过程中，鸟死之后，灵魂不死，从鸟体中又托胎至鱼体，变化为一条大鱼（杜宇）。实为这个鱼鸟反复传说的人格化版本。"杜宇"传为蜀王之一，但又很难从一堆复杂的神话传说中找到有力的依据，也无法将杜宇时代嵌入蜀史中已所剩无几的时期。其真正原因就是尚未弄清蜀史传说中的神话与历史。

成都三洞桥曾出土一件被认为制造于战国时期的铜勺，上有一组图案（见图38），迄今无人完整释读。图上部左有一只鸟，右有一条鱼，下面中间有一只龟，龟左右有两个文字符号。这两个文字非常明确：左为"神"字，右为"祖"字。甲文"祖"字常省写"示"旁，写作"且"。郭沫若认为，"且"字构形为男性生殖器官，当读作"祖"。西周鼎器上常有铭文"皇申且考"，一般均释读为"皇神祖考"。因此，此图上两字肯定为"祖神"或"神祖"。

图38　成都三洞桥出土的战国时期铜勺上的图案

从图上的几个图腾来看，正是华夏民族古承的"祖神"。此图上的"鱼—鸟"就是表示前述的"鲲鹏之变"！而中间的"龟"，就是巴人祖崇的"鳖灵"，也即巴人的祖神！此器再明确不过地告诉我们，巴、蜀两族在开明王朝时期融为了一体！不仅在此勺上发现了两族最古老的祖神同铸一器，同受尊崇，而且在金沙遗址之神都中心的圣庙中，同样出土了两族各自的图腾，它们被共置一座圣庙（包括"良渚文化"之器），可以肯定，金沙圣都为巴、蜀两族共同的圣地。

有关鱼、鸟互变以至可以相互替代的传说与实践，似乎在古代一直流行。考古工作者在晋阳地区发现了一座新莽时期的墓葬，

墓中出土了一块刻有四灵的砖（见图
39），这也是古代墓中常见习俗，只
不过，古传四灵为东方苍龙、西方白
虎、南方朱雀、北方玄武。此砖上有
龙、虎、玄武，表示东、西、北三方，
唯独没有表达南方的鸟，而在应当是
鸟的位置上出现一条鱼，显然是用鱼
来替代鸟表达南方。南方本为鸟，这
里却用鱼代替，说明鱼鸟可以互通，

**图 39　晋阳新莽时期
墓中的四灵砖**

而古人早就知道并一直传说，其深刻原因就来自"鲲鹏之变"中
北方遇强拥有的两种神灵变相。鸟和南方属阳，鱼和北方属水、
阴，此砖出于墓中，以鱼换鸟，正是为了讨好北方水神，作为墓
主入土之后给北方水神的见面礼。

　　从目前已知的各民族的图腾和祭祀来看，这个神奇的"鲲鹏
之变"及"人面鸟身"神灵传说似乎存在于各个民族，并有实物
证实。考古工作者在太湖流域发现了史
前发达的良渚文化，其祭祀操作系统有
别于大汶口文化和龙山文化，呈现出明
显的个性，表示良渚文化与北方的文化
没有交流与相融。但良渚文化的古人却
有着与华夏民族一样古老的"昆仑文
化"，并且非常重视"北方水神"之祭。
良渚文化中出土了数量巨大的祭祀北
方的玉器璜、祭北方的"猪纹"陶器及
祭北方的玉璧等。同时还出土了"鱼—
鸟—人"三连玉器（见图 40），此图上
部为一只明显的鸟，下部为一人头及上

**图 40　良渚文化出土的
"鸟—鱼—人"三连玉器**

半身，人头与鸟之间为一鱼形。鱼将人、鸟相连，表达了它们三者之间的紧密关系，说明它们三者是一个内在的神灵拥有的三种变相。——此图与三星堆金杖和金沙金带上的图案组合和表达的内涵惊人一致。而用各种神灵图腾素材组合完成一幅神像的做法，为史前古人通行的做法，尤其是良渚文化古人的拿手好戏。此器整体构形成一半圆，实际上是一人物形"璜"器，而"璜"又是专祭北方的祭器。可见，这一"鸟—鱼—人"形组合的"璜"，正是专祭北方鱼神兼风（鸟）神遇强之祭器。同时亦可确认：良渚文化的先祖们与龙山文化的先祖有着完全一致的"昆仑神话"系统。

由于金沙古人皆知自己的祖神为鱼、鸟之变相，因而，在稍后时期，他们干脆将此鱼、鸟祖神合体为一个图腾了。这个形象同样出现在金沙出土的另两件带状金器上（见图 41）。此器被介绍资料定名为"金鸟首鱼纹带"。此名定得好，定名者发现了金带上的图案为"长啄鸟头"和"鱼身"的合体，说明此图腾仍保留有"鱼—鸟"图腾的主要特征。如果再联系它们同样出现在前述"鱼—鸟—人（神）"的金带上，那么，可以肯定，这正是对前述图腾的简化；也是对前述《山海经》中传说的神鸟名"神鱼"的合体图腾的再现；同时也是对前面分析的此鱼、鸟两形均为北方水神之变相的肯定。正因为此两形图腾均为同一神明的变相，而

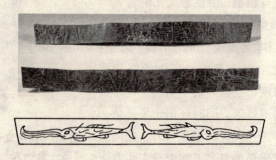

图 41　金沙出土的两件上有鱼鸟合体图腾的金带

不是两个独立的图腾，古人才敢将此两变相融为一具复合图腾。至于有学者认为此形为"鲟鱼"之形，实际上又为自己开辟了一条追寻"鲟鱼"的艰难之路，实为自我非难，事倍功无。

人面鸟身之遇强

遗址中还出土了一类金器，目前已发现 2 件（见图 42），现定名为"金蛙形器"，也即被认为是金箔制作的"蛙"。有学者推论认为这类金器在金沙遗址当年的祭器中不止 2 件，应至少有 4 件，也许可以多达 12 件。并认为这类"蛙"器实际上是蟾蜍，本质上代表月亮。同时按照这个思路推论出，这一群"蛙"，应当围绕着前述的"螺日"金器，构成一组颇有内涵的构图（见图 43）。在考古学上能够如此大胆而智慧地将出土器物与本民族古文化相联系，并推导出当年鲜活的形态，实为难能可贵，这一精神和勇

图 42　金沙遗址出土的
金质蛙形器

图 43　学者推想的
蛙形器拼图布局

气为考古学上不多见的智举，应当大力提倡。因为考古的根本目的就在于尽力恢复人类经历的历史和文化，让人类了解自己曾经走过的路，以及人类文化由原始到文明的发展过程。

只不过，将此类金器判为"蛙"或蟾蜍根据尚嫌不足，从而带来了一系列的误识。

一般初看，将此器识为"蛙"（蟾蜍象征月亮），很容易被人接受，因为女娲就传为华夏民族的女性祖神，又是她创造了人类。而女娲在史前就以"蛙"形表达。这一点史前遗址中有大量实物证实。如仰韶文化中大量的彩陶器上的"蛙"形，西南民族铜鼓上的"蹲蛙"等，都是象征女娲祖神的图腾。然而，笔者在研究中发现，女娲实际上是"螺母"的裂变，其更早时期又是真实的"螺蜗"之形，而"螺蜗"之所以受到崇拜，源自它们自己都不知道的"身有螺纹"之特征——这个螺纹被古人认为与天上的"螺日"相似，并认为地上的"螺蜗"就是天上"螺日"之神的幼年期，或者与"螺神"同类，当它们长大"成精"以后，就会飞上天空，成为"螺神"中的一员。因而产生了庞大的螺神系统崇拜，同时又反过来对生物螺蜗加以崇拜。史前人类普遍的螺蜗崇拜就来自这一背景。"蛙"崇拜又衍生于"蜗"，两字音通，且均为水陆两栖生物。横开的蛙口又被拟作女阴，故被人类归于北方水神系列之中。

"女蜗"崇拜是"螺蜗"系统崇拜中的一物，自身并未形成一个神系。史前大凡涉及女娲崇拜的图腾，都非常单纯，传承中多为单列，并不进入"五行"系统。而学者们利用西南少数民族的传俗与蜀人文化对比，也没有可比性，因为两族人没有共同的近祖文化，也没有相互交流与借鉴，更不会引进他族图腾为己所用。

如果要将此器释为"蛙"，应当与遗址所出的整个文化系统相联系，才有说服力。金沙古人的主体族人是三星堆族的后裔，三星堆出土的"五行"祭祀系统中，并无"蛙"之席位。虽然也发现了少量的"蛙"器，但为石制，并未用金属材质制作，更不是置于"五行"神系中之物。但此"蛙"用金质制作，当为至高图腾之一，并在祭祀系统中有显赫地位。

虽然从金沙祭祀中心出土的器物来看，其文化面貌比较复杂，不像三星堆那样单纯，但能放置于如此圣地的其他文化也应当具有系统性，而不会出现一个单独的与系统文化不相干的器物。金沙出土的器物中，除了有明显的三星堆祭祀系统文化特征外，还有"良渚文化"和"巴族文化"系统。而这两族祖承的神明文化系统，也不以"蛙"为核心图腾。巴人最典型的至上图腾是龟（鳖灵）与虎，这已在金沙遗址大量出土；良渚文化的典型图腾是祭祀天地的玉琮，也在遗址出土。而追溯到这两个文化的兴起地和中心地，亦无以"蛙"为至高图腾的传俗。

由此不难看出，金沙圣地出土的几个文化联盟体，三星堆、良渚文化、巴族文化中均无崇蛙之习，或者说均无将蛙置于至上图腾之传俗，那么，遗址中何以有"蛙"？

可以肯定，这类金器判读有误，它不应是"蛙"！

那么，这是一件什么器物且代表着什么神灵呢？

由于金沙圣地出现了三族文化联盟之特征，那么，我们只有在这三族文化中去寻找，找到其形相似又正好与金沙整体祭祀系统相协的器物，来为它辨明正身。

通过排比追寻，我们在三星堆出土的器物中发现了一具与金沙"金蛙"相似的青铜像，此像就是博物馆为之定名"人面鸟身"的青铜像（见图 44），此像笔者已将其论证为北方水神遇强。

《山海经》中有记："北方遇强，人面鸟身，珥两青蛇，践两

图 44 三星堆出土的
青铜"人面鸟身"器

青蛇。"郭璞注:"字玄冥,水神也。"庄
周曰:"禺强立于北极,一曰禺京。"

由此可见,古传的禺强为"人面鸟
身"。而三星堆出土的这具青铜器就是非
常明确的"人面鸟身"。

然而,问题又出来了。禺强从古至
今都传为北方水神,本应为水物之形才
符合逻辑,何以又为"鸟身"?在古传
的"五行"分布中,"鸟"为阳物,是南
方代表兽之典型特征,为何北方水神也
有此形?正如前述,水神禺强古传有两
种身份:水神和风神。因而就有两个变
像:一为水物(鱼、龟、蛇等)之形,一为鸟形。当他坐镇北方
水域管理北方时,他就变作水物之形,当他成为风神时,就会变
作鸟形。因为古人认为,鸟就是靠风在飞行,而风神之形也一定
是鸟形。三星堆出土的这具青铜"人面鸟身"就是禺强化作风神
时的最辉煌的造型,其位当置于灵台的北方。

此像上部为明显的"人面",头上插有象征"阳属"的羽翎,
直伸入天,身子则浓缩得与头部差不多大,两脚则为明显的鸟爪
栖于花蕾之上。然而,此像最不合情理也是最具特征的是它的两
翅,一般的生物鸟,都是两足两翅,而这里的禺强却是"四翅",
身体左右、上下各有一对翅膀,而且呈螺旋之形!这又是为何?
三星堆出土的其他鸟形,均为一对翅膀,且造型也为写实,翅多
为收翅,伏在两腋,作停息状,此鸟为何如此神奇地伸开四翅?
原来这正是古人使用最大限度的夸张手法表达风神禺强迎风而行
的神勇形象。用四只翅膀区别于普通的神鸟,用立体螺旋造型表
示风神正在狂暴的疾风中飞行!其螺卷的羽翅正是因为劲风而导

致的强烈动感!这样的造型和动态正是来自古人们经常目击到"龙卷风"留下的深刻印象。

由此可以看出,本出同一神话源头的北方水神,在三星堆人时代,已传说出两个独立的版本:前述的金杖和金带上的"鱼—鸟"图,表达了华夏民族最古老的"鲲鹏之变",作为最古老的原始祖神的奇异故事,代表着最古老的先祖,刻画在权杖上用以指挥众人行仪;而北方遇强则以风神形象作为北方水神代表,进入灵台的"五行"神明系列之中。

回过头来,再看金沙出土的"金蛙"之器。

由于金沙人也即开明时代,蜀人才初接触青铜和金,因而铸器工艺非常原始,技术落后,不能像三星堆器物那样铸造得精美细致,也就无法立体化地表达器物的全貌。特别是无法表达细节,只能从轮廓上表达大意。但此器形状上依然保留着"遇强"的特征。器物的头部有一对大眼睛,而嘴部却呈三角,这显然不是"蛙口",而是"鸟啄"。当然,最典型并与三星堆遇强相似的特征,还是它的两对翅膀:它的两对翅膀也在身子的左右、上下各一对,而且呈螺旋状!这正是模仿其祖上三星堆族遇强神像最典型的特征。

由于在多个遗址中从未见过这样的"蛙"形,器形本身也不具有"蛙"的特征,又在金沙遗址系统文化中找不到与"蛙"相关的文化系统,而又恰恰有"遇强"之器和系统,两器又非常相似,因此,此器只能断为北方水神遇强。

其实,有关人类崇拜北方水神的事实,普遍存在于各民族的古文化中。本书后面将要论及的巴族的"鱼凫",本质上也是北方水神之神祖图腾,但其身体结构则与蜀人的"鱼—鸟"图腾不同。良渚文化中也有大量的北方水神崇拜遗留,而且有一个崇北的庞大祭祀系统。仅就古史界人人皆知的普遍出现在良渚玉器上的神形（见图 45），就是正宗的"人面鸟身"。其头部满饰羽翎，象征"阳"属之鸟，浑身布满螺纹，最值得注意的是它的双足，也是一对活生生的"鸟爪"。其神拥有的"人面、鸟足"，以及远看为人面、近看为人身及螺纹组合的诸多信息表明，它也是良渚人

图 45　良渚文化玉器上普遍出现的"人面鸟身"神徽

崇拜的"人面鸟身"之风神。满身细密的螺纹，正是对风神劲飞的表达。其神身上的诸多因素与三星堆遇强完全一致，只是构形有自己的风格。

　　同样的鱼、鸟祖神传说，也存在于羌、藏、蒙及西南少数民族地区，可见北方风神（水神）遇强是华夏民族共同的祖神之一。包括"鲲鹏之变"的故事，也是各民族共有的古老神话。

　　"遇强"一称，是后来多重转化音变的得名，其早期名称很朴实，就是"鱼精"。前引郭璞注文中就云："遇强……一曰禺京。""禺京"就是"鱼精"。地上的动物修炼成"精"之后，即可变作神灵上天的说法，流行于全世界各民族的早期文化之中，中国古代更甚。所谓"鱼精"，就是指鱼嬗变为可以上天称神的神灵了。在这里就是指一只由鱼变化成风神的神灵。有学者在研究中认为，古传的"鲲鱼"就是指海中的"鲸"鱼。此说似有理，又似不完全有理。因为早期古人所说的"几千里大"的鲲鱼，是一种夸张地想像，并不是特指某一种鱼，而是泛指水神的代表。不过，当古人发现了海中的鱼以"鲸"个头最大，然后将古传的神话附合其上，在某些地区特指"鲸"鱼，也是合理的，而且"鲸"音与"精"通，有可能就是将"鱼精"确指了"鲸鱼"。

金沙石人 —— 被驱赶的傩鬼

三星堆与金沙同为"傩（螺）祭"中心，其出土的器物均为傩祭组器。而"傩祭"活动中有个最重要的节目，就是"驱鬼"。从金沙遗址出土众多的青铜戈和玉戈来看，肯定有此一俗。

这里先概述一下什么是"傩"。

"傩"在古代的传承中有着两种完全对立的身份：神与鬼。祈时为神，驱时为鬼。其本质上来自原始时期古人崇拜的太阳"螺神"。古人认为星辰均为神灵，又以日神为大，而日神早期就称"螺神"。由于古人对地上的各种自然灾害不理解，特别是对干旱之灾不理解，早就认同天地间的一切生生息息和无穷变化都来自太阳神的安排和操纵，因而，同样认为干旱等一切自然灾害也来自天上神明的操纵。古人在生活实践中发现人类也有"好人"、"坏人"之分，于是，用自己的社会实践将天上的神明也分为"好神"与"坏神"，而坏神就被视作"鬼"。但仍沿用"螺"这一称谓。故中国史前所谓的鬼均为"傩（螺）鬼"。

"傩鬼"被从神系中分离出来，成为单独的鬼系一员后，又别名作"魃"。段玉裁释《山海经·大荒北经》说："魃，旱神也，神、鬼统言之一耳。""魃"就是古代在傩仪中驱赶的旱鬼。段氏文中称"旱神"，并认为是古代傩祭中的主角"傩神与傩鬼"。由于都名"傩（螺）"，所以是"神、鬼统言之一耳"。四川广汉三星堆所以称"雒城"，就是因为它是专门行祭的圣庙，其主要的工作就是进行"傩祭"，也就是祭祀傩神和驱赶傩鬼。傩仪活动在后来演变成"傩戏"。近现代还在上演的"傩戏"中，依然保留着早期的祈神驱鬼活动。

有关这个"傩鬼"的形象，史也有载。孔颖达疏引《神异经》云："南方有人，长二三尺，袒身而目在顶上，走行如风，名曰魃，所见之国大旱，赤地千里，一名旱母。"

说旱鬼出自南方，还有别名叫"魃"，个头很小，裸身不着衣饰，行走起来如风之快速。凡这个旱鬼所到的地方，都会被烤灼成火赤之色，一片焦灼。

《诗·大雅·云汉》有句："旱魃为虐，如炎如焚。"说旱鬼一旦发起淫威来，如一团巨大的火球，把一切都焚烧了。古人认为，正是这个如炎赤火球一般的旱魃，带来了干旱。旱鬼的特征，正是太阳的特征。可见旱鬼（傩鬼）与"螺日"之神的联系，形象完全一样，只是行为各异。

由于三星堆也是傩祭中心，出土了一大批傩祭组器和百分之百用于驱赶旱鬼的青铜戈、玉戈，那么，其中也应有"旱鬼"之形才说得过去。

事实正是这样。我们在三星堆出土的器物中，发现了这样一具青铜人像（见图46）。此前考古学对它的定名，未深究其文化内涵。此像就是当年三星堆人驱赶的"傩鬼"。因为傩鬼谁也抓不到，只有制作一器予以象征，以便在驱傩仪式中有特定的实物可发泄愤怒。

此像很小，只有十几厘米高，与三星堆出土的其他青铜器相比，要小七八倍。这是为何？因为傩鬼在传说中个头就很小，只"长二三尺"，而古人的身高一般都在一丈左右（古代的尺比现在的小），故将男子称作"丈夫"。这具像从大小比例上看，正符合傩鬼的个头。

图46 三星堆出土的青铜傩鬼

此像最显著的傩鬼特征就是它的"龇牙"和"披发"。中国民间自古传说的鬼怪，最大的特征就是"龇牙咧嘴"、"披发厉鬼"。今天藏、羌等许多民族还在上演的傩戏中的傩鬼就拥有这一特征。此青铜傩鬼头发倒勾，正是表现传说中的傩鬼"行走如风"，头发在疾风中翻卷而上。此像不着衣而全身裸露，正是"袒身"，即裸身之特征。正因为此像代表的是傩鬼，人们才在它的手腕上和腰腹上套上镇鬼的法器"镯环"（两腕上各三只，腰上两只），将其箍束，以限制它到处乱窜，给人间带来灾难！

不过，古人也知道，鬼就是神，也具有人所不及的神力，关不住、杀不死。因而，只好用这种人类自认可以管束的办法来圈束傩鬼，不图杀灭它，只望能束缚住并赶走它。所以对傩鬼的惩罚手段自古就是"驱赶"。此傩鬼双膝跪地、双手扶膝、怒目圆睁，一副不甘服气的形象，也符合古人们对傩鬼的认识：由于傩鬼杀不死，人类也只有借助神的力量将其暂时束缚，傩鬼当然不满意这样的待遇，但又敌不过天神，不得不在神力更高的神明面前束手就擒，内心当然不服。所以古人将其铸成这样一副内心不服但又不得不在神威高压下屈服的形象。从此傩鬼两只不服气的怒目中可以看出，它此时心中正怒恨地默语：等我自由之后，看我怎么报复你！

这个青铜傩鬼就是古人在举行驱鬼仪式时使用的象征性道具，用它拟作旱魃。在仪式进行到一定时候，巫师便会大喊一声："把傩鬼押上来！"于是，众执戈勇士便将这具青铜傩鬼押上坛场，巫师又借助天神的力量在傩鬼身上洒血或贴符，然后又大喊一声："拉下去毙了！"于是众人又将青铜戈和玉戈在傩鬼身上作砍杀状，比划几下，之后，收库下次又用。这样的"吓鬼"仪式至近现代还在许多傩戏中的"驱鬼"情节中上演。盐源境内的"抓罗沟"，汉源境内的"宰罗河"，就是古人判决傩鬼的地方。

金沙遗址中还出土了一种"石人"（见图47），考古学至今不识，其实，这类双手被缚的石人，就是金沙人制作的傩鬼，其身份基本上就是承继的上述的三星堆的傩鬼。

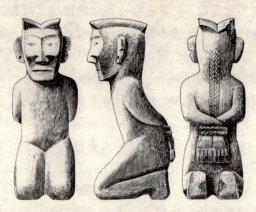

图 47　金沙出土的双手反缚的石人

此"石人"造型也拥有傩鬼的一个基本特征：裸身。由于古史界至今不明白三星堆与金沙拥有的"傩祭"系统，因而也就不知道其中器物的角色和身份。近来不少学者的研究中，都把金沙石人"裸身"看作一种独特的形制，觉得很奇怪。其实，傩鬼"袒（裸）身"，自古有传。而且"裸"身之形，正是无文字时代古人朴素的"形意指示"法，用"裸身"表达此人形为"裸（傩）鬼"矣！

此石人还有三处典型特征与三星堆青铜傩鬼相似。一是"披发"。石人傩鬼头上的发为中分左右披发，正是突出了"披发厉鬼"之形。由于是石头材质（金沙古人的铜料极少，非常珍贵，因而用石质做傩鬼），无法像三星堆的青铜傩鬼那样，做成"倒勾式"，而"倒勾式"本身就是夸张之形，正常情况下的傩鬼就是"披发"。因而，金沙傩鬼的"披发"更显正宗。其"小眼"平窝的面部特征与三星堆青铜傩鬼也非常相似。

二是双手被反缚在背后。三星堆的青铜傩鬼双手按膝，一副不甘服输的神态，是三星堆族当时承继的传说形象，更符合"鬼亦有神力，无法杀灭，只有束缚"的古老传说。特别是真实地反映出傩鬼不服气的形象，更加符合当时的认识。金沙古人重新恢复傩祭之俗，已是几百年后，人类对傩鬼的惩罚手段更加大胆，且更加拟人化，故发展到用绳系捆绑双手之形（其中也承继了三星堆青铜傩鬼手腕、腰身用"镯"之法具束缚之意），本质上还是对傩鬼的束缚。

三是跪地。人类历史上塑造的双膝着地的跪人之像，多为贬义，往往是人类憎恨或蔑视的对象。当工具发展到允许的时期，人们也将一些人类产生的"奸臣"用石刻成跪像，让后人唾骂。但在工具落后，特别是青铜珍贵且神圣的时代，古人决不可能用青铜制造普通的人，甚至憎恶的人，也不可能用落后的工具雕石造人。那么，这一类双膝下跪的人像就肯定是历史上传说的鬼怪之类。故用青铜浇铸和石头雕刻，以便代代下传，作为古人精神文明的反面教材教育后人。

不过，金沙石质傩鬼还有一个尚未被人发现的重要特征，其中隐藏着一个更大的玄机，就是金沙石人反缚的双臂，不是用绳子捆绑的，而是用发辫捆绑双手——如果读者细心看一下，就会发现，金沙石人被有意刻画出发辫，从背后垂下，与双手捆绑之"绳"相连接，而且看不到发辫与绳头的分叉，它们是联成一体的！就是说，这些石人像的双手，是由发辫捆绑着的——这也是为什么金沙石人专门突出刻画发辫的重要原因（石人身上只有发辫费时作了细致刻画，其他部位均无这样的细节）。

古人一般不会自出心裁胡乱塑造神鬼之形。这一经典的以"发"束手的造型一定来自古老而深刻的古传。由于金沙古人传承的神话系统为正宗的华夏祖源文化系统，我们只有到更古老的传说中去寻找这一别致造型的根据。经查《山海经·海内西经》中有一个故事，反映了昆仑山上神国内部因争权夺利导致了对反叛者的镇压。故事的白话译为："贰负有一个家臣名叫危，危和贰负同谋把窫窳（音亚雨）杀害了。天帝便把危系缚在疏属山上，枷了他的双足，用他自己的头发反绑了他两只手，拴在山头的一棵大树上。那地方在开题山即崆峒山的西北方。"

这个故事传说了神国中的两个小神喽，为了争权夺利以非法方式杀害了另一个小神喽，后来被更大的上级知道了，便依照天法惩罚两个小神喽，危便是被缚在山上，枷了双足，并用他自己的头发绑了双手。请注意这个"用他自己的头发绑了双手"的传说！金沙石人的造型正是这一形象！因此，金沙石人实际上是综合了"傩鬼"和这个神话传说中的"危"之形象，作为令人憎恶和不齿的形象教育族人和后代。因为"危"的行为不仅违反了伦理，而且有反叛之举，企图推翻当朝统治，而统治者最怕这种举动，往往将企图反叛的行为视为大逆不道之首，与古传最大的人类之敌"旱魃"混塑一像，作为众矢之"敌"，用于加强族人教育，维护统治。从金沙石人出土时唇有朱红来看，此像一直是作为活人形象置放的，也就是作为代代相传的最大的坏人之榜样而展览式存放的。金沙古人为何如此痛恨"危"这样的叛逆者呢？因为金沙时代的开明王朝，就是巴、蜀两族共同建立的王朝。君主贵族为巴人，但又承继着蜀文化，所以最怕任何一方反叛。因而制此榜样，作为严打对象，警示族人。这一点后面详述。

这样的企图推翻政权和诛杀同伴的坏蛋，令金沙古人世代切齿。金沙人不仅将其与傩鬼合为一体，让世代诅咒，用天神赐予的法具驱赶、痛打，而且还要让凶猛的虎食，听凭虎的利爪撕它的胸膛、大嘴咬断他的脖子。金沙古人对这类石像所代表的坏蛋希望虎食其脖子的形象也在遗址中发现。人们在遗址中发现了一只石虎的大口正好放在一跪坐石人脖子上的情况（见后面图 91）。但虎和人是两件器，只是掩埋前被人为地置放在一起。不过，这一组合中，明显地表现了巴人的祭祀文化，也表现了巴、蜀两族的祭祀礼仪在金沙遗址中融合，特别在这一造型中表现出来。

前引《山海经》文中涉及贰负和危两个犯臣，但故事中却只惩罚了"危"，没有惩罚贰负的决定，有失公允。后世研究神话的学者也多有不平。想来可能已在传说中丢失，或记述者未予收集到。但这个故事却一直在民间传说，并在汉唐之间的文献中时有出现。唐李冗在《独异志》中也录有此传，可补丢失之缺。文中说："汉宣帝时，有人于疏属山石盖下得二人，俱被桎梏，将至长安，乃变为石。宣帝集群臣问之，无一知者。刘向对曰：'此是窫窳国贰负之臣，犯罪大逆，黄帝不忍诛，流至疏属之山，若有明君，当得出外。'"

此记中的贰负也受到了惩罚。虽然《山海经》文本中丢失未记，但这个故事一直仍在民间老百姓口中传说。这说明其古老，且起自原始时期。请特别注意文中所述的"疏属山石盖下"之二人，被带至长安后，"乃变为石"！到底传说的是将真人带至长安后变为石人，还是原本就是石人，甚或就是杜撰的神话故事以讨好汉宣帝都不重要，重要的是，这个故事无论怎么变传，都未丢失它最基本的特征，就是这两个叛臣总是以"石人"的形象出现在传说中的！而金沙出土的正是"石人"！"石人"与"头发缚臂"这两个典型特征均与金沙"石人"相符合，足见正是本文所释。

无疑，金沙的跪坐石人也是作为傩鬼在驱傩仪式上使用，作为傩鬼的替身和象征成为驱鬼仪式中的被驱对象，其使用方法与前述三星堆青铜傩鬼一致。

遗址中既出土了"傩鬼"，当年必有驱傩仪式。由于鬼亦"阴神"，也具有人类不及的非凡神力，因而，驱鬼也必用拥有更大神力的法具，凡人是无力对付鬼的。我们在三星堆遗址和金沙遗址都发现了大量的青铜戈和玉戈（见图48、49），它们就是专用于驱鬼的法具、武器，古称"干戈"。《檀弓下》有句："能执干戈以卫社稷。"执戈驱鬼就是驱赶旱灾，以期获得一个风调雨顺的气象环境。"社稷"就包含着各类农作物。因而，执干戈驱赶旱鬼的根本目的，就是为了保障农作物有个正常生长的自然环境，从而保证完全依赖于农耕经济的古人的正常生活。当然，驱鬼系统仪式也包含着对其他灾害的驱赶。

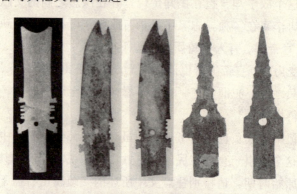

图48　三星堆出土的青铜戈和玉戈

图49　金沙出土的青铜戈和玉戈

按理，驱鬼之干戈有一种就行了，只要它能代表天神的法力。但遗址中却出土了两类戈，青铜戈与玉戈，而且两类戈的数量都不小。三星堆和金沙两处遗址都是如此，这是为何？

由于鬼是"阴神"，在阴界是老大，可以任意胡作非为。因而，不能用阴性法器来驱，只能用阳性法具。因为阳性法具代表至高无上的太阳神。青铜之"青"，代表东方，"赤玉"代表南方（两遗址中出土的玉戈多为赤色之玉，或带有赤色斑点之玉戈），在"五行"系统中，东、南两方属阳，因而驱鬼的戈用了两种材质（目的是取青、赤两色，还有古人认为的玉之神圣）。本质上就是代表东、南两方阳之神力。器形又作武器状，拟作天神的武器。干戈内含如此深刻丰富的神力，何愁傩鬼不束手就擒！或者因惧怕神戈落荒而逃！

既然提到了傩鬼，不妨再举一例。考古工作者在殷商时期的妇好墓出土的玉器中，发现了这样一件器物（见图50），至今不识。其实，此玉制人形表达的就是傩鬼。它不仅双膝跪地，整体构形沿承了三星堆夏代的傩鬼造形，而且同样注重了傩鬼的"披发"造形。三星堆傩鬼的披发呈"倒勾式"，此玉鬼头饰已有风格化趋向，呈"倒卷式"，两相对比，不难体味到古人的用心。此玉人所饰的身纹，均为方形或菱形，这两形纹在很多情况下都表示"地"或"阴"（因为"天圆地方"）。

图50 殷商时期妇好墓中的玉制傩鬼

古人善于用身纹表示身份，在这里就是表达此人形为"阴性"之属，也就是阴间的"鬼怪"类。正因为此形为人人痛恨的傩鬼，它的后背上才被契入了一根又粗又大的类似凿子的法具，意在将其钉载在一处圣地，限制其活动范围，以杜绝它到处制造旱灾。

由于傩鬼也是神灵之一种，人类无法将其杀灭，只有借助神灵的法具限制其活动。三星堆傩鬼被神圣的"镯环"束缚，金沙石人傩鬼被象征神的"绳缚"捆绑，而商人下手更狠，干脆用武器从其后背锲入体内。其目的都是一样，就是为了限制傩鬼的活动。不过，三处傩鬼行仪时的方式却不一样：三星堆的青铜傩鬼，是驱傩仪式中的道具，只是一种象征，仪式之后，收库下回再用；金沙石人傩鬼则一直呈置于圣庙一侧，用以警示、告诫那些萌生反叛之心的人，赶快打消念头，回头是岸。当然，这些石人傩鬼也会在每次的驱傩仪式中使用；妇好墓中的玉制傩鬼，则是为了威吓其同类。当阴界的鬼怪夜游时，发现此墓中有如此凶残的制鬼手段，便会落荒而逃，从而达到保护墓主安宁之目的。今天还存在盐源县境内的"抓罗（傩）沟"和芦山县境内的"宰罗（傩）沟"之地名，就是古代驱傩仪式的残留。

驱逐傩鬼同时驱除旱灾的仪式，从古至今一直在演绎。川北地区的农村中，至几十年前还有此俗。每逢春夏之交，当地群众就要举行盛大的驱逐旱魃仪式。首先由一名妇女披头散发（模仿傩鬼之"披发"）、穿着破烂装扮旱魃，鬼鬼祟祟来到人间，企图进入村寨，又佯作被众人发现。之后众人手举火把和各类棍棒，大声呼喊着驱赶她。"旱魃"惊惶失措地向村外跑去。众人一边大喊一边敲锣打鼓，手击脸盆，弄出很大的声响，在后面紧紧追赶，一直将"旱魃"追至村外的小河中，方才收兵。

群众将旱魃撵入的这条河，就是承继古代大名鼎鼎的神圣"洛河"。相传洛河中有"洛神"，实际上就是"螺日之神"的变传。旱魃又是一团赤火之形，故用这条河来淹灭它。此习也来自古承。《汉书·礼仪志》有载："乃使十二相神追恶凶……弃洛水中。"傩仪传至汉代，已有简化，产生了用"十二相"驱傩鬼的仪式（十

二相还是太阳神,本质上代表十二个太阳月的月主),最后将傩鬼赶入洛水之中。这条神圣的洛水,古代就紧紧依傍在圣庙"雒城"的北面。夏王朝的雒城、周王朝的雒城、三星堆雒城北面的"雒河",就是这条圣河。有关"雒城"之圣城圣水配套系统,后面有介绍。

令人不解的是,今天的藏族、羌族及不少的少数民族也流行同样的习俗。羌族迄今还保留有与上述完全一样的驱赶旱鬼的仪式,名字就叫"斗旱魃"。可见三星堆三期文化、金沙一族的主体文化均为羌人。藏族苯教的驱鬼仪式更原始正宗,他们的鬼叫"鲁鬼",其实就是"傩鬼",音意全同。"鲁"字来自不谙内情者的汉译。苯教在驱鬼仪式上还要用蜡制作人形"鲁鬼",置于坛场中央,坛场地上则画一个巨大的圆圈,象征太阳神(见图51)。从其也要制作象征性人形傩鬼以及同样内涵的驱鬼仪式来看,与汉、羌等民族祖承的驱鬼仪式完全一样。这一同俗是否暗示出,华夏各民族早期具有共祖的文化?

图 51 苯教坛场地上画有"螺圈",圈中有蜡做的"鲁鬼"

金沙出土的石人可能早就被当地的群众发现。或是为了建房或是挖井,被当地群众从遗址上挖出过这样的石人。由于其造型独特，又出自地下，当地群众倍觉神奇。消息不胫而走，周围群众都以神奇之心传说这一事件。久而久之，金沙遗址附近就被传成了"石人所出之地"，继而传成了地名"石人"。今天成都市金沙遗址所在地亦名"石人小区"，范围还很大，可能就来自这一背景。

第三章

蜀史概述

　　古蜀史历来是个难解的谜。已有的传记和"定论"，由于三星堆和"金沙遗址"的出现，显得十分尴尬。为了充分说明金沙遗址出现的时代，需先弄清古蜀史的基本框架。由于已有的蜀史框架已不可信，笔者根据蜀地出土的实物、遗址、传说等大量新发现的信息，参考文献中可以信赖的部分传说，融入自己的思考，在本章重新构建了一个蜀史框架。

史前蜀地土著

"金沙遗址"已实实在在地出现了，无疑，它也确曾作为一个统治中心出现在历史上。但它到底出现在哪一个阶段，经营了多长时间，并不是一句话可以说清的。特别是已出的观点与金沙的整体文化面貌多有不符，更需细致分析。因此，要想弄清"金沙遗址"的真实情况，还需先弄清整个蜀史的基本框架，才能比较准确地为金沙祭祀中心断代。

由于早期的古蜀历史来自后人凭借传说撰写，而传说中的古蜀史又非常混乱，神史混杂。有的顺序颠倒，有的一名多传，有的事件因裂变而衍生出多种变相，重复出现。因而混乱不堪，导致研究的困难，根本不能照单全收。

尽管此前已有不少学者曾对古蜀史有过圈点，以至"定论"。但由于科学本身就是一个不断发展不断完善的过程，特别是蜀地近几十年的考古发现，一次又一次推翻了过去有关蜀史的"定论"。此前即使最权威的蜀史传记，也没有录记三星堆和金沙这样两个古蜀史上曾经真实出现过的重大文明中心。因而，已有的书记不敢全信。加之作者又多受前贤"多歧为贵，不求苟同"之铭言鼓励，因而不愿偷懒，更愿意慎思多想。一方面采各家之长，兼顾可以信赖的史实；一方面加入自己的研究和思考，将自己多年来构建的古蜀史框架奉献出来，就教于诸家。同时联系"金沙遗址"的情况夹述夹议。这一新的蜀史框架并不限

于本章，而贯穿全书及作者的系列研究之中。后面的章节中也将不断出现。

四川盆地要接纳人类的移民，首先得有可以容人居住的自然条件。地质学和气象学对蜀地平原的早期情况已有结论：成都平原大约在距今 5000 年前，尚为水泽相间的沼泽湿地，（注意，这里是指四川腹地的平原地区，不是省界概念。）水域多于陆地。更早时期则是一片巨大的湖泊。因而，距今 5000 年前的成都平原尚无人类生存。考古学也能证明这一点：迄今为止，成都平原发现的若干处古代遗址，没有一处超过距今 5000 年。由于成都平原腹地早期一直为水域，周临山地的藏、羌民族古老的语言中，一直将其称作"海子"，就是对早期成都平原为水域的定势沿称。由于此时平原多为水泽，当时的古人类无法进入平原生活，只能止步，基本上停留在盆地一周的山地上狩猎为生。这就是为什么考古学总是能在盆地周围的山地上，发现更早的以至旧石器时代的人类遗留，但却没有在盆地平原上发现超过距今 5000 年的人类文化遗存的根本原因。

既然成都平原腹地 5000 年前没有人居，这就要涉及到"资阳人"的问题了。其实，"资阳人"的年代问题应当基本清楚了。当初没有科学检测手段之前，凭某些个人的"口判"为距今 10 万年前。引进碳测手段后，经对其头骨下层的鹿角检测，不超过距今 7000 年！这个事实已经公布。由于其头骨的层位还在上面，肯定比这个年代还晚。前任中国考古研究所所长夏鼐先生也在文中指出："并且资阳人化石是否与乌木标本同一地层，也是不能确定的。如果资阳人化石不产于小砾石层而产于其上的深灰色腐泥层（其下的大砾石层无任何化石——原注）。则它的年代比乌木标本还要稍晚。"综合蜀地平原 5000 年前当为水域，且无人居，不可能一个单独的妇女生存于水域之中的逻辑来看，"资阳人"头骨的年代，不会超过距今 5000 年前。有关此问题，笔者已有另文专述，此处暂略。

大约在距今 5000 年前后，四川盆地周围山地的洪水量逐渐减少，盆地内水域唯一的出口长江峡口由于若干万年的水流切割，正好达到能将盆地内大量水域泄完的高度。因而盆地内的积水逐渐流走，水面逐渐下降，一些海拔较高的地区开始冒出水面，早就滞留在盆地周边山地的古人类开始陆续下山，进入盆地。首先占据了一些露出水面的陆地，并开始散居在这些地区，成为蜀中平原最早的土著。蜀地平原今天发现的新石器时代晚期的人类文化遗址，就是这一时期古人的杰作。同时可以发现，大凡出土新石器晚期人类文化遗存的地方，海拔都高于周临地区。目前已知的成都平原几处早期人类遗留均不超过距今 5000 年，三星堆一期文化起于 4800 年前，宝墩遗址最早时间为 4500 年前。

从目前发现的蜀地平原新石器时代晚期多处遗址的文化面貌来看，最早进入成都平原腹地的土著人，并不来自岷江河谷的羌人，而来自长江中游及大巴山一带的古人。因为在成都平原发现的距今 3600 年（注意，这是一个重要的时间分界！）前的绝大部分古人类文化，其主要文化特征和器物，几乎均与同期的长江中游地区古人的文化特征相似相近。学者们均认为两地为同一文化系统。这一系统包括三星堆遗址一、二期文化（距今 4800～3700年前）、新津宝墩文化的早期文化等。

为了充分说明，这里引用一些考古报告和学者们的观点，请读者一起参与分析。

《湖北秭归朝天嘴遗址发掘简报》（《文物》1989 年第 2 期）在结语中这样说："通过比较可以看出，B 区所出的小平底罐、灯形器及角形杯与成都平原的夏商时期同类器相差无几；鬶、盆、大口缸等又与江汉平原夏商时期同类器相似；大口尊、盉等似与中原地区夏商时期同类器关系紧密。……其年代大致与中原地区的商代早期相当。"

请读者注意，此述中尽管包含了几个复杂的文化因素，但却非常肯定明确地说明了，湖北秭归地区夏商时期的古人类文化与相距几百公里外的成都平原同期的器物"相差无几"，肯定两地拥有同一文化系统成分。

与之相应的是，成都市考古所的专家们在《三星堆文化》（《四川文物》1999 年第 3 期）也有同类的叙述："三星堆文化是一支相当发达的文化，自身特色十分突出，影响较广。在长江中游的鄂西地区的夏商时期遗存中普遍发现有三星堆文化因素，如小平底罐、高柄豆、豆形器、圈足盘、鸟头把勺等，据初步统计，这类包含有三星堆文化因素的以罐、釜为代表的文化遗存共有二十余处，其中比较典型的遗址有江陵荆南寺、秭归朝天嘴、宜昌中堡岛等。"

文中与前文相呼应，同样确定了长江中游地区与成都平原夏商时期拥有同样的器物及文化因素，但是否是三星堆文化的影响则不一定。

文中提到了一类非常典型的器物，就是"鸟头把勺"，不妨略略展开一下。

孙华先生在《巴蜀文物杂识》一文中，对上述几地发现的鸟头把勺的概述具有代表性，也简单明要。他在文中说："在中兴遗存中，有一种被称作鸟头把勺的陶器。这种陶器分布很广，在四川省广汉县中兴遗址、成都市十二桥遗址、湖北省宜昌县中堡岛遗址和路家河遗址，都有发现。鸟头柄勺的数量很多，仅在广汉县中兴遗址就已发现数十件。"为了更详细地直观地说明这一点，文中还配了图，用以举例（见图 52）。从图上可以看到，这种鸟头把勺同期出现在长江中游的宜昌路家河、中堡岛和蜀地平原腹地的三星堆遗址、十二桥遗址。

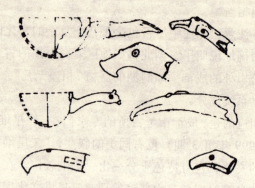

图52 长江中游与成都平原腹地出土的同类鸟头把勺

从前述考古简报和学者们的研究中不难看出，学者们都肯定成都平原史前文化与长江中游的同期文化来自同一文化系统。它们肯定来自一地向另一地的传播。现在剩下的问题是，到底是谁向谁传播？

蜀地的学者们一致认为，长江中游地区的史前文化来自蜀地古文化的传播，源在蜀地，流在长江中游。这一观点目前在学术界呼声较高，前不久在四川德阳举办的"三星堆与长江文明国际学术研讨会"上，这一观点亦被不少学者认为是一个不争的事实。

然而，这一观点面临着诸多无法超越的事实非难。或者一些学者已经发现，但不愿言明。

四川盆地从有土著开始，基本上就只有两支主体文化在盆地出现，一为氐羌族，一为巴族。历史上传说的诸多小支部族，有学者研究，均为巴族和氐羌族演化的分支。史界更为清楚的是，巴人主体由四川盆地东部的长江中游一带西迁入蜀，而氐羌人则祖居四川西部的岷江河谷，当然会以祖地为迁徙点，逐步由岷江河谷西迁进入成都平原。从古至今两族在迁徙中留下的文化遗存和传说，至今仍清晰可辨。几乎将四川盆地一分为二，巴人的大量遗留在盆地东部，更早在长江中游一带；氐羌古人的文化遗留在盆地西部，更早在岷江河谷。尽管在盆地腹地中心有交叠覆盖现象，但整体情况大体如此。

了解了蜀地史前土著分布的基本情况，再来以此分析一下流行的"长江中游史前文化来自蜀地同期古人传播"之观点的正谬。

1. 前面已述，蜀地平原最早一批土著进入，在距今 5000 年前后，而长江中游地区已发现在距今 7000 年前的古人类文化遗留（前面提到的背溪遗址就出土了 7000 年前的太阳神石刻画）。也就是说，7000 年前长江中游地区就有古人类出现。至 2000 多年后，蜀地平原才有外迁来的古人入住，晚于长江中游 2000 多年的蜀地古人，怎么可以迁去更早的文化？

况且，蜀地古人迁入成都平原后，至少要用几百年以至上千年来创造并形成自己的个性文化，之后，才可能将一组成熟的文化带至他处。

正常情况下，古人的迁徙，并没有目的地。不像现在，一支人到什么地方去执行任务，直接奔往任务地。古人的迁徙，是因为人口不断扩大，一点一点地由族地中心向外扩张而形成的迁徙，一般都不会一次性迁得很远。一代人有时最远也就迁出几公里或十几公里远。如果蜀地的古人按这个正常速度迁徙，从蜀地平原迁至长江中游地区至少需时 1000 年。那么，假设蜀地古人进入成都平原，用几百年时间创造出自己的个性文化，于距今 4000 年前逐步向长江中游迁徙，1000 年后迁至今天的遗存发现地，也已至西周时期，晚于今天发现的文化 1000 年以上！而且，大凡进入平原地区的古人，没有特别事件的发生，一般不会再迁往山地。因为平原的交通、水源对于当时已进入农耕经济的古人而言，不知道比山地要优越多少倍！

2. 无论是传统观点，还是现代观点，考古学发现的事实和学者们的研究，都有一个共识，就是蜀地最原始的文明源起氐羌文明，而这一文明的源头（针对这里的讨论）在岷山、岷江河谷一带，这已是一个不争的事实。

如果认为长江中游的史前文化来自蜀地土著文明的传播，那也应是氐羌早期文化的传播。但令人遗憾的是，长江中游发现的古文化系统与岷江河谷的古代羌文化并不一致。云盘山遗址中出土的器物及其典型的彩陶文化，并未出现在长江中游一带。特别具有说服力的是，前面提到的最典型的器物"鸟头柄勺"，从未在岷江河谷的古代羌文化中发现过，也未在三星堆三期文化（出土青铜、金器时期）中及其以后发现过。这个典型的"鸟头柄勺"的出现地及其流向，为我们揭开了古蜀地文化之谜：成都平原距今 3600 年以前的史前土著文化，来自巴族的早期土著！一部分来自大巴山系上的古人，从大巴山上直接南下进入成都平原，一部分可能来自长江中游古巴人的迁徙。因为长江中游的古人早于蜀地古人 2000 多年出现，他们有充分的时间迁入成都平原，特别是由山地迁往平原，更是古人乐意之举。而"鸟头把勺"又铁一般证明了两地文化的一致性；公认的蜀人原始文明发祥地岷江河谷，又从未出现过"鸟头柄勺"，（如果是同一文化系统，肯定会在其原始文化祖地出现！）面对这么多的证据，我们不得不承认，蜀地平原距今 3600 年前出现的土著文化，更多的可能来自巴人先祖文化。如此，蜀地会不会有学者感叹："鸟头柄勺"真是一柄双刃剑？

上述的诸多现象和事实，可能也被长江中游地区的现代学者发现。他们据此认为，整个蜀地的早期文明，以至三星堆文明，也来自长江中游地区古人的创造。这就又显得性子急了一点。交钱付的是餐费，不可以将餐桌也带走。

三星堆遗址中确实也出土有"鸟头把勺"，而三期文化中也确实出土了不少的青铜鸟，但它们不是一回事，不是同一族落文化的直线发展。尽管各民族史前都有神鸟崇拜，那是因为共祖文化而形成的太阳神鸟崇拜。如果只以鸟崇拜为是否相似的文化特征来判断考古学上的个性文化，那就没有办法区别各局部的古人情况，因为整个中华民族乃至世界各民族都有深刻的太阳神鸟崇拜。各民族分手后各自独居，在承继神鸟崇拜的过程中，又创造出各自的个性神鸟崇拜文化。如中原古人的神鸟为"三足鸟"；良渚文化的神鸟为"长啄鸟"等。"鸟头把勺"实际上是一种祭器，是古人独特的敬祀太阳神鸟的祭器，或者是带有祭祀性质的餐具。既是在祭仪上专门针对太阳神鸟的祭祀专器，又内含着"饮食不忘太阳神祖"之意。有关神鸟文化笔者已有专述，此处暂略。

在这里要说明的是，三星堆遗址中出土的陶制"鸟头柄勺"与青铜神鸟没有传承上的联系。前者是用于祭仪的可操作性祭器，出土于三星堆遗址的"二期文化"，也即距今 3600 年以前的文化层中；后者是悬挂于圣庙檐角或专神席位上，用于标示和象征太阳神之变相的神器，出土于正宗的"三期"文化阶段，两者并不是同一近祖文化的发展。由于它们同出一个遗址，容易被误会为直系发展而来。如果再想得细一些，把还有的可能性都考虑进来，我们就会发现，它们虽出于同一遗址，但却出现在两个不同的时期，并且又刚好出于两种不同个性的文化系统。那么，它们就有可能是不同时期迁入到同一遗址地的两个完全不同的古人族团留下的遗物。

支持长江中游学者观点的似乎还不仅仅是"鸟头柄勺"及与之相联系的器物，还有一类三星堆三期文化中的典型器物也在长江中游的遗址中出现。这类器物就是可以确定出现于三星堆三期文化中的"陶盉"（见图 53）。同样形制并可以确定它们来自同一文化系统的陶盉也在长江中游地区的古遗址中发现，而且就出土于湖北秭归朝天嘴遗址（如图 54）。由于成都平原与长江中游两地一再出土同一文化系统的器物，而且是出土于蜀地古代文明中心三星堆遗址，导致了长江中游地区的学者们更加充满信心，致力于研究三星堆文明是怎样起源于长江中游，以至从哪条路迁入蜀地的一系列课题。

图 53　三星堆出土的三足盉　　　图 54　长江中游史前遗址　　　　　　　　　　　　　　　　　　（中堡岛）出土的三足盉

　　然而，当他们一旦真正地深入研究，才发现问题并不那么简单：一是在长江中游一带根本找不到三星堆三期文化中的主体器物的形制源头，二是更加找不到青铜出现的源头。恰恰相反，长江中游地区的青铜器，全部晚于三星堆青铜器出现的时间（蜀地学者同样面临着这两个根本无法解决的问题）。然而，同一文化系统的"三足盉"确实出现在两处的遗址中，这又是怎么一回事呢？

　　三足盉型器的祖型出现在山东大汶口文化（见图55），其时距今 5000 年左右，是大汶口文化的代表性器物，已为史家共识。其早期一直在山东地区及夏王朝统治地流行，亦为夏文化的典型代表器物之一（还包括青铜三足爵）。约在龙山文化后期，才传播到几个地方。三足盉是夏文化的代表器物，因为它是夏后氏祭祀本族所崇的"三足太阳鸟"之不可缺少的礼器，与前述的"鸟头柄勺"器性质一样，但形制迥异。（其文化内涵笔者已在此前出版的几种专著中介绍，此处暂略。）由于三星堆族本来就是来自中原的夏后氏，他们拥有"三足盉"是天经地义的事，没有才觉奇怪。但长江中游地区又怎会出现这类器呢？而且几乎与三星堆的三足陶盉同时出现，这又是怎么回事？

图55 大汶口文化出土的三足盉

这需要了解中原史前的基本情况。

三足盉是中原龙山文化及在这一文化基础上建立的夏王朝的典型器物。夏王朝的主体是羌族，因此，在夏王朝时期的中原羌族中都流行三足盉。不过，由于三足盉是中心王国使用的祭器，是人类敬神时使用的圣器，人类自己并不敢使用。因而，它又不像生活用具那样流行。但要特别注意的是：三足盉形器是氐羌族迁移到山东地区后，在大汶口文化时代才创造出现的器物，因而它返回西传时，也只在黄河中下游流行，祖居四川西部岷江河谷的土著羌人并未接受到这一传播，也未自己制造同形制的器物。

夏亡商立。由于商王朝的主体不是羌族，因而商王朝建立之后，对夏室旧贵及羌人大肆迫害。这一点，甲骨文中多有记载。大量的羌人在此时呈扇面形大量地向商王朝统治区以外的地区逃离。由于羌人深受商人惨无人道的迫害，有着深刻的恐惧感，为了活命，他们只能逃向离商王朝统治区更远的地方。因为只有逃得越远，生命才越有保障。正是这一时期，有大量的羌人逃到北方草原的边界地区，以及长江以南的地区，今天的考古学正好在这些地区发现了商代及其以后的典型羌文化遗留，包括这些地区

97

自古流传的崇禹习俗，甚至建有大禹庙等等，都来自从中原逃离到此的羌夏后裔的杰作。

长江中游地区也在此时（三足盉及同系统文化器物正好出现在商代中期的遗址中），接纳了从中原逃来的羌人。由于这里已远离商王的魔爪，逃难来的羌人便在这里定居，传承着祖先的习俗，建立族人小型祭祀中心，恢复祖承的祭祀，因而出现了与三星堆遗址中同样的三足盉。因为同期的三星堆族不可能在那么短的时间内迁至长江中游，长江中游的古人也不可能在同期迁到三星堆并创造出祖地自己都没有出现过的庞大青铜祖器。

有关蜀地史前情况暂概述到此。不知为什么，长期祖居在四川西部山区的羌人，在这一阶段一直保守地居住在岷江河谷，没有大批地下山角逐成都平原腹地。因为在这一时期的古文化遗留中，没有发现大量的羌人文化和器物。只有很少量的器物发现，而且多在西部山区的邻近地带。

蜀地这一时期，即距今3600年以前，可以被视为真正意义的史前史，因为这一时期没有史记，也没有可以确定的传说，没有王国统治，只有散居的土著。这种自给自足的散居状态，一直持续到一支强盛发达的中原部族于3600年前进入蜀地，才得到改变。

来自山东的蜀族

四川盆地自古称"蜀"，居人被称作"蜀人"已是不争的事实，当人们懂得收集传说、录记历史时，就已经如此了。然而，蜀族

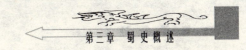

到底来自何处？"蜀"名又因何而起，至今仍是一大谜案。

有不少学者曾对此进行过认真研究，企图找到蜀之根源。董作宾先生认为"蜀"古代在陕西南部一带，并不在传说上所认为的成都；唐兰先生也考释了甲骨文的"蜀"，认为蜀在今天的四川境内；陈梦家也认为甲骨文中的"蜀"指为西南之国；郭沫若却认为甲骨文中的蜀"乃殷之西北之敌"；胡厚宣认为甲骨文中的蜀，不是指四川之蜀，而是指山东的蜀，"自今之泰安南到汶上，皆蜀之疆"。还有一些观点，恕不全录。

总起来看，学者们认为"蜀"在历史上曾出现在三处地方：一是陕西以南，二是今天的四川境内，三是山东境内。而一和二两识基本一致，因为古蜀地曾覆盖、影响到整个岷江山系，而岷江的北部地区，正好就在"陕西以南"，因此总归起来，实际上就是两说：古代的"蜀"，一在今四川，一在今山东。

同一个"蜀"族蜀地，为什么在学者的研究中相隔如此遥远的区域？特别是在史前的古代，一般情况下，同一部族之名号决不会横跨如此之远，那么，为什么学者们会得出这样的结论呢？

首先让我们看看"蜀"字的形意和内涵。

"蜀"字在甲文中构形为"一只眼睛看饲蚕虫"，蜀族就是饲蚕一族。四川古代传说的"蚕丛氏"就是"蚕虫氏"，也就是蜀族。从四川从古至今都以蜀为名来看，古代的四川肯定出现过一个强有力的"蜀"族，占有辽阔的疆土，并有长期的称王统治，才可能将自己的族号如此牢固地钉载在四川盆地上，成为这一地区的永久性地名。

然而，让人不解的是，前述的"蜀"字甲文构形和内含的蚕虫之意，为商王朝时期流行于中原的文字，为何四川境内的部族不用自己的名号，而会翻山越岭，行走几千里，到商王朝制造的文字中选择一个符号，作为自己的族号？按已经掌握的情况来看，四川"蜀族"(蚕虫氏)至少在夏末商初就已出现，而蜀地与中原有正常友好的交往时间，最早也不超过西周。那么四川境内的古人又怎么知道中原有个商王朝，并有一个"蜀"字，甚至会放弃自己的祖俗到别族中去偷窃一个字符来作为自己的族号——这是决不可能的！因为古人从不会引进他族的信仰，充当自己的图腾，族号就是本族的图腾之一。

然而，四川蜀族的族名和内涵以及字符构形，都与商代中原的甲文一般无二。这决不是偶然的，说明四川的蜀族肯定与中原的"蜀"字及蜀族有着密不可分的联系。

事实正是这样。经研究，蜀族早期祖居山东，夏末时期携带了三星堆出土的青铜祖器，辗转来到四川——这就是为什么学者们认为蜀族曾经在山东和四川两地出现的原因，也是蜀族为何使用了与商代甲文形意、内涵完全一致的"蜀"字为号的原因。实际上，蜀族的"蜀"之字号早有，商人只是根据已有的事实入字而已。

同时，前述文中多次强调读者注意"距今3600年"这个时段的奥秘，也将在此得到揭示。

有关"蜀"族祖居山东，于夏末来到四川的情况，笔者已在专门讨论三星堆文明的两部专著中有详细介绍。由于这一重大的历史事件，是蜀史中决不可无的重要篇章，而过去一直不为人知，因而在这里扼要介绍。

大约在距今5500年前，也即大汶口文化的初期，山东西南部的金乡和济宁南部居住着两支小部族，一名"有缗氏"，一名"有仍(任)氏"。两族均为饲蚕一族，在当地他族中又被俗称"蜀族"。由于在夏王朝第六代君主"少康复国"事件中，两族鼎力相助，建立了功勋，后合为一族，大名"缗"，俗称"蜀"。有缗氏又为少康母亲之母族，因而成为夏王朝中的权贵重臣，地位很高，备

受信任。后来又被指定为夏王室祭天祖器的执掌人，拥有操作祭天仪式之专权荣誉。这个蜀族，在夏王朝执政时期及其以前，均在山东地区。

《中国历史地图集·春秋》页上，标明"蜀"在泰安之南（见图56）。

图56 《中国历史地图集·春秋》上标明蜀在泰安之南

《左传·宣公十八年》云："楚于是有蜀之役。"杜注："蜀，鲁地，泰山博县西北有蜀亭。"

扬伯俊《春秋左传词典》云，蜀为"鲁邑，在今山东泰安县西"。

尽管上述记载有微小差异，但都肯定"蜀"在山东则是共识。

这个有缗·蜀族在夏王朝中，地位显赫，国强民富，本来生活得很好，然而，因为政治原因和一个偶然的事件迫使他们逃离夏廷，进入四川。

夏王朝至帝孔甲时期，开始走向衰败。《史记·夏帝本记》云："帝孔甲立，好方鬼神，夏后德衰，诸侯畔（叛）之。"

至夏王朝最后一王帝桀时期，夏政已腐败到无法收拾的地步了。帝桀执政期间腐化堕落，为了自己的享乐，修宫建殿，劳役民众，且处罚狠毒，民怨沸腾，诸侯不满，不断发生倒戈或逃离事件，不少侯国都叛逃而去。夏桀成天派军队到处剿灭叛乱者，疲于治乱。

为了能够有效地控制侯国，稳定局势，夏桀心出一计，拟用一次集会将侯国王主全部绑架，押作人质，以此要挟各诸侯国臣服夏廷。由于当时侯国已对夏桀不满，对王室命令软抗硬顶，淡然处之。夏桀也知道政令不通，单以王室的命令通知诸侯可能难以奏效。为了让诸侯国放心前来参会，便利用有缗氏的威望，通知各诸侯国到有缗国中心任地开会。然而，有缗氏破坏了夏桀的计划。

《竹书纪年·帝桀》载："帝桀十一年，桀在仍地会见诸侯，有缗氏首领逃离。"

这就是说，有缗·蜀族识破了夏桀的阴谋，既无法倒戈反叛，又不愿成为夏桀的帮凶，万般无奈，便全族逃跑了。那么，有缗·蜀族又逃到哪里去了呢？

同书又载："帝桀十四年，扁率领军队征伐岷山，桀令扁讨伐有缗氏。"

原来，三年以后，有缗·蜀族已逃离到四川岷山！

这一事件，屈原在《天问》中也问过："桀伐蒙（岷）山，何所得焉？"说帝桀的军队奔走几千公里，到当时远离夏王朝统治区以外几千公里的荒山中去讨伐有缗氏，有何意义？

同时，有缗·蜀族全族逃离祖地也有考古学上的印证。

《山东济宁程子崖遗址发掘报告》（《文物》1991 年第 7 期）中指出："第 4 层是此遗址最早的西周文化堆积，其下均是龙山文化地层或遗迹"，"但未发现商代遗迹"。离济宁不过百里的兖州西吴寺遗址发现的情况与程子崖一样，也无商代遗留。而这一大片地区正是当年有缗·蜀族的祖居地。他们从龙山文化的初期就入住，至西周后又有人入往，恰恰没有整个商代的文化层，而《竹书纪年》中记的有缗·蜀族又正好是在夏末逃离了祖地而至四川的岷山。这几个现象相互印证，就把一个真实的事实揭示出来了：有缗·蜀族祖居山东济宁一带，于夏末逃离了祖地而至四川的岷山！

由于有缗·蜀族未逃之前，执掌着夏王朝岱庙的祭祀祖器（就是三星堆三期文化中出土的整套青铜、金、玉等祭器），因而，逃离时携带了夏王朝的全部祭祀祖器进入四川，并在岷山的石洞中短暂留居，导致了古蜀最古老的传说"蚕丛（虫）氏始居岷山石室中"。岷山在古代有两称：岷山和蜀山，正是该族"缗·蜀"两号的留记，因为古代的地名多以居族族号为名。包括其后兴起的"名山"、"蒙山"、"绵阳"、"绵竹"等地名，均来自该族后裔迁徙的祖承。

有缗·蜀族在岷山暂居了几十年后，发现蜀地平原只有散居土著，并无王国，而且文明落后，没有武装抵抗，于是长驱直入成都平原腹地，寻找到符合夏都祖制的地望，建立了三星堆圣庙，沿用祖习，圣称"雒城"。因为夏王朝的都城亦名"洛城"。并因此开创了四川的古蜀文明，将夏王朝的系统文化在蜀地发扬光大。

有缗·蜀族来自中原，而且长居中原文明的核心地带，因而拥有超过四川土著若干倍的发达文明，而且有王权组织。蜀族一旦进入成都平原，便以绝对优势压倒了蜀地的土著，强占了蜀地土著的居地。因为当时蜀地土著居地均在已升出水面的陆地上，其他地方还多为水域，蜀族只能强占土著居地，扩大自己的生存空间。这一现象也在蜀地各个史前遗址中明显地表现出来。

成都地区的考古工作者通过几十年的考古实践，对多个史前遗址的研究发现，它们都有一个共同的普遍现象：几乎所有发现的史前文化遗址中，都有着两种不同的文化系统和器物组合。大多发现同存这两类文化的遗址中，都有叠压现象，下层原始落后，上层文明进步，而且均各为一个文化系统！这条分界线的时间正好在夏末商初，也即距今 3600～3500 年间。这种现象表明了距今 3600 年前，有一支外来的超过当地土著文明若干倍的文化突然入侵成都平原，陶器骤然变化，种类增多，突然出现了一批不见于过去的陶器。而且这支文化的势力很大，在短期内覆盖了整个成都平原。这里仅以三星堆遗址为例：

曾长期参与三星堆遗址发掘的赵殿增先生在《三星堆考古发现与巴蜀古史研究》（《四川文物》1992 年增刊《三星堆古蜀文化研究专辑》）一文中，对三星堆遗址三期文化这样介绍："'三期'大量出现典型的器物群，如盉、瓶、小平底罐、高柄豆、鸟头柄勺等多而精，新出现的宽沿三袋足炊器，以及个别尖底器，出现了云雷纹、乳钉纹、米粒纹等，时代相当于商代中晚期，测定年代大约在距今 3600～3200 年左右。"

文中所说的"三期"文化，就是指三星堆遗址上出现青铜、金、玉等发达器物的时期。这个时期就在距今 3600～3200 年前。起始于"距今 3600 年前"，也即夏末商初有缗·蜀族入蜀之时；结束于距今 3200 年前，即商末周初有缗·蜀族放弃三星堆文明之时（有关三星堆文明的放弃，后面有述）。整个时间恰好在商王朝执政的全部时间，这决非偶然。请注意引文中三次使用了"出现"、"新出现"等强调语，显然是指此前（即 3600 年前）没有出现过，只在此期文化中才出现的器物。而这一现象是整个成都平原遗址中的普遍现象，与三星堆遗址呈现的情况惊人一致。这表明有一支携带着先进文明的部族，在这一时期大规模地进驻了成都平原。

这支先进的部族，就是从山东辗转逃来的有缗·蜀族。他们携带着夏王室的祭天祖器和中原地区发达的文明进入蜀地，很快就占据了整个成都平原，高举着自己的蜀族，建立了自己的蜀王朝，人口很快布满了蜀中平原，并留下非常清晰的遗迹。繁衍的后裔们还迁移到更南的地区。从此，成都平原就被称作了"蜀"，人称"蜀族"，蜀文明史由此开创，传袭至今。

有缗·蜀族进入四川，在三星堆建立了圣都雒城，并以此为统治中心，至商代末期放弃——三星堆器物坑上的覆土经碳测为"商代末期至西周早期"。这一阶段，蜀地的统治中心就是三星堆雒都，同期不可能再有统治中心出现，这也是诸家共识。金沙遗址离三星堆故城相距不过38公里，因此，"金沙统治中心"不可能出现在三星堆统治时期。

岷江河谷两支羌人

中国的古羌民族曾对华夏历史文明作出过卓越贡献，他们在历史上时出时没的命运也颇显神秘，总是吸引众多学者对他们给予关注。然而，当近现代学者开始关注并研究这个民族时，发现他们基本上集中在中国西部的甘青地区，以及稍靠西南的岷江河谷之中。于是认为，这一地区就是羌民族的祖地，历史上传说的羌民族主要就在这一地区活动。

由于甘青地区远离中原，多为高山峡谷，物产贫瘠，躲过了历代战火，因而一直作为传继古羌文化的羌族祖居地中心保留下来。商、周时期史传的"西羌"，就是指这一地区的羌人。

由于岷山、岷江紧邻甘青羌族祖居地，无疑也会成为史前因人口增加而不断扩大生存空间的羌人的扩迁地。然而，当近、现代学者对岷江河谷的羌人进行深入研究时，突然发现了一些百思不解的奇怪现象：按考古学上的发现和古人类迁流的逻辑讲，岷江河谷一带的古羌人应当在距今5000年前就来到这里。但这一羌区从古至今又流传着浓郁的大禹崇拜，境内迄今尚有多处崇禹遗留，如"剐儿坪"、"大禹庙"等。人人皆知，大禹是夏王朝的开国元勋，其时在距今4000年前，兴起地在齐鲁一个不大的地区，影响范围也只在齐鲁。早于大禹时代1000多年进入岷江河谷的羌人，如果他们确实世世代代居住在这里，何以知道远隔几千公里外的大禹？又为何将其当作本族的始祖加以崇拜？须知史前时代的古人根本不可能与几千里外的他族交往，更不可能将他族图腾当作本族始祖崇拜。

面对着这些复杂的现象和事实，不少学者也认为于理不通。部分学者为了解决这个矛盾，干脆新出一说：大禹就出生在四川西部高原，后来进入山东禹族，成了夏王朝的开国之王。更有学者以此认为，中国史前的文明就兴起于四川，夏王朝就建立在四川，后来迁至山东。然而，这些观点除了依据岷江河谷的羌人流行的大禹崇拜和深刻的大禹传说之外，再无任何证据支持。反之，大量的考古学证据表明，大禹及夏王朝出于齐鲁，已是不争的事实。

那么，为何岷江河谷的羌人既有5000年前已进入该地的事实证据，又有逻辑上难以释通的大禹崇拜呢？

　　笔者也曾带着同样的疑问和不解，深入羌区调查，与当地学者座谈。经过多年的研究，终于发现了这一奇怪现象的原因所在：岷江河谷先后有两支不同时期的羌人进驻！

　　现在正在流行的中国史前史框架，尽管已有几种说法：中原中心说、江河文明说、多元文明说等，但总体来看，都没有脱离传统的框架，即认为华夏文明甚至黄色人种，都起源于中国东部大陆（特别是华北平原），并以黄河、长江流域为中心，逐步向这个中心以外迁徙、辐射，形成了中华文明的历史与分布。这一大的史前史框架，在不断新发现的诸多事实面前，已经动摇、坍塌。特别是地质学和气象学已经证实，华北平原在距今 8000 年前尚为海底，根本不可能成为人类乐园，以及华夏各民族至今传说的古老的创世神话"昆仑神话"，均发生在青藏高原，这两个铁一般的事实，足以否定中国传统的史前史框架。

　　笔者在较早时期就发现了这一谬误，并着手构建了一个早期人类的祖地和迁徙分布情况，将在另一部书中详述。这里只就涉及古羌人的部分扼要给出，以便集中解决本节的命题。

　　经研究，史前的古羌人在未进入中国东部大陆以前，均在北部草原游牧。由于北部地区的气候逐步趋于寒冷，迫使北部草原的牧人南迁。中国大陆是个几乎完全封闭的陆地单元，东、南为海，北部有蒙古高原阻隔，西部有青藏高原断道，只有唯一一条较平缓的河谷与外部相通，就是今天甘肃境内的"河西走廊"。在约距今 8000 年前，也即最后一次间冰期结束之后，常年充满河水的"河西走廊"，逐渐露出两岸的陆地，第一批来自北部草原的羌人便沿着这条唯一的通道，迁移到甘青东部，并在甘青东部地区创造出了以秦安大地湾遗址为代表的农耕文化，这一文化被考古界称作"前仰韶文化"。后续的牧人一直沿用"河西走廊"及其两侧的山地东迁。

来到甘青东部的羌人，由于脱离了草原环境，逐步进入半牧半农的经济状态。农耕经济需要大量的陶器，于是，大批的陶器在这里产生。当制陶技术积累到一定程度，后续羌人又不断从走廊迁入，拥挤在这一地区，过多的人口迫使他们继续东迁。当他们于7000年前迁到渭河流域时，以彩陶为特征的仰韶文化在这一地区兴起，然后，部分羌人继续东进至黄河下游，创造出了大汶口文化和龙山文化，及至建立了夏王朝。

另一部分羌人则滞留在渭河流域一带，祖祖辈辈在那里生活。由于人口增加，又只有不断扩迁，于是，他们又呈扇面形向四周散迁。就在此时期，有一支古羌人迁入岷江河谷，并且携带着热乎乎的仰韶文化。

这一支羌人也没忘记在他们生活过的地方，留下证明自己曾"到此一游"的遗留。

四川考古界近期在岷江边上的茂县营盘山发现的史前遗址，就是这支羌人留下的（见图57）。

图57 四川茂县营盘山遗址，位在离岷江江面180米的高地上

营盘山遗址坐落在四川茂县南部约 2.5 公里的岷江边上，三面环水，一面就势靠山。遗址面距现在的岷江水面约 180 米高。其间出土了丰富的系统器物，均为古羌人文化系统。遗址出现的时间大概在距今 5000 年前。这里给出这幅遗址图，还想说明一个问题：遗址东西最宽约 200 米，南北长约 1000 米，总面积 15 万平方米。从目前的遗址情况和发掘的情况来看，遗址上古代没有水塘，也即没有生活用水的存放地。当时的古人用水需下到岷江去取。由于古人没有存水的工具，而人、畜每天需大量用水，因而古人居地有一不成文的规则，一般都会近水而居，而且往往就在水源几十米外建邑，或者高于水面几米、十几米的台地上建邑地，营盘山遗址离现在的岷江 180 米，取水非常困难。而且，从图上可以看到，遗址下面今岷江两岸均有不小的台地可供人居，当时营盘山的古人为何不居于河边，既能取水方便又可因海拔低而获得温暖，为什么要居住在那么高的台地上呢？只有一个答案：5000 年前的岷江水位比现在高，也比现在宽，淹没了两岸的一级台地！营盘山古人居住在二级台地上，也是无奈的选择。由此与前述成都平原 5000 年前尚为水泽环境相呼应，因为当时的洪水非常大，而成都平原的积水又主要来自岷江。

营盘山的古人来自正宗的仰韶文化区，也是由他们自己承认的，并有系统的彩陶器作证（见图58）。遗址中出土了大量的彩陶器，其纹饰和风格，与仰韶文化的彩陶出自同一系统。

图 58 营盘山出土的彩陶和玉器

　　江章华先生在《岷江上游新石器时代遗存新发现的几点思考》一文中说：

　　营盘山出土的1件彩陶缸的器形与天水师赵村属马家窑文化的第五期所见的1件彩陶缸相同，其腹部所饰的连续涡纹和肩部的花卉纹为马家窑文化所常见，相同形制的缸也见于大李家坪、兰州西坡岈、东乡林家等遗址。营盘山出土的彩陶盆与甘肃东乡林家的形制相同，均有水波纹装饰，一个是内彩，一个是外彩，这种彩陶盆为马家窑文化典型的器物，凡马家窑文化遗址都有。营盘山出土的彩陶瓶也是典型的马家窑文化陶器，如营盘山所见的就与甘肃东乡林家出土的彩陶瓶形制一致，其领部所饰线带纹和腹部的垂幛纹也是马家窑文化的常见纹饰。营盘山遗址出土的泥质陶器中高领类器物没有完整器，但从其口领特征可以推知与马家窑文化的平底瓶或壶罐类器物是一种器物。

　　通过上面的比较我们可以看出，营盘山新石器文化遗存与甘青地区马家窑文化的特征基本一致，因此其文化属性当为"仰韶文化马家窑类型"。学者们也一致认为，营盘山遗址与仰韶文化有密切关系。而营盘山遗址无疑是祖居岷江河谷古羌人文化的典型代表。

　　成都市博物馆也收藏了几件彩陶器（见图59），这些器物均是在成都周围一带发现的。它们身负的彩色图案，亦为典型的仰韶文化陶器中的经典色彩与图案。这几件器物应是岷江河谷的羌人史前时期的作品，或许出自墓中陪葬品，或许是流落民间被收藏至今。

　　通过分析，我们看到了岷江河谷中最早羌族土著来自仰韶文化区的迁移，他们不仅有深刻的氐羌文化传统，同时还拥有成熟的仰韶文化。而这一文化应当是史前蜀地羌人的代表。然而，正如前述，在距今3600年以前的成都平原的遗址上，很难见到上述

的以彩陶为典型器物组合的蜀羌文化，因此，本文认为成都平原史前文化的主体主要是巴人文化和沿长江中游迁入蜀地的古人文化。

图 59　成都市博物馆收藏的古羌彩陶器，器上彩纹与仰韶文化彩陶纹如同出一辙

正如分析。如果说古羌人从 5000 年前迁入岷江河谷，那么，他们祖祖辈辈就只有传说着古老的"昆仑神话"，以及将在岷江河谷发生的故事随附传说下来，而不可能传说距岷江河谷几千公里以外且发生在后来的故事。然而，这里却一直传说并敬崇着夏王朝的开国始祖大禹——大禹是这支羌人早已进入岷江河谷 1000 年以后发生在山东地区的故事，蜀地的羌人怎么会知道并且作为始祖加以崇拜？须知古人族落决不会乱认祖崇、乱祀图腾的。这支崇禹的羌人决不可能是祖居岷江河谷土著的后代，因为土著后代决不可能知道远离几千公里外后起的大禹。只能有一种解释：这里的羌人中有一部分是大禹的后裔！也即来自中原的"夏后氏"！他们不仅经历过夏王朝时代，而且必须在夏王朝期间离开中原迁入这里。如果他们在夏王朝之前离开中原，便不知道会出现大禹；如果他们在夏王朝灭亡商王朝兴立之后才迁离中原，那么，他们就不可能只传说大禹，甚至不会传说大禹，而会传说商王朝（他们当时离开中原的商代某王统治时期）的故事。如果离开中原更晚，那么，中原的传说更多，更不会将大禹崇为唯一先祖。如此，我们再总结一下：

1. 这支羌人肯定、必须在夏王朝时期的中原生活过，才可能知道大禹；

2. 这支羌人必须是崇禹之夏后氏，才可能崇拜大禹；

3. 这支羌人不能在夏王朝之前或之后一段时间离开中原，否则，要么不知道大禹，要么不会单崇大禹，而会有商周以后的崇俗和故事。

这支崇禹的羌人正是前述的携带了三星堆祖器逃离中原来到四川的有缗·蜀族！只有他们才正好符合前述的几个条件：① 在中原长期生活过；② 正是崇禹的夏后氏；③ 正好在夏代末期来到岷江！还有许许多多的史料和实物证据均在已出版的书中有述。如此庞大的史证系统相互印证，恐怕不好再否认这一事实的存在。

不过，应当加以注意的是，从中原迁来的有缗·蜀族虽然与祖居岷江河谷的土著羌族拥有共同的羌祖文化，但由于后者在中原生活了 2000 多年，且为称王集团成员，拥有发达的中原文化系统；岷江河谷的土著羌人由于一直生活在落后的山地，文化进步缓慢，与中原文明差别很大。有缗·蜀族入蜀后，与土著形成了鲜明的对比，而且各有自己的个性文化。从当时两族各自拥有的不同程度的文化来看，实际上成了两支判然有别的民族。所以当地土著将其视为"蚕丛（虫）氏"，就是以氏族划分的他族称谓。

本来当时两支羌人各居一方：土著羌人仍祖居岷江河谷，有缗·蜀族占据了成都平原，如果一直这样分布，也很好划分和区别，减少研究者的麻烦。由于有缗·蜀族参加了伐纣战斗，为了避免战败后被商人灭族，主动将老弱妇幼从成都平原撤回岷江河谷一带坚守（这一情况后面有介绍），与土著混居，并且一直混居

到现在，加之有缗·蜀族进入四川的道路也是沿岷江而入（当时只有岷江一条路与中原相通），因而，再次弄出了麻烦。

由于蜀地先后进入两支羌人，他们又分别拥有两种不同的文化系统，并且已经散布在蜀地的史前遗址中，这就为不少学者的研究制造了困难：学者们发现自三星堆文明兴起后，成都平原同时拥有了完全一致的文化系统，部分学者发现这一文化系统中总有羌文化的痕迹，因而认为它们是羌文化系统（因为蜀地史前只有两支较大的族团：巴与蜀（羌））。如此，就应当在羌族人的老窝，即祖居地岷江河谷中发现三星堆文化的源头。然而，学者们找遍了岷江河谷的沟沟坎坎，就是没有发现三星堆文明的祖形——一个文明的发展总是从原始文明开始，按同一系统逐渐发展而来的，不可能没有任何过渡突然出现。但羌族祖地确实没有三星堆文明的祖形，因为他们至今也不清楚这支文明来自中原！也不知道岷江河谷中有两支羌人！

仅举一例：三星堆出土了典型的"三足陶盉"，这种独特的器物形制往往是一支文化的典型代表，而对于拥有这一文化的族落来说，也会以此为骄傲而代代承继。三足盉在四川的三星堆、十二桥等成都平原的遗址上出现，就是没有在岷江河谷这个被学者们认为最该出现的地方出现！恰恰相反，它的祖形反而在山东——说明三星堆文明与岷江河谷中的原始文明毫无关系！

这两只羌人在岷江河谷留下的文化和差别也是明显的。笔者曾与当地学者座谈，他们也提出一个奇怪的现象，学者们按当地语言系统的差别，将岷江地区的羌人分作"北部方言区"和"南部方言区"。他们发现，北部方言区的羌人对大禹崇拜的兴致不高，而南部方言区的羌人却有浓厚的大禹崇拜，近几年还为大禹到底出身在哪个县争议激烈。其实，这一现象正反映出两支羌人承继的文化，两种方言也可能是两支羌人而引起的。要区别这两支羌人及其后裔也不难：有缗·蜀族崇禹，且有大型的国家祭祀习俗，即使传至今天，简化到最低程度，也依然可辨；土著羌人不会崇禹，而且保留着古老的"释比"（巫师）崇拜，以村寨式、家庭式祭祀。当然，这只是一个区别两支羌人的基本原则。由于两支羌人混居 2000 多年，传说混乱，文化相融，后裔们会同时接受两种文化，并都认为是祖承文化系统。因而还是难以区别。

三星堆文明的消失

前面已述，距今 3600 年前在蜀地是一个划时代的时期，此期之前是散居的土著，此期之始，有从山东入蜀的夏后氏，建立了三星堆文明，并一直统治到商末周初才放弃。

三星堆文明的消失，给蜀史造成了最为混乱的一页。这一点，此前诸多史家尚未看到，大多认为三星堆的灭亡，如中原朝代更替一样，一个刚消亡，另一个新王朝随即诞生。甚至许多王朝就是在旧王朝的母体中孕育出来的。这一经验性认识，导致了蜀地一段最复杂而又鲜为人知的历史被遗忘。

中原地区从第一个奴隶制国家夏王朝兴起后，王朝的更替就从未中断。因为从夏至先秦时期，中原王朝都是由多个盟国联盟而成的共同体，由于竞争，各国都在努力发展自己的国力，扩大地盘，随时都有强国峰立。一旦盟国强大到可以与王国抗衡的程度时，就会爆发战争，王权易位。可以说，在人口密集、重视王权的中原地区，自国家出现之后，中原地区就一直没有空缺过国

家权力统治中心，不断更易的国家权力中心一直存在，因此，在中原地区用前述一般的"前亡后兴"的王朝更替经验来判断是正确的。

但在蜀地这个特殊地区和其当时所处的特殊历史时期，这个经验就不一定适用了。不过，这就又要涉及到三星堆这个强盛的文明为何消失之敏感的问题，只得略略展开一下。

蜀族入蜀之后，建立了三星堆雒城圣都，作为整个蜀地的统治中心，蜀人入蜀时大约只有几万人。由于蜀地气候宜人，物产丰富，又没有战争，蜀族在此休养生息，人口繁衍很快。至三星堆放弃之时，已经过了400年时间，传继20多代人，人口至少发展到百万以上，因而成为蜀地绝对的统治者。蜀族由于有三星堆圣庙中心，族人又有良好的敬祖爱国品德，内部不会发生冲突和战争。小支他族也不可能与蜀族抗衡，或挑起事端，那么，如此强大的蜀族又为什么要放弃自己的祖庙中心？也就是说三星堆文明是如何消失的呢？

这也是许多学者想弄清的问题。并因此出现了几种代表性的观点：

1. 战争说。有观点认为是三星堆族与他族发生了战争而导致了三星堆文明的毁灭。此说欠妥。正如前述，当时蜀地主体就是蜀族，人多势众，且有祖庙中心象征天神之力相助，当时蜀地的其他小型散居土著根本无力与强大的蜀族动武，因而，根本不可能有他族与蜀族发生战争甚至蜀族战败的事实发生。

还有学者认为是蜀族内部发生内讧，导致了三星堆的毁灭。这种可能也不会存在。一是蜀人本身有良好的教育，不敢反叛，且会视反祖为大逆不道。退一步讲，即使有这一情况发生，胜利者不但不会将三星堆圣庙埋掉，反而会加倍尊崇，扩大规模利用神祖之力维护新的统治，表明自己才是正宗蜀主，并以此笼络人心，平息怨怒。如此，三星堆圣城会依然屹立，三星堆的统治仍会继续下去，不会出现今天看到的现象。

2. 洪水说。此说认为，当年三星堆人遭到了大洪水的侵袭，不得不放弃。此说也难以成立。三星堆故城所在地的几十平方公里范围内，是当地海拔最高的地方，比周围大约平均高出 20～30 米，如果此地被淹，那么周围近百平方公里的地区早就积满了洪水，三星堆人便无处撤离。况且，洪水来势很快，根本不可能有时间挖下两坑（两坑的挖掘在工具落后的时期至少需费时一周）掩埋器物。明知道洪水要淹，还要把神器埋入地下让水淹，也不合情理。更重要的是，遗址上没有洪水曾至的痕迹。

还有"瘟疫说"、"鱼凫灭国说"等，多为推理。有的时间对不上，有的没有实物证据，因而难以成立。

经过对三星堆遗址的细致考察，并联系蜀史传说，笔者对三星堆圣城的放弃提出了一个全新的系统观点，并得到大量的系统证据支持。这里扼要以述，因为这一重大事件涉及到本章正在讨论的蜀史上最复杂的一段。

如此强大的蜀族独领蜀地，但却自毁圣庙，放弃圣地，说明蜀族在这一时期一定遇到了不得已为之的重大事件。会是什么事件呢？

经查史，蜀地这一时期只出现了一件影响全族的重大事件，就是参加了周武王邀请的八国联军伐纣。有关蜀人参加此次伐纣之记，散见多处史记，已是不争的事实。周武王派使者到处联络同盟军共同伐商，说明当时商王朝势力很大，国力很强，任何一两个小盟国都不是他的对手，必须要多国共同联手才行。同时也说明商王朝最后一帝纣王已为千侯所指，万夫声讨。

蜀人先祖由于本来就从中原逃出，这一深刻的史实和族辱，蜀族会牢牢记住并代代下传，早就想杀回中原，以平族辱了。早期有缗·蜀族逃离中原后，不过几十年，夏王朝就被商王朝灭了，又增加了蜀族对商族灭祖之仇。因此，周武王的使者前来邀请决战中原，很容易说服蜀主参战。从已经发生的事实来看，蜀族也确实参加了此次伐纣战争，与其他侯国一起，共同改变了华夏历史的进程。

蜀族决定北上伐纣之前，做好了充分的善后工作。古人参与这类大型战争之前，往往要通过占卜决定。从蜀族放弃三星堆圣城及传说周武王临阵占卜，占出了凶卜来看，蜀族出发前也可能占出了凶卜。也就是说，此战可能会失败。但由于已经答应了周王联盟，无论凶吉均要去战。大概正是因为占卜不利，才迫使蜀族作出了最为彻底的善后工作决定。由于商王朝仍很强大，而且纣王狠毒残忍，如果伐纣失败，接下来的结果就是要被商纣王诛灭参战国的全族。为了不给商王留下任何报复的对象，蜀族作了最坏的打算，并提前行动，进行了大规模的善后工作。

一是挖坑将布置于三星堆祭台的所有祭器埋入两坑之中，今天发现的三星堆坑中的器物，就是此时埋下的，碳测两坑上的覆土的时间正好在"商末周初"，而伐纣的时间正是在商最末、周最初之年！相互印证。

二是进行了有史以来的大祭。考古工作者在两坑中发现了有"三立方米的烧骨灰渣"，并确定是当年焚烧的大型动物，如牛、羊类的骨渣。一头牛烧出的灰渣也不过一脸盆多，这三立方米的动物骨灰渣当有上百头牛羊焚烧后的遗留。可见蜀族此次远征之前进行过多么长时间和大规模的祭祀。如此之大的祭祀，正是为了祈求神祖保佑此战成功！

三是将成都平原的多座城池放弃。三星堆故城只是一座专行傩祭的圣城，并不是人居邑地，无丁可抽。北伐的军队是从平原中各邑抽调的。因而，许多城邑中只留下老弱妇幼。由于成都平原无险可守，壮丁均北伐商纣，留下的老弱妇幼难以守城，商纣王一旦胜利，杀入蜀地，蜀内留守的老弱妇幼无力抵抗，会被使用先进武器的商军像切菜砍瓜一样灭了族。因此，蜀中平原的留守人员必须迁离，已有的城池必须放弃。近年来，在成都平原发现的多座史前故城遗址，如新津宝墩故城、温江鱼凫故城等，均是此时同时放弃的。但目前成都的学者们将发现的故城都视为此期所建，似有不妥。与三星堆建于同期并放弃于商末的故城只有一类，就是其构形与三星堆城一致的那一类，其他故城不是此期之作，而要晚得多。

四是将留守蜀地的妇幼老弱迁到岷江中上游的险要地带和四川盆地周边的山地，一方面凭险据守，一方面隐于山中，最大限度地避免和减少蜀军失败后祸及全族的损失。同时又在留守地岷江上游一带建立了临时族地中心，这一点后面详述。

蜀族伐纣前所做的这一切，都在今天的蜀地留下了清晰可辨的庞大的系统信息。这些信息部分已在前面介绍，部分在后面给出。

蜀族在安排完上述的善后工作后，将从成都平原各邑地抽调的壮丁组编成军队，浩浩荡荡向中原进伐。另一支老弱妇幼，则赶着尚存的牛羊，背着能带走的衣物，撤离到岷江上游地区，（行走的路线可能是沿雒河北上，通过绵竹，直入松潘地区。）安置下来等待战争的结束。整个成都平原腹地的蜀人几乎全部撤离，几座城池亦成为空城，剩下的只有散居的他族和间居其中的巴人。这一现象延续了相当长一段时期。

从目前发现和掌握的情况来看，北伐的蜀军没有再回到蜀地，也没有人向蜀地留守人员报告中原的战事情况。由于蜀羌战斗勇猛，总是杀在阵前，可能绝大多数战死疆场，留下少量的功臣也分封中原，便乐不思蜀了。进入岷江中上游的留守团队一直分散

在那一地区，并同样被当地土著称作"蚕丛（虫）氏"，代代居住，不过几代人，这一曾经的辉煌便成为遥远的传说了。曾一度称王蜀地的蜀族，就这样淡出历史了。

诸 王 时 代

　　蜀中平原在三星堆中心放弃后，遇到了一个无王的特殊时期！

　　正如前述，由于三星堆王朝放弃并撤离成都平原，之后再没有得到同规模的恢复，而蜀地平原中当时并无王朝替代。因而这一时期的蜀地，并不像中原王朝那样，一朝紧接一朝地出现，而出现了一段没有中心王朝统治的空白时期。

　　这一时期，也即西周早、中期，无王的空缺到局部称王，及至群王传说出现。笔者将这一时期称作"诸王时代"。因为基本可以明确的是，大约在春秋中晚期，一个可以统领蜀地的大型王朝即开明王朝兴立，一直到秦人入蜀，开明王朝灭亡，都有较清楚的史传。古蜀史中最复杂混乱的历史就是"诸王时代"。

　　有关诸王时代的传说，散见诸多文献。

　　《蜀王本纪》云："蜀之先称王者有蚕丛、柏濩、鱼凫、开明。是时人萌，椎髻左衽，不晓文字，未有礼乐。后开明以上至蚕丛积三万四千岁。"

　　"蜀王之先，名蚕丛，后代名曰柏濩，后者名鱼凫。此三代各数百岁，皆神化不死，其民亦颇随王化去。鱼凫母（畋）于湔山，得仙。今庙礼之于湔，时蜀民稀少。"

"后有一男子名曰杜宇，从天堕，止朱提。有一女子名利，从江源井中出，为杜宇妻。乃自立为蜀王，号曰望帝，治汶山下，邑曰郫，化民往往复出。……鳖灵即位，号曰开明帝。"

其他文献中也有相似的传记。

书中传说古蜀史上曾有五位王：蚕丛、柏濩、鱼凫、杜宇、开明。由于文中神史混杂，难以作为信史。特别是说蜀地"未有礼乐"，与发现的事实相矛盾。三星堆和金沙正是两座大规模且正宗的礼乐圣城，书中不载，可见其有不实之处。不仅多有遗漏，而且已记者也有不信之处。实际上传说的几位王情况很复杂，有的是传说变异，无中生有；有的是局部的小王，并不是一代接一代统治全蜀的蜀王；有的是真实存在过的（时代或图腾）；有的是衍生裂变。其中有蜀人之王，也有巴人之王。

如"蚕丛"实际上是指有缙·蜀族及其整个时代，本为其族的代表之称，后来传为具体的人王；文中的"柏濩"，有可能是"白虎"的假借，因为两者音通，而"白虎"又是开明王朝的主要图腾。"开明"又是白虎的雅称。古人以图腾作族号为史前通俗。"鱼凫"也可能是巴人一支的族号，因为四川盆地古代的多个"鱼凫"地名，均撒布在长江中游一带和四川东南部，呈扇面形向蜀地中心迁移。还有"杜宇"，也可能是"大禹"的音变。因为三星堆族就是大禹之后，其名在蜀人历史上不断出现并当作先祖图腾祭祀也很正常。《蜀都赋》云："鸟生杜宇之魂。"一个真正的人王怎会有鸟生之魂？其传与前述的三星堆及金沙都出土了金器上的鱼、鸟互生其魂之述多么一致！因而，"杜宇"之名很可能是"大禹"或"大鱼"，因为"大禹"之音意本质上就是大鱼，也即北方水神先祖矣。

有关诸王的更多情况，暂不在此节中分析，这里要提醒读者注意的是前述引文中的几个重要概念，这些概念过去虽也引起过

一些学者的注意，但没有发掘出其中隐藏很深的含义。

"其民亦颇随王化去。鱼凫母（畋）于湔山，得仙。时蜀民稀少。"

"（杜宇）号望帝，邑曰郫，化民往往复出。"

这两段文字记述，颇耐人寻味。

传说鱼凫王狩猎于湔山，得仙。是否真的是鱼凫王，这里暂不讨论。此传说认为有一位蜀王率领蜀人进入"湔山"，并在此升仙化去，同时"其民亦颇随王化去"（此句应在后面才对）。其真实事实当应是一位蜀王率领一队蜀人进入岷江上游地区，分散隐蔽在河谷山中，也就是本节所述的"伐纣之前的老弱妇幼"留守队伍躲进岷山之事实。"湔山"，就是岷江上游地区，也即今天的松潘地区。秦汉时期，就在那里设过"湔氐道"。蜀王在那里率众"升天"的传说，在当地一直流传，因而宋代将其县名改作"升迁县"。"升迁"就是"升仙"之意。可见，蜀人再次回到岷江河谷的事实一直有传。

由于大量的蜀人撤离成都平原，进入岷江上游河谷山中（及其盆地周边的山地中），蜀中平原只剩了几座空城和少量的人口，故"时蜀民稀少"——这一重要的记述，过去往往不被学者理解，为何当时蜀人突然稀少？又为何鱼凫王要率蜀人进入湔山？正是因为前述的原因！同时，蜀人躲进岷江河谷后，几代人也未能盼回伐纣的军队，没有能力再建统领全蜀的神教中心，但由于躲入湔山的蜀人都知道三星堆雒祭圣都，甚至有些人员就是在三星堆圣城常年行仪的神职人员，他们会把当年的情况及蜀人的祭俗传说下去，因而，大约几十年后，松潘地区又兴起了一个"雒祭中心"。松潘地区古传有别名"罗城"，就是这个中心的残留，有关于此，后面有述。

蜀人中心邑地人员全数撤离，将成都平原拱手让给了尚存的他族。当时蜀地散居的古人，主要是来自长江中游地区的巴人。大约正是此时，由于蜀地无主人稀，大片的良田和城池被荒弃，早就羡慕蜀地平原的巴人，此时听闻此情，匆匆告别了艰险的高山，开始大量地涌进蜀地，众多的人口占据了大片腹地平原，使他们渐渐成了蜀地统治者。不过多为家族式的小王，分散统治着自己的小领地，尚无一个统领全蜀的大王出现。

也就是在同期，大约蜀人撤离几代人后，尽管留守队伍已在松潘地区建立了三星堆族的流亡政府，但其统治力影响很小，只能影响到松潘周围不大的地方，根本顾及不到成都平原。就在此时，大约就居住在紧邻成都平原的都江堰地区的原蜀族中的一小支，慢慢从山中挪出，可能有了一些势力，便大胆自立为王，企图恢复先祖三星堆时期的蜀王之地位。

如前引文："（杜宇）乃自立为蜀王，号曰望帝，治汶山下，邑曰郫，化民往往复出。"

这个"望帝"以"大禹"为号，且又从岷山河谷出来，可以肯定是伐纣时躲居岷江河谷一支的后裔，因为只有在成都平原称雄过的族人的后裔，才有这个胆量称王，也才可能受到先祖称王时代的影响并产生这样的雄心。早期的土著羌人一般不会有此雄心壮志。同时，从整个蜀地早期族属分布来看，成都平原几乎一分为二，东为巴人占领区，西为蜀、羌祖地，越往西进入岷山，越是蜀人的大本营。同理，越往东至长江中游，越是巴人的天地。此"望帝"从岷山出来，就近在"郫"称王，当为蜀族中人无疑。也正因为此人为蜀人，此王朝为蜀人，所以"化民往往复出"——当年进入岷江河谷躲逃灾难的蜀人，此时又见本族王兴，又逐渐从岷山中出来，拥戴并跟随此王——这一"随王仙化而去"，又"化民复出"，正是对丢失了的这段悲壮历史的记述！

望帝初出岷山，并不了解外面的世界有多大，只陶醉于小小

的"郫"邑，相当于一个小地主而已。这一时期的望帝根本没有能力和大量的劳动力采掘铜矿，重建雒祭圣城，因而，根本不可能盖建"金沙圣都"。

当望帝想扩大自己的地盘，意图向平原腹地发展时，一抬头才发现，巴人已呈包围之势"兵临城下"了。此时的巴人，由于大量涌入成都平原，并早已越过巴、蜀平原的中界线，并有大量人口迁至成都及其周边。而望帝及其蜀族不过刚刚出山，胆怯地固守在成都以西的临山地区。正是这种两族力量悬殊的对比，导致了望帝拱手将蜀之王位让给了巴人。

《蜀王本纪》云："鳖灵尸随江水上至郫，遂活，与望帝相见。望帝以鳖灵为相。时玉山出水，若尧之洪水，望帝不能治，使鳖灵决玉山，民得安处。鳖灵治水去后，望帝与其妻通，惭愧，自以德薄不如鳖灵，乃委国授之而去，如尧之禅舜。鳖灵即位，号开明帝。"

《华阳国志·蜀志》中也记有一则，说杜宇"移治郫邑，或治瞿上。巴国称王，杜宇称帝，号曰望帝。"

这段文字大有琢磨之处，其中含有很大的信息量，内含着过去史家尚未发现的诸多史传。尽管其中仍然神史混杂，及诸多混乱之处，但细心分析，还是能找出一些基本事实和大体的脉络。

首先，我们的学者要改变观念的是，鳖灵开明帝可能是巴人。而开明帝可能是巴人的观点，此前也有学者提出，只是未予详证。前面已述，大凡传说和有遗迹表明是从成都平原东部及其长江中游入蜀的人物或事件，多出自巴族；反之，大凡来自成都平原西部及其岷江河谷的人物或传说，多出自蜀族或土著氐羌族。引文中明确说明"鳖灵·开明"帝来自长江中游"随江水上至郫"，尽管这段文字以神话的方式叙述，但其文不乏掩盖着的"开明"帝来自长江中游的事实。巴人崇拜的主图腾就是鳖与虎，在他们的传说中，鳖死化为虎，因而两个图腾实际上是一位神灵的两个变相。开明王朝的名号就用了"开明"也即白虎。传说中用了"鳖灵尸"的称谓，而"尸"在华夏古文化的概念中，就是先祖灵魂的代表。原始时代的古人，将死去的先王尸体保留下来，在行仪时，扶尸端坐于中堂，代表祖先临仪。而操作这一仪式的巫师被尊称"尸伯"，文献上多有传记。古羌人的巫师今称"释比"，其实就是沿称的"尸伯"。因而，文中的"鳖灵尸"，是指巴人的先祖灵魂溯江而上，附着于开明帝之身的意思。《蜀志》又认为此时"巴国称王，杜宇称帝，号曰望帝"。可见开明王朝为巴人统治，也即"巴国称王"。不过，"开明"为巴人祖崇之图腾白虎的雅称，其"开明王朝"用此图腾为号，并不是称王者个人的名号。

文中认为"鳖灵"先为蜀国中心"郫"的相，受帝杜宇的领导，后来，鳖灵去治水，杜宇在家霸占了鳖灵之妻，因自惭而让权委国，实际上是编造的杜宇王委婉下台的口实。一蜀一巴两个族团，谁会愿意把自己的江山让给他族人来统治？正是因为巴人已经以人多势众占领了成都平原，蜀王面对如此悬殊力量之比，不得不作出的选择。从蜀史上从未有过巴、蜀发生过战争传说的事实来看，蜀权易巴的过程，确实是通过和平过渡而完成的。

为了让杜宇有个体面的下台，蜀人还将此举比作"如尧之禅舜"，说杜宇"委国"于开明王朝，相当于尧将王位禅让给舜帝。其实二者不能比。后者是在一个统一的国家中选择贤能，而杜宇是将蜀人的统治权拱手于巴人，有卖国之嫌。

不过，这个"如尧禅舜"的比喻似乎还隐藏了更深层的意思。尧是夏王朝之前夏部族的君王，舜不是夏王国中心的族裔，而是另一部族有虞氏中的人。"尧之禅舜"的意思还包括了把本族的江山让给另族出身的君王之意。这里用于比喻杜宇望帝，是否也暗示了杜宇将蜀人的江山让位于巴人的鳖灵之意？

不过，从开明王朝的都城金沙遗址中出土了蜀、巴（包括良渚文化）两族祭器来看，两族的图腾礼器同供一庙，说明巴、蜀两族结成了政治共同体，共同治蜀。那么，上述的"禅让"一说，也就有了可证的可信基础，说明巴、蜀两族正是通过和平联盟的方式导致王位易主，没有发生过暴力冲突。蜀史上也从未有过两族发生战争的传说。

开明王朝建立之后，诸王时代便告结束。史传开明王朝延续十二世，一直到秦人征蜀而灭之。因此，这一段蜀史基本清楚。

《华阳国志·蜀志》："周慎王五年秋，秦大夫张仪、司马错、都尉墨等从石牛道伐蜀。蜀王自于葭萌拒之，败绩。王遁走，至武阳，为秦军所害。其相、傅及太子退至逢乡，死于白鹿山，开明氏遂亡。凡王蜀十二世。"

这段历史记述，蜀史研究者人人皆知，也散见于其他文献。文中提到的就是公元前316年，秦惠王派张仪、司马错率大军沿石牛道征伐蜀地的大事件。蜀王率军在葭萌（今广元昭化）抵抗无效，败逃成都，秦人于此年灭蜀。所灭的正是统治蜀地的第十二世开明帝。这段历史在学者中基本没有争议，当为信史。秦人入蜀，面临开明王朝的十二世，说明开明王朝在蜀地一直延续地统治了十二世，中间没有换代。如此说来，这一阶段具有完整的蜀史。

有学者认为，假设开明时代以每世平均统治35年记，那么，开明王朝治蜀的时间就有420年左右。

公元前316年开明十二世亡，加上前十二世统治时间的420年左右，就退回到公元前730年左右，也即中原纪年的春秋早期（春秋时代始于公元前770年）。《蜀志》有句："周失纲纪，蜀先称王。"说周王朝失去了祖制朝纲后，蜀地反而建立了王朝。周王朝正是在春秋早期失去了中央集权的政治势态，诸侯割据兴起。

从上述的纪年换算，开明王朝一世也正是在此时兴立。史实与记载惊人吻合，说明此载具有客观性，可以为信史。

由此，综合前述，基本可以把古蜀先秦历史分作四个阶段。划分年代如下表：

古蜀先秦历史阶段及统治中心划分表

时代	大致年代	都城名	都城所在地
史前散居土著	公元前 2800—前 1600 年	无	尚无王城中心
三星堆蜀族	公元前 1600—前 1100 年	广汉雒城	广汉三星故城
诸王时代	公元前 1100—春秋早期	广都、郫等	几处地方
开明王朝	春秋早期—秦人灭蜀	金沙雒都	成都金沙遗址
秦统一中国	秦汉以后	蜀都	现成都城

从前面概述的古蜀史中，不难看出，金沙祭祀中心只可能出现于三星堆文明消失之后，而诸王时代初期的无王空缺时期及至望帝治郫时期，都不可能出现金沙这样的大型祭祀中心。一者因为望帝是纯粹的蜀人，即使建有中心，也只会出现纯粹的蜀人祭祀系统，不会出现巴人的图腾。二是史传很清楚，望帝的治地就是小小的"郫"而不是金沙雒都，况且，望帝时期也没有那么大的能力建立如此庞大的中心。同时，金沙遗址出土了巴、蜀两族的神器，说明此中心出现之时，巴蜀两族已经联盟，金沙正是巴蜀两族的联盟中心。再者，金沙遗址器物均出土于战国晚期的地层中，也表明其中心放弃于开明王朝的晚期。因此，可以肯定，金沙祭祀中心不可能出现于诸王时代，也即部分学者认为的"商代晚期到西周时期"。

同时也可以肯定，金沙祭祀中心就是开明王朝的治地中心，并且出现在开明时代中期。

第四章

金 沙

——开明王朝的圣都

　　今天的成都城，并不是真正的成都。它初起时既不名成都，也无资格称"都"。

　　金沙祭祀中心，才是真正的"成都"，也即开明王朝中后期一直沿用的都城圣庙。开明王朝治蜀400多年间，与中原王朝有较为松散性的交往，初始独立称帝，后为侯国。战国晚期又与秦国讲和。然而，逐渐强大的秦国为了扩大自己的地盘，终于于公元前316年吞并了蜀国。蜀人在秦人铁骑杀入的最后几天里，为了不让金沙圣庙遭受侵略者的辱没，主动平毁了圣庙，将庙中器物分撒于圣地，并掩盖上薄土，一直到今天。

今成都并不是"成都"

现在成都城初建于何时？是否建于现址？这是一个必须首先弄清的问题。

《华阳国志·蜀志》云："惠王二十七年，仪与若城成都，周回十二里，高七丈；郫城周回七里，高六丈；临邛城周回六里，高五丈。"

《成都记》云："府城本呼为锦城。秦灭蜀，张仪所筑。"

综合前述两载，有这样几个信息：一是现成都初建于"惠王二十七年"，也即公元前 310 年间。此时正为战国晚期。二是实施筑城的时期，为秦国派驻蜀国的郡守张仪时期。正史记载中，张仪也正是当时秦人派驻蜀地的官员。两个信息相互印证。三是同期筑了三座城，即成都城、郫城、临邛城。不过三城之中，尤以成都城最大，"周回十二里，高七丈"。因为古代往往以城池大小和城墙高低来表示该城的地位，可见成都城当时亦为蜀地最高级别的中心城池。虽然有学者认为"高七丈"相当于现在 17 米高，似有夸张成分，但三座城同记，同被夸张，仍有尊卑之分。

《华阳国志》中，附有几幅城池图（见图 60），其中有成都"秦城"图，摆向为东南—西北向，基本呈正方形，分为太城与少城两城。面积略比中心皇城大一点，位置在城市中心略偏西南。这座城就是成都现城址上最早的一座城。书中以"秦城"作名，不是指秦代，而是指秦人修建之城，就是张仪驻蜀时所建的初城。

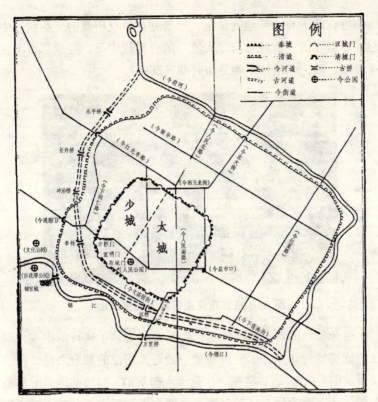

图60 《华阳国志》附图：中心黑方框为最早的成都秦城

现成都城始建于战国晚期，还有考古学上的证明。2000年夏，在成都市中心的商业街发现一战国时期的大型墓地，出土了十几具船棺（见图61）。其中最大的一具直径约2米，长18米，誉称"船棺王"。其棺均为整木一剖为二，中间凿空而成。出土的棺木有大有小，均集中葬在一处。从棺木的大小和随葬品来看，墓主有贵族也有平民，不像是同时下葬的，也不像是一个家族，（不可能一个家族同时死亡这么多人，而且贫富不一。）更像是一处公墓。也就是说，此地当时是一处野外的公共墓地，不分贫富，只要是同族均可在此下葬。墓地的位置，恰恰处在张仪所筑的"秦城"中心，即当年的"少城"与"太城"的分界线中间。经成都市考古所考证，确定此组棺木为战国时期下葬的。

图 61　成都市商业街战国船棺遗址

这一墓地的发现和考证结论，给我们提供了这样的事实：现在的成都城所在地，始建以前是一处无人居住的荒野之地；即张仪所筑的"成都城"，是在一片荒地上新筑的。如果此地当时已是人居邑地，无论什么样的贵族，即使蜀王死后也不会葬于城市中心，而会葬于城外——这一习俗从古至今都一样。既然此组棺木断代为战国时期，至少在战国初期此地尚不是人居之地，而是一片荒野。否则，不会在城池中心出现这样大一处墓地。

综合前述文献和考古发现来看，古文献载成都城建于战国晚期，即前述的公元前 310 年左右，应当是事实；且是秦人入蜀并统治了蜀地后，由秦人监管在一块荒地上新建的，不是在原有人居地上扩建的。近几十年的考古成果也可以证明，至今也未在原成都秦城范围内发现早于战国时期的人居生活遗留。

此前诸多学者在追溯成都城及名号的早期历史时，都毫不怀

疑地将现成都城（成都秦城）当作成都，同时认为此城始建就名成都。此乃大误，也是迄今难以弄清成都历史的根本原因所在。

《成都文博·文化词典》中的《开明王朝定都成都》条下这样记述："据《华阳国志·蜀志》载，周失纲纪，蜀先称王。有蜀侯蚕丛，其目纵，始称王。……开明氏统治蜀国传位十二世。战国初期，大约在其九世（一说五世）时，把国都从广都樊乡（今双流中兴场一带）迁往成都。"

文中给出了一个蜀史研究者人人皆知的文献记载，就是古蜀国最后一个王朝为开明王朝。开明王朝共统治蜀地十二世。由于秦惠王的军队于公元前316年征蜀，正面临开明十二世统治，强大的秦人军队用战马踏灭了开明十二世；否则，开明王朝还会在蜀地继续下传。

然而，问题就出在这里。引文中记有"战国初期，（开明王朝）大约在九世（一说五世）时，把国都从广都樊乡迁往成都"。此句文意也是《华阳国志》中的原记（实际上应是从"郫"迁往成都）。由此文献引出了几个未被学者们注意到的矛盾：

1. 开明王朝十二世灭于秦人入蜀之时，也即公元前316年，此时现成都城尚未筑建。

2. 现成都城建于秦人入蜀以后，也即公元前310年左右，并由秦国派驻蜀地郡守张仪、张若监建。然而，引文中却认为开明九世（一说五世）就已迁入成都。假设开明王朝每世统治时间为35年记，从开明十二世返回到开明九世，大约有100～120年。也就是说，在公元前420多年前，即现成都城尚未筑建前100多年，开明九世就迁往成都了。如果从开明五世迁往成都，其时间还会更早。

那么，现成都城尚未筑建前，开明王朝所治的成都在哪里？可以肯定的是，开明王朝所迁决非现在成都城，因为整个开明王朝时期直至灭亡，也未与现在成都城发生过关系——那时还没有现成都城。

虽然今成都城早有"成都"一名，世人皆知，甚至从古代传至今天，以至《华阳国志》已出"成都"城名；但事实上现成都城早期并不名成都。

唐人卢求《成都记》说成都城初名作"府城"、"锦城"，今成都城内环河仍沿名"府河"，同传"锦城"一名，亦为佐证。

干宝《搜神记》卷十三记："张仪筑成都城，屡颓。忽有大龟浮于江，至东子城东南隅而毙，仪以问巫，巫曰：依龟筑之。便就，故名龟化城。"说成都初名又别称"龟城"。其中实际上包含了巴人的鳖灵图腾传说和一个蜀人与秦人机智斗争的故事。

《华阳国志·蜀志》云："蜀以成都、广都、新都为三都，号名城。"句中涉及"三都"文化的背景，并说此三都均有大号"名城"，不是指"有名的城"，而是指三都均有雅号"名城"。名通缗，也即"缗城"。笔者认为，此实为史前治蜀的有缗·蜀族之名号，其与"岷山"、"汶（岷）川"等名出自同一背景。

《华阳国志》所说的开明王朝迁至的"成都"，似乎并不是指现成都城。这一点，不仅可从诸多文献的记载中看到，也可以从古传至今深刻的"都城"文化中看到。

"都城"文化是华夏民族古老的核心文化，它顽强地传承在史前的中原。夏、商、周三代的王城均称"都城"，至今北京仍称"首都"，均是力证。

《史记·五帝本纪》记帝舜"一年而所居成聚，二年成邑，三年成都"。此记为后人对舜帝具有宽宏德威的夸赞，说由于舜帝宽于待人，老百姓乐意追随他，因而投奔到他身边的人越聚越多。从聚到邑再到都，就是从小型的聚点到最大的聚地的比喻。同时，这里的"成都"中的"成"是动词，是指"成了"都城之意。

古人为何建"都"城？"都"早期为圣庙所在地，也为人聚中心，后来成为统治中心。古人在地上建"都"，是为了建一个能与天神沟通、象征宇宙中心的圣地，同时象征天神在地面伸设的办事处。而这一象征物往往由一座大型圣庙所充当。族人在此祭天祭地祭祖宗，人王利用此举统治族人。

《山海经·大荒北经》说："大荒之中，有山名成都载天。"此句的精华就是"成都载天"，即建成一都，负载天命，以"都"替天行使权令。这一概念后来被古人总结为"替天行道"。这一思想就来自深刻的上古"都"文化。这个都城的所在地，往往是一个大型族团的王国所在地或盟主、君主常住地。国中必有一大型圣庙。广汉三星堆故城就是这样一座圣庙，用以象征天庭伸设地面的办事处。其中祭器正好是一组祭祀天地人的礼器。

华夏古称的"都"是指人居中心的王城或国家中心所在地，往往统领其权力范围内的诸邑，且有与天神沟通之职能和祭天之专权。称"都"之地必须具有能够称"都"的资格，决非随意取得。古代可以称"都"的标准就是"凡邑，有宗庙先君之主曰都，无曰邑"。这里有两个标准：一是有"宗庙"，二是有"君主"。不过，这里所说的"宗庙"不是一般意义的宗庙，而是指大型的国庙，如中原古人的"岱庙"之类。文中所说的"君主"，也不是一般人居邑地的人王，而是指国家领袖。如果符合上述两个条件之一，亦可称都。否则，再大也只能称邑。"大邑县"大概就是因为邑地虽大，但无称都资格而留下的地名。那么，现成都始建时符合这个标准吗？

前面有述，现成都城始建于秦人伐蜀并取得成功以后。建城时的蜀国已沦为秦国的"殖民地"，蜀王被杀，蜀地贵族已成秦人的阶下囚，不可能作为建都的"先君"。况且，史载很清楚，当时秦人已掌握了整个蜀地的统治权，监督主持建成都城的郡守就是秦国派驻蜀地的张仪。在秦人眼中，只有秦国的君王才会被尊为"君主"。因此，成都城以"先君"为依据命名说，当可否定。

由于战国晚期的秦蜀文化差异甚大，秦人入蜀后，不可能承认和推崇古蜀祭俗。当时的成都即使有宗庙，也是蜀人的，不会被秦人接受。因此，成都城始建时有无"宗庙"，都不是成都命名的依据。因为秦人的铁蹄一旦踏上成都平原，蜀人的历史和蜀地政治统治及流行的文化会立即中断。秦人会在蜀地强权推行秦人文化，以驯服蜀人。秦人决不会在一个"殖民地"上去建立自己的都城，因为他们早已有了自己的"秦都"。

综合前述文献和分析来看，可以肯定地认为：今成都城初建时不是"都"城，更不可能名"成都"，也不是开明王朝迁至的成都。因为蜀人的都城只能存在于秦人入蜀以前。然而，《华阳国志》又固执地认为开明王朝期间曾迁至成都，现成都城在历史上也时隐时现地拥有同名，那么，这个早期的成都在哪里？现成都又为何拥有同名？

金沙——开明王朝的成都

前面已经只言片语地提到，有关金沙祭祀中心出现的时间。并对已有的认为金沙祭祀中心出现在"商代晚期至西周早期"之观点进行了否定。这里再行归纳一下。

1. "金沙中心"不可能出现在"诸王时代"，即"商代晚期至西周早期"。因为这一时期正是蜀地无王，或只有很小的局部称王出现的时期，至望帝治"郫"时期，也不过是小型族落式的中心，且往往执政时间很短，根本没有能力号召大批的劳动力来筑建如此大规模的圣城，更无力组织人员到很远的山地采矿冶铜，其小型中心的统治力也不可能威播远方，导致远族自己献贡铜矿。况且，史载望帝时代治地在"郫"或"瞿上"。而今天已经查知"郫"与"瞿上"不在金沙一地。如果真是望帝或以前的小王盖建了金沙这样大规模的都城，一定会被传为蜀地的创世英雄，一直流传下来。如中原的大禹一样，并且有较完整的故事来传记他的功劳。但诸王时代及整个蜀史上，没有传说过这样一位盖建圣城的大英雄。

2. 金沙遗址中出土了相当规模的青铜、金等金属器，且均为蜀人自制，说明当时蜀人已经使用青铜器了。那么，同时期或稍后一些时期，青铜、金器会在蜀地其他地方出现，形成蜀地的青铜时代。但事实证明，蜀地除了金沙遗址外，整个成都平原的古代遗址和墓葬中，没有发现春秋时代及其以前自制的青铜器，（三星堆出土的青铜、金器是从山东携带入蜀，不是蜀地蜀人自制，因而排除在外。同时，蜀地未发现春秋以前的自制青铜器这一事实，也是支持三星堆青铜器不可能在蜀地制造的证据之一。）说明蜀地蜀人在春秋时代以前，根本没有发现铜矿，何以铸器？有关蜀地铜矿的发现并自制青铜的时间后面有述。

3. 前面已述，"金沙遗址"出土器物的地层位，离现在的地面只有 1.5～2 米，与成都"十二桥遗址"、"战国船棺遗址"战国时期的地层位一致。这一铁的事实告诉我们，"金沙中心"应出现和放弃于战国时期，也即开明王朝时期。

4. 将开明时代的王都和金沙遗址分离为两个时代的统治中心的观点，来自这样的误识：由于史载开明王朝时期的都城就名"成都"，而传统的观点又认为，现成都城就是开明时期的王都，也即古传的"成都",突然又出现个金沙遗址,学者们首先想到的就是,此遗址一定是"成都"以外的某个时期的中心,与传说的"成都"无关。此乃大误。成都的学者们应当再仔细研究一下脚下踩着的成都城,是否有资格充当开明王朝的都城。

可以肯定,金沙遗址就是当年的开明王朝的都城圣庙,与三星堆当年为蜀地的都城圣庙性质完全一样。因为以"都城"为中心统治族人的文化习惯和手段起至远古,且为华夏诸民族所共有。最早的都城文化可追溯到"昆仑文化"时期。《山海经》中就记有昆仑山为"帝之下都"的说法。也有"成都载天"的观念。因而,无论是巴人还是蜀人都有"都城"概念。因此,巴、蜀结盟的开明王朝一旦建立,必然会自己盖建一座都城象征宇宙中心(不能借用他族的都城。因为他族都城只会保佑他族,只有自己盖建的都城并供奉的神灵,才会保佑本族),以此统领族人,并与天地沟通。因为"有宗庙先君"才能称都。

现在需要弄清的是,开明王朝的都城金沙中心何时盖建、何时放弃。

前面已分析,开明王朝灭于十二世,具体的年代在公元前316年。如果按每世35年记,共统治约420年。倒回到开明一世,其时大约在公元前736年。联系《蜀志》"周失纲纪,蜀先称王"的传记,说中原周王朝政令已乱,诸侯割据,蜀地却反而产生了王朝;周王朝"失纲纪"且出现"春秋五霸"的时期在春秋初始,即公元前770年,推算的开明王朝的兴立在公元前736年左右,正好与"周先乱纲纪,蜀随后称王"相吻合。由此看来,开明王朝一世兴立于春秋早期,也即公元前736年左右。

但这并不是"金沙中心"建立的时间。不仅王朝刚立,还来不及抽调大量人力物力盖建这样大规模的圣庙,而且史传也有记载,认为望帝禅位开明帝时,治地先在"郫",也即先承蜀族望帝

136

盖建的小型中心，之后才盖建的"金沙中心"圣都。

　　然而，有关开明王朝何时迁至成都的事，史有几说，又把事情弄复杂了。

　　《华阳国志·蜀志》云："开明（立），号曰丛帝……九世有开明帝，始立宗庙。……但以五色为主，故其庙称青、赤、黑、黄、白帝。开明自梦郭移，乃徙治成都。"

　　《路史·余论》卷一云："自开明五世开明尚始立宗庙于蜀。"

　　还有其他文献对开明迁至成都也存此两说。一说"五世"，一说"九世"。

　　先分析其他信息，后面再分析何时迁成都。

　　《蜀志》认为开明帝九世才"始立宗庙"，于情理不通。开明一世兴立于"郫"，与蜀族领袖望帝同邑而治，而望帝一定会用传承的蜀人祭祀系统来统治蜀人，这个祖承的祭祀系统就是三星堆先祖笃信的"五行"傩祭系统。巴人从长江中游入蜀，祖地文化原始，没有形成庞大的神明文化系统，只有单个而散乱的图腾崇拜。从巴人开明帝与蜀联盟的事实来看，巴人崇尚蜀俗，因为蜀人有庞大的神明系统，对古人而言，这就是先进文化。因而会学习并（有改造地）沿承蜀人祖习。如此，肯定会在王朝兴立的同时建立宗庙，从引文中紧接着认为开明帝所立宗庙以"五色"为主，其五色又为青、赤、黑、黄、白几称来看，与蜀俗（包括三星堆祭俗）及古老的"五行"规制完全一致。因此，不仅可以肯定开明一世就会立庙，而且可以肯定会按蜀俗立庙。只不过，规模会小一些，没有金沙中心的规模大，而且地点就应当在"郫"。

　　不过，由于"九"、"五"两数自古就是华夏民族最尊崇的神圣之数，因而，说开明王朝在此两世迁至成都的说法，有可能来自后世记史者的附会。"五"为"五行"之宇宙布局之圣数，"九"即"九宫"，也即"大五行"宇宙布局。因而后世皇帝均崇此两数，故有"九五之尊"之说。史传开明王朝在此两世迁入成都之说，可能有附会"九五"之意，以应天道。实际上可能是这两世中的任何一世。由于史传开明王朝兴立后的中期迁入成都，那么，有可能不是第一世，而是王朝兴立后的某一世。不会是初创之时，如果初创之时就已立庙，并迁至成都，肯定会传为创世之都，而不会误传为中期，也不会称"成都"。

古人崇尚数字，认为数字之中有天意，因而很神秘。《艺文类聚》卷一引《三五历记》云："数起于一，立于三，成于五，盛于七，处于九。故天去地九万里。"古人崇阳，单数为阳，此乃古人对每位阳数内含神秘玄机的总结。

请注意其中的"成于五"，就是指"五"这个数字内含着成功、成立、成就、落成等意思。而说文也曰："咸，古文成。从午。""午"又通"五"。从这个意义上看，开明王朝有可能"五世"迁成都。或许正好是巧合，至五世时都城才完全落成，所有配套建筑及庙内神明系统才制作完成，时逢五世。同时，文中的九，也是"处于九"，即一切问题都已解决，完全成功，不再有任何困难出现，安稳地处在一个特定的位子之意。用"九"数附合"成都"，更有祝福之意。

"五"字还有圣意。甲金文中的"五"字构形为：上面一横代表天，下面一横代表地，中间一个"×"将上下两横相联。这个中间的"×"就表示将上下的天地交合在一起，以达天地阴阳和谐相融之意。《说文》云："五，五行也。从二，阴阳在天地间交午也。"许慎认为"从二"，不妥，浅于望文生义。应为"从天地"。其他解释基本正确。文中又说"在天地间交午也"，这就是说，"五"与"午"通。因为"五"是"五行"中的中央之位，而古人祭祀又多在逢"五"之日和"午时"日望之时，祭祀又多为舞祭，因而在"五日"和"午时"的祭祀活动就被称作"舞"，三字完全同音。这种舞祭就是为了体现"五"意，达到与天地交合之目的。所以云南沧源岩画上的"傩仪舞"者，均为双脚交叉之构形，（其形才为正宗的"傩仪舞"矣！佛教中的圣像也多为交脚盘坐，也是此意。）就是为了用"舞"与天地交合！因而，"五"、"午"、"舞"不仅同音，亦有相互包涵之意。三字也由同一活动孳生。古人建都，就是为了建一座与天地沟通的中心，在这个中心用祭舞与天地交通。因而，"五"本来就具有"都"意和"成"意。

如此，"成"本身就有"都"意。"成"又通"城"，"城"亦都城。古羌语就将成都视为"城都"。都城的建立，意味着天神为地上人众成就了一座沟通天地的中心，因天神安排而"成就"。因此，"成"在华夏古代语言中又有"都"意。《山海经》中几处提到华夏民族早期敬拜的祖山，就名"成山"，其实质就是"都山"，也即华夏民族祖地中心之山。"成山"一名具有非凡的圣意，它往往是祭祀太阳神的圣地。所以山东半岛最东端的一块巨崖，今天仍名"成山头"（见图62）。而在古代，特别是秦汉时期，此山就是专供皇帝祭祀太阳神的圣地。从这个意义上讲，"城"字的音、形、意，都来自"成"字的衍生。

图62 山东半岛最东部的"成山头"

不过，"成"作为对都城或王朝的名称，似乎还有一意，大凡在王朝中期形成的阶段性统治或者在中期新建的都城，都有用"成"命名之俗。周王朝时期也将本王朝中期的都城和名号命作"成周"，与开明王朝将中期落成的都城命"成都"完全一致。这是否还是古代对中期形成的事物的一种定俗？包括"成山"，也是将祖承的圣山在民族生存的中期,附会在新迁地上的一座山,以示早已成就此山之意。

可以肯定,庞大的"金沙遗址"表现出来的祭祀中心,就是开明王朝的"成都"或"城都"。特别是其名"成都",内含着中期都城之意,与开明王朝在事实上中期迁都完全吻合。

既然今成都不是早期开明王朝的都城,那么,又为何将今成都叫做"成都"呢?

由于金沙成都就在今成都西几里处。秦人入蜀时,蜀人自己毁掉并掩埋了自己的圣庙。秦人来后,发现这一地区一直是蜀地的人气中心,于是就在旁边不远处新建现成都城。此城虽初建时不名"成都",但周围几百里的古人都仍将此地叫做"成都",久而久之,金沙之成都一名便转称到今成都城来了。

开明王朝从郫都迁入成都

开明王朝建立前后,蜀地古人曾与中原有间断性的交往。

《竹书纪年》云:"周夷王二年,蜀人、吕人来进献美玉。"

周夷王二年,按传统纪年在公元前 861 年,此时开明王朝尚未建立。因为开明"十二世"倒推不到这一时期。那么,这一次赴中原朝贺夷王的蜀人,有可能是望帝建立的"郫"之中心存在时期,并由此中心派人到中原联系。

因为蜀人使者赴中原,一定要有代表性,只有建立了王朝才会派使者去与中原联络,散居的族人不会想到也没有必要进行这

样的政治交往。可以认为，这一次使者来自蜀人的"郫"邑中心的派遣，有可能就是"郫都"刚刚建立，派人赴中原通报存档。

之后，隔了很多年，史又才有记。《史记》云："秦厉公二年（公元前474年），蜀人来赂。"史未记不等于没有发生过蜀人使者前往中原。蜀人在周夷王二年就赴中原，与周王朝发生关系。至300多年后，又才派使者前往，为何会中断这么长时间？从蜀史传说的情况来看，"周失纲纪，蜀先称王"，这个句子中的"王"，不是指侯王，而是指称"帝"。也即开明王朝兴立时，以蜀地为王国中心，自成一国，不是谁的臣侯。从这个意义上讲，开明初期有可能中断了与中原的联系，不愿称臣。

《蜀王本纪》又云："开明帝下至五代，有开明尚始去帝号，复称王也。"这里就明确了开明王朝初立时，曾以"帝"相称，当然会中断与中原联系。但文中紧接着又说，开明五世"去帝号，复称王"。也即主动放弃了帝位，降至王臣之位。那么，开明五世会拜服在谁的龙椅下称臣呢？当然是指中原。

由于开明王朝一直与中原有往，并且总是观望着中原天子的脸色行事，因而，就一定会在王朝中期，引进中原的政治手段——也就是祭祀习俗。前述的金沙出土的牛头"螺日"及其同类祭器，都带有中原同期的风格，就是引进的部分祭俗。因为在同期的中原，正流行"牛王"崇拜，并有不少的"牛王村"、"牛王寨"等地名残存至今。至此，可以基本确定，开明五世正式立庙，并迁入金沙圣都。其中还有一个原因，也正是在同期，蜀人发现了青铜，并拥有了原始冶炼技术，后面有述。

基本确定了开明王朝"五世"迁至成都后，剩下的问题就是，开明五世从何处迁往成都。此事史载也有几说，而且其中仍包含着未予揭示的玄秘。

《路史·余论》卷一云："开明子孙八代都郫，九世至开明尚，始去帝号称王，治成都。"

引文中认为是"九世"，可能是受到传说的影响，但此引文中却有两个主要信息值得注意，一是认为开明帝未迁成都之前，其"子孙八代"都一直以"郫"为治地中心，并居住在"郫"；二是称"都郫"，即将"郫"称作"都城"。也就是说，开明王朝在迁至成都以前，一直以"郫"为都。

有关开明从"郫"地迁成都，文献上还有两说。

《蜀王本纪》云："蜀王据有巴、蜀之地，本治广都樊乡，徙居成都。"《蜀志》又云："广都县，郡西三十里，元朔二年置。"

前述诸多文献都一致肯定开明王朝是从"郫"地迁往成都的。那么，这里确把"郫"换称"广都樊乡"，也即将"郫"称作"广都"，而"广都"一名在蜀地许多地方都有，时隐时现地表现出蜀人古代的多个小型中心，而这些中心都牢固地承继着祖俗。

然而，很多史家却轻易地忽略了这些重要的信息。

由于考古工作者确实在今成都南部的双流境内发现了汉、唐时代的两处广都，即考古学上通常说的"汉广都"和"唐广都"，于是一些学者认为《蜀王本纪》中所说的广都，在时间上已晚了开明时代数百年，对不上号。也因"广都"两名均在双流境内，远离"郫"地，学者们甚至将志中所记的"郡西三十里"直接改作"郡南三十里"，因为双流境内的"广都"正好在成都以南三十里左右。

如果考虑到古人记史，也是在数百年后靠传说而记，就可能会出现各种误记以及"张冠李戴"的情况，加之蜀地史前还有多处"广都"之名，更易出错。那么，我们就应细致考虑其中原委并加以区别。

《蜀王本纪》中所记的"郡西（成都以西）三十里广都"，就有可能是对"郫"之广都早期真实城名的记录。"三十里"是个估数，今天看来，当有"四十里"左右。记者曾听说过郡西的郫之"广都"，但却没有收集到双流的"广都"，于是入记。《蜀王本纪》云："广都樊乡。"而初期的"郫"地在汉代确实有名为"繁县"，后作"繁（樊）乡"，说明此句就是指的"郫"之广都，且为复称。由于后来考古学在双流境内发现了两个时代的"广都"遗址，于是，学者们不是静下来更深入地思考，而是急着去改古文献，差点把一个真实的信息漏掉。

实际上，双流的"广都"是真实的，而且正是承继的三星堆"雒都（亦称广都）"在稍后时期的换称。"郫"之早期称"广都"也是真实的，因为开明王朝为巴、蜀联盟，而祭俗多承蜀俗，加上王朝已立，肯定有都，定会沿承蜀祖之俗，称作"广都"。因为任何王朝都不会将初创都城称"郫"。

《蜀志》有句："开明自梦郭移，乃徙治成都。"

这里表述的也很清楚，说开明王朝是从"梦郭"迁至成都，也即将众人所说的"郫"换称"梦郭"。"郭"即"廓"，也即城池或都城。"梦"之音，有学者认为，"梦"在楚语中是"水泽"的意思，（因为郫之"梦廓"正是巴人的命名，正应以楚语翻译。）"梦廓"就是被水泽包围的都城之意。

开明初期所称的"郫"正是"水泽包围"之城。

古今学者均认为，开明初期所属的"郫"，不在现在的位置，而在今郫县的东北部，与彭县交叉的地方，通称"小郫"。

《元和郡县图志》云："九陇县，本汉繁县地，旧曰小郫，言土地肥良，比之郫县也。"说古代的"小郫"在九陇县境内，也即汉代的"繁县"（后称"樊乡"）境。

任乃强《华阳国志校补图注》云："盖杜宇时，成都平原尚属大泽，卑湿不宜营邑。营邑必在较高之黄土丘陵地带，故郫本在九陇。汉时成都平原已全为陆土田畴，乃徙郫县治沱江之南（今

143

郫县治），称旧邑为'小郫'。"

如此，便明白了。当时的郫都建在地势略高的黄土丘上，因为成都平原较低处均为水泽。那么，这个"郫城"也肯定被低地的水泽所包围。后来巴人开明接管了郫邑（后面有述），巴人的古语与楚语同系或相交叉，因而用"水泽之城"的"梦廓"称此郫都，不仅合理，而且终将个中奥秘得以揭示。至于有学者认为"梦廓"是指称三星堆的说法，不知何据。因为三星堆从无"梦廓"一称，也没有文献传记。

然而，开明王朝传承蜀俗，至少在三星堆时代就知道以"都"为统治中心，"郫"早期就称"广都"，为何后来开明王朝不将自己的中心称都而称"郫"呢？

"郫"之本意就是"卑"，也即"低矮"、"卑下"之意。开明王朝为何要将自己的都城以"低卑"之意命名呢？人人皆知，任何王朝一旦兴立，都会自吹自擂，把自己看作是天神的代言人，宇宙之主宰。即便一个小小的山大王，也会认为自己是天下的大英雄，也有雄心壮志要霸占天下，而堂堂独霸蜀地的开明王朝为何如此谦虚、卑下？况且，"郫"邑之称在蜀史上一直有显赫地位并同受尊重，这又是为何？

综合前述和已掌握的资料来看，情况当是这样。

"郫"之低下，一定是相对于另一个至尊高尚而言的。"郫"早为王都，怎会卑下？原来，中国古代有一俗，往往将祖地或旧都称作"后宫"或"下都"。西周时期，就将周王朝兴起地之都称"宗周"之都，也即祖宗之始地，旧都之意。后来又将"洛"即新的都城称作"成周"，即功成名就承享泰安之意。当开明王朝迁都成都后，就将旧都按传俗更赐旧名为"郫"，也即"下都"、"后宫"之意。正是因为相对于新的都城上升为至高无上的宇宙中心后，早期的旧都才会被降为下都称"郫"。蜀地在同期也出现了与中原

完全一致的情况，将旧都称作"郫"，将新都称作"成都"，可见当时蜀地已深受中原文化的影响。

事实可能正是这样，"郫"才会被史家尊称"都郫"和"梦廓"。"郫"早期为"广都"，后为下都"郫"之一说，还有力证。紧邻"郫"地的地方，就是今天的都江堰。都江堰因李冰治水而成名，但那是指新建的"堰"，而岷江在这里自古誉称"都江"，又是为何？须知古人是决不敢乱以"都"命名的。这里所以名"都江"，正是因为早期蜀人的都城"广都（郫）"就在此处，因而，本称岷江之水，在这里也沾都城之光，誉称"都江"了。都江堰地区有着浓郁的有关望帝时期的蜀治系统文化（神话）传说，也是力证。"都江"后又易称"郫"水，正是随着"郫"之不同时期的两称顺名而易。

"郫"字内涵当还有一解。

由于蜀人无文字，蜀地的地名及历史，都是中原人入蜀后，用汉字记录的。早期蜀人虽然有语言和历史传说，但均只在口头流传，没有文字记录，中原人入蜀后，在收集传说时，对蜀地古传的地名也会尽力考证，使用合理的文字入记。但中原人毕竟是在释读一个外族文化，（蜀族先祖虽来自中原，但分离了几千年，双方的文化都有所变异。）肯定会出现不少误释现象。也会出现因对地名不熟，特别是对古代传说的地名不谙内涵而以同音字作记的现象。因而，此处的"郫"，就可能是同音假借的字。因为都城不可能用表达低下的"郫"命名。"郫"都之"郫"，应当是另一个字"丕"。

"丕"与"郫"完全同音，主要本意有三：一是"大"。《尚书·大禹谟》有句："嘉乃丕绩。"其中"丕"就是大意；二是"奉"意，就是奉天承命之意。《汉书·郊祀志》有句"丕天之大律"，其中"丕"就是"奉"意；三是"胚、坯"之意。也就是一个事物处在未成熟的状态，但又一定是未来壮大事物之基础之意。如"胚胎"

就是成人的初期，并是后来成人的物质基础；"土坯"就是后来烧制成砖的前期基础等。由于"胚、坯"是一个事物的早期形态，因而"丕"字又兼有"祖宗"之意。

当然，杜宇王朝不可能一开始建都就将自己的都城名"丕"，肯定会名"广都"，拟作宇宙中心。但开明王朝初期都"郫"，后来又建了新的都城"成都"，一旦迁入新都城后，"郫"地就不能再称"都"了。因为一个王朝只能有一个圣都中心，因而，在"成都"启用的同时，"郫"地就成了"旧都"，必须有一个合适的名称予以重新命名。这个合适的名就是"丕"，因为此地充当过王朝的都城，因而有"大"之地位，又曾承奉过天命，因而有"奉"意，同时又是开明王朝早期的王都，因而又有"胚、坯"之意。从开明王朝事实上是先都幼小的"郫"，后迁入成熟的"成都"之事实来看，这样理解合情合理，符合华夏民族的都城文化系统。

如此，事实应当是这样：杜宇王朝兴立于"郫"地，圣名"广都"，开明王朝承接后，继续都"郫"。成都建成，开明王朝迁往金沙成都的同时，为旧都新名"丕"。后人写史假借了同音字"郫"，所以弄出了这番麻烦。不过，由于"郫"只是一个地名，口语相符，完全一样，加之中国古代又有同音相假之习惯，因而，以"郫"代"丕"，也无大错。

有关"广都"一名，散布蜀地的不同时期，且为正宗的三星堆雒城承继的情况，后面有专述。蜀地的都城可有多称，如雒城、罗（乐）都、皇都、广都、罗廓等，均指中心都城，也有俗称"城都"等。到底当时该怎么称，取决于那一时期人们的习俗和流行称谓。由此，可以认为，不仅"郫"之早期称广都，金沙也当称"广都"或"雒都"，因为成"都"一名本身就包含着"广都"、"雒都"圣意。

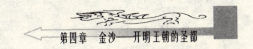

金沙遗址对我们说

开明王朝在蜀地传继十二世,经营 420 多年,在蜀地平原上是唯一的王朝统治,从遗址中出土大量的象牙来看,有不少象牙来自云贵地区(这些象牙可能来自迁至更远的后裔们的贡献,也可能来自交换),可见开明王朝的影响力已至更南部的地区。如此强大的开明王朝为何会突然消失,其神圣的都城圣庙又为何被突然捣毁、放弃?而且放弃得如此匆忙,一派混乱?

为了充分说明金沙中心的毁灭,需要先对遗址呈现的客观情况有所了解。笔者曾多次去金沙遗址考查,最有收获的是第一次。当时金沙遗址刚刚发掘几个月,笔者即亲临踏勘,了解了许多现场原始情况。笔者参观金沙遗址时,大约刚刚发掘了 600 多平方米,考古工作者几乎将这 600 多平方米的地皮全部揭掉。当时整个遗址下挖深度在 1 米多,最深处也不超过 2 米,并将深度基本上停留在 1.5～2 米这个地层面上。因为除了挖掘机翻卷的两条壕沟之外的其他器物,几乎呈水平地出土于这个层面。这个层面出土有玉器、青铜器、象牙、鹿角、石龟、石虎等各类器物。出土时,这些器物均分散地摊展在这个地层面上,有的几个不相干的器物邻近在一处,有的却单件在一处。只有鹿角和猪牙基本上集在一起,密集地平铺在十几平方米的区域内,除了发现几捆象牙有挖坑掩埋的迹象外,其他散摊的器物,没有挖坑掩埋的迹象。当时发掘现场的负责人朱章义先生形象地总结了发掘时的发现,他说:"可以明显地看到,出土器物的这一层位就是当年的地面,这些器物就像是人工有意撒在地面一样。"并且由此推测认为:"这种做法可能是古蜀人的一种独特的祭祀方式,或可称作'撒祭'。"

朱章义先生的介绍和发现，应当最具权威性。因为他一直坚守在工地上，每出一件器物，都要经过他亲手拍照，并且用几个相机分别从不同角度拍摄，然后绘图，准确地记录器物出土的位置、朝向及周围情况。因而，朱先生对遗址的客观情况最有发言权。他所以将出土器物推测为"撒祭"，来源于这些器物出土时的客观情况：遗址上所有出土的器物几乎均呈随意丢撒的不规则分布，没有一件器物是按照人们已知的祭俗规则置放的。也没有古代祭祀中讲究的祭俗，各种器物混合在一起，随处可见歪倒在地的器物，象牙也是零散地分布在不同的地点。一句话，整个遗址呈现的情况给人这样一个印象：仿佛在一个十分急迫的背景下，一些人将这些器物慌乱地撒在地面上，然后匆匆盖上一层薄薄的覆土！

遗址上也发现有向下挖掘的坑洞，埋入到 1.5 米以下层位的器物，主要是几个掩埋象牙的坑。遗址最深的地方离现在的地面约 4 米，但这个深度不是用考古的方式挖掘的，而是由挖掘机挖出来的。遗址上两条 10 多米长的壕沟，就是建筑公司入场时的杰作。挖掘机咆哮过后出现了这两条沟，现在存在成都市考古所库房中的大量器物，都是这两条沟翻出的松土中"出土"的，目前已无法知道它们睡眠时的姿态和准确层位。

挖掘机的真正功劳还在于提供了另外两处实物信息。

遗址上两条壕沟的东部，露出了一段约 2 米宽的古河床，从壕沟断面可以清楚地看到，此河已露出了下半部的河床。也就是说，从现在地面向下 2 米多，就是当年的河面了。河道两岸的河床，与后来的填土间，有一条明显的分界线，中间隔着一层沙。朱章义先生认为，这条河道上的填土，应是几百年前才有的，河床以下的土与上面的填土颜色有明显差别。这条河就是金沙故城中心的河，其布局与三星堆故城中的马牧河一样，它的流向也应

当"西南入",或"西北入""东南出",从"金沙故城"穿过,才符合夏后氏构建城邑的习惯。由于只挖出了2～3米长的一小段,这一段呈现出"南北向",但不能因此认为整条河都呈笔直的南北向,因为河道在流经途中,呈无数个曲回弯道,也许刚巧发现这一段弯成"南北"向了。

按夏后氏的都城中心布局,会在城中心邻河的南岸建筑"三星台",作为祭祀的核心。金沙出土各类祭器的地方,也即现在正在发掘的遗址上,如果是当年的祭祀中心所在地,那么,它也应建有土筑的"三星台",与三星堆城中心祭台性质一样,用以象征最核心的宇宙中心。并置放各类图腾和祭器用以祭祀天、地、人(祖)。金沙遗址处有没有这样的"三星台"呢?今天当然已不可能在地面上看到这样一座高约3～5米的巨大土台。那么,能否在地面以下发现它的遗迹呢?

当然能够。

我向朱章义先生提出了这个问题:是否发现遗址处有微微隆起的土包?

朱先生一听此问,似有"酒逢知己"之感,马上兴奋地带我走到遗址的南方,也即遗址上正对"壕沟"的另一边缘。他用手指着几乎接近遗址南面围墙的一个深坑说:"这里的地层线和其他地方不一样,下面的地形明显地表现出逐渐隆起,能不能回答你的问题?"

笔者压抑着内心的喜悦,蹲下身仔细地察看了这个深坑切面暴露的地层情况:这个切面上有一条弯曲的分层线,一头向下滑落,至1米左右时,也即遗址上散布器物的层面时,便与那一层面融合在一起。而另一头则陡然向上,一直爬升到离现在的地面约10厘米的地方,由于挖掘的切面到此为止,所以不能看到这条分层线在土内延伸的情况。但从它的走势来看,如果再向前挖掘,我们将看到这条分层线将穿破今天的地面。

这一现象告诉我们：当年的金沙祭祀中心，也曾有一座土台，而且刚巧在故城中心河流的南面——与三星堆故城、宝墩故城及古蜀同期故城遗址上的布局惊人一致！如果我们沿着遗址上出现的这条陡然而起的分层线向南延伸，再加上一点想像，就会毫不犹豫地认为，离遗址再向南约10～20米处，古代曾有一座高约3～5米，面积约1000平方米呈一字形的"三星台"！

壕沟还给了我们一个信息：靠近遗址中心的那条壕沟，略靠西一点的中部，两壁的切面上，有几束成捆的象牙，大概是挖掘机嚎叫着通过时，它那有力的钢铲从象牙束的腰部经过，将象牙束拦腰切断，所以留下另半束象牙还嵌在壕沟壁上。这两捆象牙所在的地层位置，约在离现在地平面2米多，低于当年地面几十厘米至一米左右。朱章义先生分析，这可能是当年挖坑埋入地下的，笔者赞同此说。

为了准确分析金沙遗址放弃时的情形，这里再将遗址呈现的几个客观情况作一归纳：

1. 遗址中出土的器物除个别由于挖掘机挖沟时碰撞切断有所损坏之外，其他出土器物，特别是金、铜、玉、石器基本呈完好状。

2. 遗址南面地下向上伸展的分层线表明，过去那里曾有一座大型土台。

3. 大量的单个器物散落分布于离现在地面以下约1.5米的地方，犹如随意抛撒之状，已发掘的600多平方米的地下随处可见。经现场发掘的专家认为，这一地层面，当年就是地面。所以有专家认为可能是"撒祭"，因为当年的祭祀者不可能随处挖一个小坑，只埋一件祭品。因而，可以肯定，这一层面为当年的地面。

4. 从壕沟切面暴露出来的两个呈捆束状的象牙切面来看，这

些象牙是被人有意埋下的，其层位低于当时的地平面几十厘米。

根据上述主要信息，结合本文前面给出的祭祀文化系统和当时的古蜀背景，我们可以对"金沙祭祀中心"当年放弃时的情形，作一个粗略分析：

遗址当年的地面上被随意抛撒的祭器，不是"撒祭"，因为中国古代从无此祭俗。推论为"撒祭"的学者，只是对遗址呈现的客观情况作一形象比喻。它们实际上是史前"三星台"上布饰的"四方祭"之器物。加上这些器物被发现时，又都被埋在地层下面，故误认为这些祭器当年是专门埋在地下祭祀所为。此误认与三星堆的情况完全一样。由于人们不了解古代"三星台"上的呈置及系统祭俗，故将匆忙入坑藏匿的器物也视为"埋祭"。哪有将天神、祖神之圣像入土祭祀之理？金沙遗址中同样出土了"伏羲"、"牛头"炎帝及其他神器图腾，这些图腾决不会以埋入土中的方式作祭，也从未见过这样的祭俗。

如果说确实为"撒祭"，那么，出土于当年地面以下的土坑中的成捆的象牙又是什么祭呢？因为中国史前祭俗中从无埋象牙以表祭祀的习俗。

根据遗址给出的种种迹象表明，金沙祭祀中心是它的拥有者自动放弃的，并且是在一个危及生死存亡的重大事件将临时，为了保护这些器物，在极短的时间匆匆忙忙进行了浅埋！

从出土绝大部分，尤其是金、铜、玉、石器物完好无损的情况来看，这些器物肯定是拥有者自己掩埋的。如果是外人，或者仇家以胜利者的姿态，在征服了蜀人之后，再捣毁其祖庙，是不会如此手下留情的。他们定会将器物砸毁，以示彻底消灭仇家及其神祖灵气，砸毁之后根本无需费力挖坑掩埋，顺手扔进邻近的河中即可。

再从成束的象牙及经过整理堆积的鹿角均作了浅埋来看，特别是几捆象牙束，至少埋在当年地面以下几十厘米的深度。可见这些器物尽管是在一个非常紧迫又非常匆忙的情况下，仍然作了用心的处理。

蜀内许多专家参观金沙遗址后，曾产生过这样一种看法，认为象牙及其他器物出土于不同的地层层位，意味着这些器物不是同时期的文化遗留——这也是考古学划分层位和依照不同层位划分不同时期文化的常识和惯例。如果这里是一处古人的生活遗址，一些器物或陶片或别的生活品被无意扔弃，无意识地遗留在当年的地面，后来被自然的尘土堆积覆盖，今天又通过考古发掘出来，当然可以这样认为。但如果古人用挖坑的方式掩埋物品，这个土坑就会打破地下面的层位，如果今天的考古学仍以坑底所在层位判断器物的年代，就会失误。

金沙遗址就出现了这样的情况。从出土的器物来看，它们正是一组完整的傩祭套器，它们应当在同时期使用、同期放弃，决不会先放弃一部分、使用一部分。而且制造并使用它们，以及遗址呈现的"掩埋"情况，都表现为人工有意识作为，并非无意的丢失。那么，它们肯定为"同生死、共命运"的一组套器，它们无论在入土以前还是入土之时，均为不能分离的组器。因此，今天的金沙遗址出土的所有器物，不管在哪个层位发现的（除了按古俗掩埋以祭的个别祭器以外），都应视为同期甚至在同一个时间段掩埋的——因为它不是碎陶片，而是完整的神祖祭器；它们也不是无意失掉的单件器物，而是人工有意掩埋的成组器物。正如在同一地点的地层下发现了一套独特的银质餐具一样，不能因为汤勺和煲锅的埋藏点有一两米的距离或有几十厘米的层位差，就否定它们是一套，或者机械地认为它们的掩埋时间相差几百年！

综合遗址的整体情况和蜀史，我们可以作如下推论：

金沙中心自兴立以来，一直正常行祭，成为蜀内及整个西南地区最大、最有影响的朝圣之地。由于此中心在蜀地及西南影响甚大，这一地区的人对"金沙中心"的神崇已形成深厚的传统。因而，此中心一直平安无事地经营着，至战国晚期的一天，突然发生了一件可能遭至灭族的生死存亡的大事件！这一事件一定非常逼近，当金沙古人得知这一确切消息时，甚至只剩下一两天的时间，居住在邻近的族人迅速赶到祭祀中心，与祭祀中心的神职人员人一道，连商量的时间都没有，便采取果断措施，首先想到的就是处理祭台上的各类祭器，以免被敌方抢走或毁坏，让神祖受屈。然而，如何保护这些神物呢？

转移运走？运到何处？当时面临的灭族事件涉及到整个成都平原！时间如此之紧迫，工作量又这么大，况且，转移到其他地方也未必能免除这一灾难。

古人藏匿物品最通常也是最有效的办法，就是挖坑掩埋。

应当相信，金沙古人最先也确实挖过坑，并打算将所有的器物就地掩埋，并且也确实在多处进行过挖坑，企图挖掘很多小坑，分散掩埋器物。遗址上发现的距原来地面几十厘米左右埋有象牙束的坑，就是当时挖掘的，象牙也是当时埋下的。然而，就是这两个最先挖出的象牙坑，更加为难了金沙古人。

前面已述，金沙一地当年的地面在离今天的地面以下 1.5 米左右；挖掘机挖出近 4 米深的壕沟暴露出当年的河道，其河岸和积沙已露出大部，积沙证明当年的河床底部的高度，也在一定意义上证明了河水的高度。因为这类小河河水一般都只有几十厘米深。通过丈量，积沙以上到今天的地面只有接近 3 米高的距离，离当年的地面只有 1 米多高。那么，当年金沙遗址的地面离当年肯定哗哗流淌的近在咫尺的河面，只有几十厘米的高度，甚至还要低！这就是说，当年金沙人如果从地面向下挖坑，挖不到几十厘米，就会见水！因为紧邻河岸的沙地下，地下水的水平面与河面完全一致!

提到这两个象牙坑,其中还有信息。《金沙淘珍》中这样叙述:"(象牙)坑在发掘前的机械施工中已遭到破坏,现存部分平面为三角形。残长 1.6 米,残宽 0.6 米。坑内有两层填土:第一层为褐色土,厚约 0.6 米;第二层为沙土,沙土中有规律地平行放置了大量的象牙,象牙最长者近 150 厘米。"

这里有两个值得注意的信息,一是坑长 1.6 米,而象牙就长 1.5 米,可见其埋的方式非常紧急简单,刚好埋下就行,没有像其他祭祀坑那样非常讲究地留出较大的空间面积。二是坑中有两层填土,第一层的褐色土填了 60 厘米厚,一般情况下,这类填土都是象征性的,有十几厘米就够了,这里却填了这么厚,为什么?第二层为沙土,就很薄。象牙坑中为什么要分别填入两层不同的土质呢?

原来,正是因为坑中出现了水!如果不填土,象牙就会直接浸泡在水中,如果第一层填沙土,效果一样。因而,金沙古人发现了坑中渗进水后,采取紧急措施,将"黑褐色"的土填入坑中。这一类土质粘性强,能够暂时阻住水。同时用土提高坑底位置,所以填了 60 厘米厚。第二层填的沙土,是为了保护象牙不直接与腐泥接触,充作隔层。象牙坑的几个防水措施,也反映了当年遗址临水的情况。

这就是为什么金沙人只挖了两个小坑,就不敢再尝试挖坑的原因!这两个坑也只挖到几十厘米左右时,水便渗入坑中。无奈,金沙人不敢将金、银等器物埋下去,选择了祭器中粗笨且多、价值略低的象牙埋入坑中。三星堆中心被放弃时,也用挖坑的方式藏匿祖器,是因为当地可以挖坑,两个坑都在故城南方的台地上,高于河面很多,离地下水远。金沙人没有挖坑藏器,主要原因是离水太近,根本无法挖坑藏器。这就是为什么三星堆与金沙遇到

了同类的事件，却采取了不同的处理方法的原因。

　　挖坑的计划失败了，挖坑的尝试又浪费了时间，剩下的时间更少了，根本不允许他们再行考虑。于是他们选择了当时所能选择的唯一方式：将所有的器物分散地平摊在地上，也即胡乱撒在地上——摊撒在一座使用了几百年，并与这些器物朝夕相伴的土筑三星台旁，然后将土台平毁、推倒，利用这座土台的积土，覆盖了近600平方米的地面，一来将器物覆盖住，二来也将祭台推毁，以避免引起敌人的注意，暴露器物的藏匿地。也就是说，这些器物上面，当年只铺有薄薄的一层覆土，大约10~20厘米。这便是当年金沙人放弃、撤毁其祭祀中心的大概情况，这一推述，完全来自遗址提供的客观情况。

　　前面提到的遗址南面的地下，有一条明显的分层线，将一个残留隆起的土包底部清晰地勾画出来，这个土包要么就是当年的"三星台"的下部，未予完全推平残留的遗迹；要么就是撤毁土台时，向更远处推送、运输泥土留下的斜坡形泥堆。我们都曾有过这样的常识：当人们用人工将一座土包或土台撤毁刨平时，总是从土堆中心向周围推散泥土，形成一个中间高、周围低的滑坡状坡面，到后来成为中间高、四面低，中心总有略略隆起、高于地平的滑坡状小包；当年金沙人是在一个非常紧迫的情况下进行的这项工作，由于时间短，工作人员心情紧迫，因为一旦敌人赶到，不仅暴露了神祖灵位，在场者也性命难保。因而，他们几乎用了全部的体力来平毁这座土台，只要大体上看不出来，他们就会迅速撤离。因此，工作点上肯定会留下一个中间略高的滑坡状土包，只要远处看不出来就行了。而这个滑坡式的土包虽经几千年积土的覆盖，又被几千年农民耕种，更经现代机械的推碾，今天的地面上已根本看不到了，但竟悄悄地藏在地下躲过了几千年的风雨，在一个最适当的时候露出了容颜！

遗址还给我们提供了一个几乎可以被完全忽视的现象。遗址上发现的"土台"或者"土台的滑坡延伸段",位置在现遗址工地的南面,同时也在一条河的南面。也就是说,金沙祭祀中心当年的"三星台"也肯定在遗址的南面,或许就在离遗址南面挖坑更南方约 10～20 米处,而目前发现的所有器物,都出土于遗址也即"三星台"的北面。也就是说,这组器物正好埋在祭台与河水之间的平地上。(其他地方尚未发现。估计其他地方不会再有,即使有器物,也是极个别的。)如果是这样,那么,当年金沙圣庙中心祭台的位置,与三星堆故城中的祭台位置,就是完全一样的布局。

秦人铁骑入蜀
——金沙中心仓皇放弃

金沙古人为何如此匆忙慌乱地放弃自己辛辛苦苦建立并尊崇敬祀了几百年的圣地中心?他们一定遇到了前所未有的危机及灭族的重大事件!那么他们会遇到什么样的重大事件,才会如此慌乱地自毁圣庙呢?

是否因为蜀内的战争而放弃?

前面已有多处强调,古蜀历来只有一个占绝对优势的主体民族,无论是早期单纯的蜀族,还是开明王朝时期的"巴承蜀制",他们在总体上承继着同一种文化,流行同一种神祖文化。无论繁衍了多少代后裔,分布于多么宽广的地域,良好的传统教育,都会使他们友好相处,不敢叛逆,不会发生大规模的战争。因为以武力方式争夺王位或领地之行为，会被视为大逆不道的恶举，大大地违反了先祖训令，不会得到民众支持。退一步讲，即使发生了小规模的战斗，伴以政治夺权，由于蜀内只有一种共祖文化，无论是哪一派胜利了，都不会捣毁圣庙。恰恰相反，胜利者只会更加尊崇这个中心，表示自己才是真正的"保皇派"，从而利用祭祀中心维护和巩固自己的统治，求得大多数民众的认同。

战国以前的蜀地，从未发生过强大外族入侵事件。商王朝中期曾两次伐蜀，均告失败，讨伐军队甚至还未走出岷江上游，就被险恶的环境和蜀人拼死抵抗打回老家去了。他们连看一眼蜀地中心平原的机会都没有捞到。

再从蜀史传说及放弃的时间来看，秦人入蜀以前的蜀地，是开明王朝统治期，其传"十二代"，王蜀 400 年左右。这 400 年的开明王朝，应当会把古蜀治理得非常统一了，早已形成尊崇一个中心的传统习惯。如此强大的开明王朝，既然能够建立并维系 400 年左右，说明开明王朝具有统治蜀地的最大能量，任何一个小族国都不可能推翻他。当时的蜀地也有个别小支，不满于开明王朝后期的腐败统治，但他们不是举戈革命，而是悄悄溜走。《竹书纪年》记有，显王八年（公元前 368 年）时，"瑕阳人越过岷山，渡过青衣水，途经秦国来归顺魏"。说战国晚期，古蜀有一支叫做"瑕阳"的蜀人，渡过青衣江，沿岷江穿过秦国地界，投奔到中原的"魏"国去。

这一史记告诉我们两个信息：一是在此之前，蜀地与中原的联系，只有通过岷江、岷山唯一的一条路。从记中有"青衣水"来看，这支蜀人可能当年居于雅安中心管辖的境地，因为"青衣水"就是雅安境内的"青衣江"。青衣江就是岷江的支流，沿江即可直达秦地。"瑕阳"人不得不从此路绕行，几乎拐了一个 90°直角，进入现今陕西东部的"魏"国，说明当时只此一条路。同时，这样的"绕行"也正好躲过了成都平原开明王地的中心。否则，他们是很难离开蜀地的。第二个信息就是，战国晚期的蜀地，已经不那么平静了，但总体上没有超过前面的估计，虽然有一小支不服开明王朝，但却无力与之抗衡，只有独自悄悄逃离而去。

因此，古蜀国的"金沙时期"不会有大的战争发生，"金沙圣庙"也不会因为蜀族自相械斗而摧毁和放弃。

目前遗址中显示情况，经部分专家推论，发现有公元前1000年至公元元年前后近1000年的文化遗留。由于是凭经验推测，没有通过科学碳测，况且推测的依据又主要是陶器的形制和烧成火候——由于古代陶器的形制及制作手段，往往会较长时期保持不变，很难成为准确断代的依据；同时，本文主要分析的是金沙"祭祀中心"形成的时期，因而这些早期的民居遗存不在此讨论。

从前述遗址显示的慌乱掩埋及其他客观情况来看，可以认为，当时的蜀人，也即开明王朝一定遇到了武力强大且势必平蜀的强悍外族入蜀，并且这支外族入蜀的目的就是征服蜀地，踏平开明王朝，使蜀地沦为自己的附庸。查遍蜀史，与此相合的史实，只有秦惠王时期的"惠王征蜀"之事件。

有关秦人入蜀、平蜀的传说，散记于多种文献，甚至有几种版本的传说。这里先略略展开，交待一下秦国当时的背景。

秦国在夏商时代的情况，已无从可考，至西周时，还是黄河中上游的一个小国，与中原当时的强国相比，甚至小到可以忽略不计的程度，一直默默无闻地生活在渭河流域。至秦穆公时代，跃为春秋五霸之一。后来，又落后于其他发达国家。至秦孝公登位，念先祖穆公的伟业，希望自己也能振兴秦国，再度称霸中原。于是广纳贤士，大胆地引进人才，终遇当时极有抱负且有治国方略的商鞅。商鞅入秦后，舌战群儒，说服了秦孝公采用法家的治世策略，开始"变法"。自"商鞅变法"开始，秦国开始强大起来。

商鞅以明确的赏罚，打破"铁饭碗"，制定了新的政策，平民立有军功可以升为贵族，贵族无功的也可以取消资格。这些措施极大地促进了生产力的发展和调动了军队的士气。几十年后，国力充实，军队战斗力很强，乘兴接二连三地吞并了周围的诸多小国，后来又征灭了当时称雄的其他六国，至秦始皇统一天下。商鞅变法始于公元前 359 年，始皇统一六国在公元前 221 年，短短 130 多年，秦国便从一个小国壮大为中原霸主，最终统一了中国，可见秦国当时发展多么迅猛。而秦惠王征蜀是在公元前 316 年，也即商鞅变法之后 40 多年间。

此时的秦国，经过变法更制，兵强马壮，由于尚未强大到征服中原的程度，便以本土为根据地，逐渐扩大地盘，开始征服、吞并周围各国，以壮大自己。秦蜀两地，自古相邻。秦国的西部，与岷江上游相连，也即与蜀国当时唯一与中原交通的大路相连，蜀人进入中原必须首先经由秦国领地。前述的瑕阳人就是沿岷江穿越秦地而至中原的。两国边界的老百姓呈间居状，甚至在历史上，这些边界长期呈拉锯型移动，时而属秦，时而归蜀。因此，两地的情况，会随时通过边界地的老百姓传播到对方国的中心。加之当时两国的上层也有不断交往。

《史记·秦本纪》云："秦惠王元年（公元前 337 年），蜀人来朝。"

这大概是蜀地开明王朝最后一次讨好秦国君王。由于此年正好是秦惠王上任的第一年，可能是蜀王得知消息后，立即派人前往朝贺，以期秦王看在蜀人主动献媚的态度上，保持政治上的友好往来，勿动干戈。因为蜀王也早知秦人已非常强大，此年离惠王征蜀不过 21 年。

蜀地生产力落后，政治手段原始，军力涣弱，而且有桀、纣之腐败政府，秦王已知道。但蜀地物产丰富、气候宜人、地盘广大、旱涝保收的自然环境，秦王也知道。当时秦人国力充沛，已为扩大地盘、出征侵略做好了准备，并挑选出了第一批征讨对象。蜀国就被列入第一批征讨计划之中。有关到底是先征魏、楚，还是先伐蜀国，秦国上层还进行了一番争论。

《蜀志》中有记："秦惠王方欲谋楚，群臣议曰：'夫蜀，西僻之国，戎狄为邻，不如伐楚。'司马错、中尉田真黄曰：'蜀有桀纣之乱，其国富饶，得其布帛金银，足给军用……得蜀则得楚，楚亡则天下并矣。'惠王曰：'善'。"

惠王采纳了司马错等的意见，决定伐蜀。然而，伐蜀也并非易事。

秦蜀两国虽然相邻，两国边民甚至交叉间居，但由于其间隔着难以逾越的秦岭和大巴山脉，特别是从广元到宝鸡的这一段，中间夹有几百公里的陡崖险谷，地形十分险峻，要么是高山狭谷，要么是临江绝壁，根本无法通行。虽然各地的老百姓可以利用短距离的危险小路攀行，相互通联，但对于大部队的远距离奔战，几乎不可能。因为其间有几十处临江绝壁断途，最短的地方也有几百米，对于只能靠人行马跑的古人而言，实为无法逾越之天险。这一地区古代一直没有可直通的道路，后来古人在这些绝壁上凿孔，塞进粗木，再铺上木板，才沟通了这条路，其间的人工建筑就被称作"栈道"。这也就是秦蜀两国虽为近邻，却一直无法联系的原因；也是蜀地得以安稳保持落后政治并能平安生活几千年的主要原因；同时也是秦蜀两国领地分界的自然原因。这一分界一直沿用至今，四川与陕西的边界迄今仍在这一段。

由于秦蜀之间有许多天险阻隔，秦人要想征蜀，首先就需要一条可以快捷入蜀的道路，否则就只有从岷江绕行。如果那样，别说灭蜀，秦人军队能够用三个月时间走出岷山，就算英雄了。因此，秦人一直在盘算着，如何才能够有一条直通蜀地中心的道

路。有关这条路的情况，也有几个版本的传说：

一是"金牛道"的传说。传说当时的蜀王十分贪财，听说秦地有一条会粪金的牛，蜀王就派人前往打探，并命令他们，如果真有其事，要不惜代价将牛偷回来。蜀探来到秦地后，早被秦人跟踪。秦人故意在一头牛的尾部塞入黄金块，并当着蜀探表演。蜀人信以为真，在秦人有意配合下，将此牛偷到手，汇报予蜀王。蜀王大喜，令其将金牛运回，苦于无路，没法运送，于是蜀王命抽调大批人员修路，主要是修蜀内的这一段栈道，在绝临河水的崖壁上，凿出石孔，将粗木塞进洞孔，构成支架，然后在上面铺上木板，就搭成了允许两人并行通过的栈道。这条栈道留下的孔洞，今天还在原路的崖壁上留着（见图 63）。传说这条路由"五丁"修建，也即蜀地古传的"五丁开道"故事。综合各种因素来看，"五丁"当为"武丁"才合理，也即抽调了部分军队修建这条路。

图 63　秦人入蜀时修建的古栈道

与此同时，秦人也在紧邻蜀国边界的地方修路，并按军队可以通过的标准建造。待路修通了，金牛运回了蜀国，蜀王兴奋不已，大概就在蜀王大摆庆功酒的同时，秦人军队沿着蜀人修建的栈道，长驱直入，迅速地占领了蜀地，蜀国因此灭亡。所以这条

路后世传为"金牛道"。剑门关
不远的古道上，还有后人石刻的
"金牛道"路碑（见图64）。

　　此传说的真实性已无从可
考，但从"蜀王喜金"之传说来
看仍然包含着夏后氏崇金的祖
俗。从传说故事的逻辑性和现存
当时的栈道遗留来看，有一定的
可信度。

　　二是"内外勾结"说。据《华
阳国志》载，蜀王封其弟为苴侯，
治地在今广元昭化，号"苴国"，
邑称葭萌。辖地甚宽，北至汉中

图64　剑门关外"金牛道"路碑

一部，东邻巴国边界。由于与巴国为邻，便与巴友好相处。而蜀
国与巴国约在战国早期便有矛盾，处于对峙、仇视之态。蜀王不
满苴国与巴国的暧昧关系，常有告诫，于开明十二世时，蜀国上
层与侯国"苴国"冲突升级，蜀王派兵攻打苴国，苴侯逃往巴国，
求巴国出兵相救，巴国当时的实力比蜀弱小，不敢与蜀争战，便
提议苴侯转请秦国出兵相救，苴侯照议行事。秦人当时名威中原，
正疯狂吞并各邻国，于是顺水推舟，应允出兵。公元前316年，
秦国派大夫张仪，将军司马错、都尉墨，率大军从秦都咸阳出发，
沿金牛道南下攻打蜀国。蜀王派兵在苴国地界迎战，双方在今昭
化地界展开激战。秦人勇猛，有长期的战争经验，蜀人代代无战
事，缺乏战斗经验，昭化一地又无险可守，短兵相接，蜀人溃不
成军，蜀王败逃。秦军势如破竹，直抵成都，后来顺便灭了巴国。

　　金沙祭祀中心就放弃于这样一个历史背景下。

　　前述两种传说，为秦人入蜀主要传说，疑是一个故事分为两传，因为两说中虽不一样，却并不矛盾，仿佛是一个故事的两个部分。从前述两传中，也有许多共同点：一是秦人伐蜀的时间是在战国晚期，流行的说法是公元前316年；二是秦人入蜀走的都是后世俗称的"金牛道"，此道也开凿于秦人伐蜀的同期。不过，"金牛道"在广元境内及北面的具体位置，今存有两说：一说经广元嘉陵江上游的朝天关（此地今天仍有供旅游的古栈道）、七盘关至古阳平关等之道；另说认为此道出于陕西的勉县，沿白龙江支流下白水关等地，最后接归昭化城，但这两说均认为，入蜀之后均要经由昭化城。那么，由此可以肯定，秦人入蜀必经昭化，而昭化是当时蜀国北部的第一关口，也是蜀国最北面的第一侯国。

蜀王得知秦人大军压境，亲自率军到昭化迎战，以为可以轻易消灭秦军。

《华阳国志》也记下了这段惊心动魄的史实："周慎王五年秋，秦大夫张仪、司马错、都尉墨等从石牛道伐蜀。蜀王自于葭萌拒之，败绩。"

注意！这里就涉及到了金沙祭祀中心放弃的原委。

蜀地自古战事甚少，蜀军几乎没有实战锻炼的机会，加上蜀王治国治军手段原始，不是以明确的赏罚调动人们的积极性，而是以宗教神训传统，培养出了一代又一代温和待人、和睦相处、非常听话的蜀人。在昭化一地面临实战，又是与中原最勇猛且有几十年连续不断战斗经验的秦军作战，其结果可想而知，不过一两天，蜀军就会败下阵来，溃不成军地落荒而逃，秦人就会顺利地夺下昭化城。

同时，也可以肯定，蜀地中心的金沙圣庙正在进行盛大的祭祀。

由于蜀地政治手段原始落后，长期坚持以神明文化为手段进行并加强政治统治。蜀人遵信不移，以为只要虔诚祭祀上天，天神就会保佑蜀人。可以认为，秦人入蜀，兵临昭化城下，蜀王率军在昭化阻击决战之时，金沙中心仍烛火通明，巫师率众正在虔诚祭祀。成群的牛羊送上祭台焚烧，时唱时吟的祈祷声不绝于耳。蜀人正跪拜在祭台前虔诚祈祷，望能借神祖之力击垮秦军。根本没有去想早就应充实军力、改革制度，将敬神的牺牲送给前线的将士食用，让他们有力气应战！只是愚昧地跪拜上天。不想，此次的祈祷已不灵验了，面对全副武装勇猛善战的秦军，神祖也受到震撼，无可奈何地闭上了眼睛。

正在金沙圣庙尽最大努力祈天的祭众们等来的是一个不幸的消息："蜀国亡矣！"

我们甚至可以细致地推想蜀王战败前后的战事情况：蜀王不可能等到昭化完全失守、秦人攻入城中时才撤退，而会在眼看大势已去，但秦人尚未破城之前，就会带领亲信重臣逃向成都。当时的交通工具就是马。我们可以作一个小小的计算，当蜀王发现昭化不保，率众逃离，一路上还要经过几个关口，如剑门关、白马关等，这些守将均为蜀臣，当然会开门让蜀王顺利过关，赶回金沙中心。当时的盘山小道曲折难行，昭化至成都直线距离大约250公里，曲行，可能达500公里，即使以逃命奔跑的速度，快马也需一整天才能抵达。既然蜀王在昭化见大势不好才策马逃离，那么，可以推论，蜀王逃离后，昭化守军也会军心动摇，不需半天，秦军即会破城。破城之后，秦军不敢半点滞留，主力军队会径直尾追蜀王，直奔成都腹地，因为秦军的目的就是要捣毁蜀王朝的中心地。如此，秦军只慢蜀王半天时间。

考虑到沿途的关口还会阻击秦军，但由于蜀王狼狈逃离的情况，沿途守关将士都已目睹，因而也会导致信心不足，甚至弃城而逃。加上秦军急切进攻，作战快速，因而，沿途的几个关口的抵抗时间加在一起，也不过二三天。这样，秦军杀进金沙一带蜀国中心的时间大约晚于蜀王逃回三至四天时间。

　　蜀王在率军迎战之前，一定满怀胜利信心，甚至对全国父老及全军上下作过骄傲的许诺。出战之前，不仅会到金沙神祖之庙虔诚祭祀，也会要求巫师不许中断祭祀活动，以期神祖保佑。因此，金沙中心不会在昭化之战以前就撤毁，因为此时的蜀王根本就不会想到自己会败。当昭化失守，蜀王逃向蜀都时，可能还给沿途关隘的守军打气，增强他们的必胜信念，但他自己亲眼看到秦军勇猛，自己亲率的主力大军尚且不堪秦军一击，因而，不会不想到局势的严重，并且会立即想到蜀国将亡的善后工作及自己的逃生办法。笃信神明的蜀王头一件大事，想到的恐怕就是如何处理象征蜀国灵魂的金沙祖庙！因为秦人一旦杀进蜀国政治中心，第一件事就是要捣毁蜀人的神祖之庙，表示蜀人已断了天神的保佑，其国已被彻底埋葬。捣毁前朝圣庙以断天佑的做法，是历史上多个朝代处理亡国的通用方法。如果由侵略者秦人来捣毁和践踏蜀人崇敬的至高无上的圣庙，蜀王和蜀人都会感到遭受奇耻大辱，无颜面对列祖列宗。但战事已至此，大局已定，秦人铁骑肯定会踏入蜀国中心，而且近在咫尺了，怎么办？如果就这样暴露着圣庙而独自逃走，不仅无颜面对神祖，而且会受到神祖的惩罚。因此，必须自己想法处理圣庙及其神祖之器。

　　从当时战事的急迫性来看，根本没有时间组织人员将庙中圣器有理有节地取下，放入箱中带向他处。况且，蜀国将亡，整个蜀地都已感到末日将至，又能将这些圣像带到哪里呢？于是，只有选择最方便也是唯一的办法：把这些器物就地掩埋。可能蜀王在逃回蜀都中心的路途中就已想好了这个办法，或许是在回到大本营正在祭祀神祖时听到前线战报，秦人已近，没有任何选择了才最后决定的。总之，这一事实是真实地发生了。

　　我们同样可以推想当时情况。当蜀王作出撤毁圣庙，以避免遭受秦人耻辱的决定后，便会率众来到金沙圣庙，以最悲壮的场面进行最后一次大祭。祭祀中悲痛的嚎哭声可能压过了音乐的声响。然后，下达毁庙决定。正好动用当时在场的祭众，进行简单分工之后，便开始了蜀人历史上最悲壮的一幕——自己撤毁心中的至尊，自己亲手埋掉自己的国家！

从金沙遗址发现的情况来看，只有几个象牙坑，其他器物均散乱地摊在地面，说明金沙古人在埋器之初，还是打算并采用过挖坑掩埋的简单礼仪。然而，由于金沙祭台下的地平面与其城中的小河水平面只差几十厘米，因而，坑挖至几十厘米就已见水，只有将粗大的象牙埋入地下，其他青铜、金器等不能见水，见水必锈损，金沙古人是懂得的，因而只有放弃挖坑。同时，古人心中还有一个更重要的神器规则，就是青铜和金均属"阳器"，不能埋于水中，否则会有大不利，尽管此时此刻生命已受到威胁，但若干代人传下的定势规则仍不敢越过。秦人的马蹄声已经临近，蜀人们不敢再犹豫，必须立即决断！于是，他们将神器撒在祭台下的地面上，然后将祭台平毁，用这些泥土覆盖在近千平方米的地面上，遮住这些神器，一举两得：既平了祭台，又掩盖了祖器，让侵略者无从寻找他们发泄的对象！这一切大概都是在一天多的时间内完成的，因为蜀人已经没有了时间。今天发现的遗址上的客观情况正是如此，这里只是采用科学的逻辑还原了当时的情况。

平毁了圣庙、掩埋了祖器之后，蜀王及其亲信可能才敢分头撤离。从史载的情况来看，蜀王族至少分了两支队伍向两个不同方向逃离。

《蜀志》云："蜀王自于葭萌拒之，败绩。王遁走，至武阳，为秦军所害。其相、傅及太子退至逢乡，死于白鹿山，开明氏遂亡。凡王蜀十二世。冬十月，蜀平，司马错等因取苴与巴。"

文中说，蜀王逃离时分作了两路人马，一路有蜀王，可能还有后宫家眷等，向成都南方逃跑，逃到离成都大约 50 公里的彭山

县境内的武阳，被秦军追上而杀害；另一路有太子及太子傅、国相等，可能还有宫廷卫军等，向成都以北逃跑，至今天的彭县境内以北的白鹿山，也被秦军追杀。

这里面还有故事。蜀王将两路人员分作南、北两向逃跑，当然有分散秦军注意力之意。但两路人马都逃离在一个等距离地方被害：成都以南的白鹿山和成都以北的武阳，都在距成都约 50 公里的地方。可见两路人马基本上同时从金沙出发，以同样逃命的速度奔逃。但 50 公里的路程以逃命的速度计，骑马也就是一个小时左右的路程。为什么蜀王室人员要在如此之紧迫时间内逃走呢？为什么不早一些逃离呢？这大概就是平毁金沙祖庙耽搁了时间！也由此可见掩埋金沙圣庙时是多么紧迫，其时间是多么短暂和仓促！因而，遗址上呈现出的慌乱无章也就不足为怪了。

按蜀人历史上的祖俗，蜀族本为羌人，祖地在岷江河谷，大凡成都平原有战事，蜀人总是退回岷江河谷，守险以待。一个或一族人一旦在外面临困境或险境，不得不逃离时，一般首先想到的就是老家祖地，这一习惯从古至今都是一样。今天的许多罪犯逃匿，也多是逃往家乡，既符合祖习，也符合人类心理。然而，开明十二世的逃离路线却相反！如果他是蜀人，肯定会首先想到逃回岷山、岷江河谷。因为多为高山的岷江河谷，虽然艰苦一些，但可以凭险保命。然而，开明十二世却向南逃，这是为什么？因为他不是羌人，而是巴人。此时的开明帝也正是在向他的老家逃跑，因为巴人的老家，特别是传说中的开明鳖灵就是从乐山及更远的岷江下游随水漂至"郫"邑的。因此，开明十二世向南逃路，正是向他祖地老家逃跑！太子北逃一支，恰恰是为开明帝一支的逃跑打掩护，只有南逃的这一支才是真正逃回老家！此临死前的最后一逃，也暴露了开明王朝之王主实为巴人之谜。

王蜀十二世的开明王朝就此灭亡，蜀国也就此灭亡。由于掩埋金沙祖器的行为，是蜀国蜀人的最高机密，参与者也是秦人要追究杀头的对象，因而，蜀人对此守口如瓶，一来不出卖自己的祖宗，二来也为保全自己的性命。加上秦人入蜀之后，由于是在一个异族地域，十分谨慎，完全采取军事管制，秦人统治阶层与蜀地族众非常对立，也没有人向秦人出卖自己的祖宗。

因此，曾经火爆了几百年的金沙祭祀中心，就这样长眠于地下几千年，直到今天。

第五章

追寻蜀地广都和雒城

华夏古人由于古传祭祀"螺日"之习，必会盖建圣庙"雒（螺）都"，这个"雒都"初为沟通天地的神庙中心，后为人祭统治中心都城，它一直在史前至夏、周时期的中原流行。

从山东来到四川的蜀族在三星堆建立雒城之后，蜀地的雒城、广都（不同时期对都城的称谓）便相继兴起，从未间断。即使在三星堆文明中心放弃后的"诸王时代"，也有"广都"隐于岷山之中。由此可见，金沙故城当年也应名"雒城"或"广都"。在金沙故城被放弃的同时，汶川牟托沟的"广都"中心也同时放弃。

宇宙中心雒都

前面已述，华夏民族自古传下一深刻祭祀，就是"五行傩祭"，也即将宇宙分为东、南、中、西、北五个方位，并以此附合四季，在规定的季节对当季的方位天神进行祭祀。其祭统称"傩祭"，源于古人深刻的太阳神崇拜。而早期古人就将太阳神称"螺（傩）"或者"螺神"，认为太阳就是一个螺旋运动的神灵。此俗至少源起距今 5 万年前的昆仑时期。早期的"傩祭"原始落后，就是族人围在一个指定的祭地，将牺牲扔进火堆，然后亦歌亦舞就算完事。如此神圣的祭祀地总应当有一个同样神圣的地名吧。由于古人所有的祭祀本质上就是祭祀太阳神，因而这个祭地就被朴素地称作"螺（洛、傩、雒、乐）"。也就是人们集会、祭祀或者圣庙所在中心地。

这个祭祀中心地同期又被称作"都"或"京"，本质上与"螺"同意。这一习惯一直沿袭到后来。华人早就习惯将统治中心地称"雒都"、"京都"等。

需要说明的是，由于早期没有文字，只有靠语言传播。因而，后来文字记录的同类事物、地名，如"乐、洛、螺、雒、傩"等同音字，本质上记录的就是"螺日"及其"傩祭"活动，或因这一活动影响连缀的事物。

以"螺"、"都"等为统治中心和祭祀中心的祖俗，起至远古，目前所能读到的最早传说，多在《山海经》及早期文献中。如前面引过的《山海经》中记述的"成都载天"，并将昆仑山传为"帝之下都"等等，都是远古时期华夏民族将统治中心称"都"的传承。至今仍将统治中心称"都"，如北京就称"首都"。与"都"同期形成的同意称谓就是"洛"，早期比"都"称更为流行，也更为神圣。《竹书纪年·黄帝》有句："凤鸟至，帝祭于洛水。"附合于此句记载的就是华夏古传的奇怪神事"河图"、"洛书"浮出水面。并在同书中紧靠着的"炎帝"、"少昊"等，一直到"大禹"一节中，均附会有"河图"、"洛书"的记载。所谓"黄河出图，洛水出书"，是指远古两条最神圣的河，这两条河名"黄"与"洛"，其本质上是将早期传说的太阳神的两称"黄日"与"洛日"，附合于这两条圣河。

由于"洛"、"都"两称早期均指祭祀圣庙中心，因而，后传的华夏民族的都城，都采用了这两名。

目前发现的可能是尚存最早的"乐都"地名，现在还标示在青海西宁东部。由于这一地区曾是华夏民族（主要是羌族）早期从北部草原进入东部大陆的必经之地，而且位在西部地区，可以认为是今日尚存的最早的"乐都"。早期古人十分遵循古训，不敢乱名地名，此名自古就有，说明此地就是早期这一地区古人的傩祭中心，也即后来的都城中心。考古学也在这一地区发现了规模较大的古人类文化，出土的器物中，正好有部分傩祭组器，其时间属于仰韶文化的早、中期。因而，可以认为，青海乐都可能是目前尚存而且能被确定的华夏民族最早的"乐都"，也即族聚中心的圣庙、祭祀中心地。之后，被进入中原的氐羌族特别是羌夏王朝牢牢传承。

现在还可以清晰看到的就是夏王朝的都城"洛"。

《竹书纪年·帝桀》说，夏王朝最后一王帝桀，因在外面有两个美女相侍，不愿回都城，而"弃元妃于洛"——把老婆丢在都城（洛）不管。帝王的元妃肯定住在都城！此记说元妃住在"洛"，当指夏都洛都无疑！

《史记·周本纪》有句："昔伊、洛竭而夏亡。"用伊、洛两河水的盛衰作为一个王朝的兴落预兆，其中包含了"天人合一"的传统观，同时也说明古人对这一神圣的洛神所居河水的崇拜。其中也包含了对当时夏王都就在伊、洛水边的确认。《春秋繁露》有句："作宫邑于下洛之阳"，说商王朝立国之后就在夏王朝洛城的南方新建都城，此说极可能就是指今天考古学发现的偃师商城。商人在夏都之南重建新都，也符合古训。南方属阳，而灭国之社当被"屋之"，即用土掩埋，让其更靠近属阴之北；新立之国当然会在其南阳筑都。文中说商都筑于"下洛"之阳，当恐是"夏洛"之阳的笔误。如此，再见夏都为"洛城"。

《逸周书·史记解》有句："昔有洛氏宫室无常……成商伐之，有洛以亡。"说古代的"有洛氏"时常迁都，后来被成商伐灭。成商伐灭的是夏王朝，人人皆知，但这里却说灭的是"有洛氏"，可见夏族曾被别称"有洛氏"。实际上就是指夏王国有"傩"祭之俗矣。今山东寿光市东方弥（汶）河两岸仍有古承地名"洛城"与"北洛"，有可能就是夏王国初期都城留下的古名。因为这一地区正是夏王朝初期十分活跃的活动地。还有文献传说夏之先祖为"有蟜氏"，即"有角之虫"，也就是蜗牛。蜗、螺同类，古代统称"螺"。由此来看，夏族本质上就是"有螺（洛）氏"。

不仅夏都名"洛城"，夏都附近的河也名"洛河"。《尚书·五子之歌》中说，夏王朝第三代王太康，由于贪玩，到洛河对岸打猎，百日不归，（原文为"畋于有洛之表，十旬弗反"。）其母和众兄弟便在河对岸等他，以感化他早日回家，勤理朝政。五兄弟在此每人作歌一首，故称《五子之歌》。这一传说告诉我们：夏王朝初期都城就叫"洛城"或"有洛之城"，并有洛水与之相配。其母和众兄弟就在都城附近等待太康，也即就在洛河附近等待，说明夏都洛城紧傍"洛水"，构成完整的洛城、洛水系统，与后来的二里头"洛城"、三星堆"洛城"布局和内涵文化一致。同时，也可毫不怀疑地认为，三星堆之洛城、洛水系统，就是对夏文化的直接承继，因为三星堆族就是夏后氏！联系文献传记，也可以肯定，今天发现的紧邻洛河南岸的二里头故城就是中、晚期的夏都！

周行夏制，周代的都城亦名"洛都"。《孝经援神契》说："八方之广，周洛居中，称为洛邑。"就是指周代的都城名洛城，居于世界之中，统领天下之意。其故地今称"洛阳"，也即"螺日"，实为恢复了此名最原始的本意。

夏、周两代均将都城中心称"洛"，实际上就是"洛都"，洛与都同意，同指一物矣！

由此不难看出，中原地区自古流行将族聚中心和圣庙所在地称"洛"与"都"的深刻祖训。

然而，令人惊奇的是，蜀地的都城也名"雒"。广汉三星堆故城，从它出现的第一天起，就名"雒城"，紧邻城北的河名"雒河"（今名"鸭子河"）。《华阳国志》中和所有古文献的记载中，三星堆一地古名"洛"。这一布局与夏王朝的雒城外有洛水，和周王朝的洛城外有洛水布局惊人一致！仅此即可判定，（与故城建筑同时兴起的）三星堆三期文化来自非常直接的夏后氏！也即笔者前面提到的有缗·蜀族。

三星堆故城名"洛"，实际上就是指"洛都"。也即蜀地同期的统治中心。三星堆所在地古代不仅称"雒"，同时又称"都"、"绳（神）"。《水经注·江水》云："（汉高帝）六年乃分巴、蜀，置广汉郡于乘乡，王莽之吾雒也。"《汉志》也说王莽改雒县为吾雒。可见绳乡或乘乡就是雒县城所在之乡。同时，汉代又将此地称"都乡"、"绳（神）乡"，不难看出，三星堆城实际上就是"神（绳）都"、"雒都"矣。

由于有缗·蜀族入蜀后，后裔已遍布四川及其以南地区，这一深刻的"乐都"文化，从三星堆故城开始，就深深地扎在了蜀地。从此，"雒都"一俗便在蜀地兴起，并广泛推广开来，从未间断。

不过，这里又需说明的是，"雒都"在稍后一些时期又有换称"广都"。"广"就是高大、至尊之意。"广"繁体作"廣"，《说文·廣部》："廣，殿之大屋也。"古音读"黄"，通"皇、黄"等，就是太阳神之称，且起至同期。也就是说，"雒都"一称，本身就包含着"皇（黄）都"之意，"广都"同期也是"雒都"的另称。同一事物有多种称谓，但在不同时期有择重，某称突出、某称暗隐的现象比比皆是。

"乐都"同时又是"皇（廣）都"的实证，还是在青海乐都。青海乐都位于青海东部的"湟水"边，往西有"湟源"、"湟中"二名。现代学者在研究古羌人的源头时，往往把目光聚焦这里，学称"河湟地区"。这里的"湟水"，实为"黄河"，也即太阳圣河。这里有浓郁的"湟"名，又有"乐都"，实为"皇都"、"雒都"，或"黄水"、"雒水"矣！两称均可置换，且同指一物。

明代杨慎在《山海经补注》中说："黑水都广，今之成都也。"说《山海经》中说的"都广"，就是今天的成都。"都广"就是"广都"，此说用于确指今成都，显然失误。但认为"都广"或"广都"，就是指一座城市，则是正确的。可见《山海经》中已有"广都"之称，且指中心都城。实际上，古羌语一直有将都城称"广都"的习惯，且往往将"都城"称作"广都"，但意思就是"都城"。羌语今天仍将"成都"称邑"都"。

古代在流行将都城称作"雒都"、"广都"的稍后时期，又产生出同意延伸的称谓，将都城称"广阳"、"洛阳"、"雒（罗）城"等。（大概是受中原同类文化的影响之故。）它们都是一个意思。由于"雒（螺）都"，本身就是指"螺旋太阳神"，也即地面族人聚地的象征性宇宙中心，因而在后来太阳的称谓逐渐由"螺"演为"阳"后，对这一中心的指称也随之音变。如周王朝的都城本来称"洛"，后来演为"洛阳"；"广都"本身也就是指"黄（皇、日）都"之意，后来也随着太阳称谓改变而作"广阳"。至于"洛（罗）城"，更是因为城市的大量出现，而将早期的圣称"洛都"直接学称或泛称"洛城"之故。

自有缙·蜀族从山东入蜀，带来了中原地区已成熟的"雒都"文化，并在蜀地原样恢复后，蜀地的同类都城中心及其称谓"雒都"、"罗城"、"广都"、"广阳"等，就从未间断过，一直在蜀地的不同地区连续不断地兴起。

让我们先看看，史家已经知道的"雒都"。

四川广汉三星堆"雒城"之雒都已世人皆知。

根据前面有关望帝从岷山出来，就近建都的"郫"，由于"郫"意为下，是针对"上都（即金沙成都）"而命名的"下都"，同时有文献称"梦廓"和"都郫"，因而可以肯定，望帝杜宇（大禹）承继着正宗的三星堆族文化，在他迁至成都之前的"郫"都，史称"广都樊乡"，实为"广都"。同理，由于金沙祭祀中心就是开明王朝的成都，因而，它的祖名也应叫"雒都"或"广都"。

蜀人对"雒"之崇拜的深刻性，不仅表现在对"雒都"的神崇上，同时还有深刻的"雒神"崇拜。史传蜀地古代青衣羌国曾有一支因反叛而逃离到广西至越南北部地区，史称"雒部"，并在那里建有"交趾"族落。后来，青衣羌国的安阳王还曾率部征讨过。

《舆地志》云："交趾，周时为骆越，秦时曰西瓯。"经考，"西瓯"族古时在古越国之西南，主要分布在广西南部至越南北部。"西瓯"族就是周朝时从青衣羌国逃出的"雒族"一部，并在越南北部建有"罗城"，自称"蜀朝"，统治一百多年时间。近年在那里出土了数量不少的与三星堆出土的圭、璋一致的玉器。《水经注·叶榆水》引《交州外域记》云："交趾昔未有郡县时，土地有雒田，其田随水上下，民垦其田，谓之雒民。设雒王雒侯，主请郡县。县多为雒将，铜印青绶。"如此之多的"雒"名，可谓事事皆雒。这一习惯当来自此"雒部"在故乡时有深刻的傩祭祖俗，尽管已远离故土，但思祖情结犹存，仍以"傩"为生活中的主要神崇中心。

这只"西瓯"蜀人所建的"雒城"就是"螺城"，更显正宗。《大越史记全书》注《蜀纪》说安阳王："王姓蜀，讳泮，巴蜀人也，在位五十年；都封溪，今古螺城是也。"说西瓯的蜀人建的是"螺城"。难道是笔误？

上引书中正文云："甲辰八年（周赧王五十八年，王既并文郎国，改国号曰瓯貉国）……始筑城于越裳，盘旋如螺形，故号螺城，又名思龙城。"

这座蜀人所筑的螺城"盘旋如螺形"，正是对古老原始傩祭中心的恢复，模拟"螺日"之形。又名神（思）龙城，也是同意。龙亦与"螺日"图腾重合，并从中裂变而来。

由于"广都"一名早已在蜀地流行多年，汉代以后，又两次在蜀地设广都县。

《华阳国志·蜀志》云："广都县，郡西三十里，元塑二年置。"

前面已经分析，志中认为"广都"在"郡西"三十里，也就是当时的蜀郡成都西三十里，笔者认为是对早期"郫"之广都的传记，或者混记，因蜀地古有多处"广都"地名一直下传。但刘琳先生注释中引用的诸家之说，又有另论。这里择引部分："汉晋

176

广都故城所在，历来众说纷纭。《常志》此云'在郡西三十里'，然卷八《大同志》叙述李特攻成都，兴州刺史赵钦与妻子乘小船顺流至广都，为下人所杀，则广都则在成都南。疑'郡西三十里'为'郡南三十里'之误。《后汉书·岑彭传》李贤注亦谓广都故城在成都东南，而未言若干里。按成都东南中兴场（今属双流）有古城址，至今犹有古城坝之名，学者多据李贤注谓此即汉广都。然此说实非，中兴场距成都四十余里，与《常志》所说'三十里'不合。实则中兴场之古城坝乃隋唐之广都，非汉之广都。据《元和》卷之一，隋代避炀帝讳改广都县名双流县，唐因之，故城在成都府南四十里，亦即今双流县治。至唐初又分双流别立广都县，在府南四十二里，宋因之，此即中兴场之古城坝是也。"

刘琳的疏引更加强调了蜀地至汉以后仍有"广都"之名，而且仅在双流县境内就有两处：一处为汉代所置"广都县"遗址，一处为隋唐所置的广都县。为什么汉唐两代均在双流境内置广都县呢？汉唐两代中国早已为中央集权制，蜀地亦为中国之一郡地而已，为何要在双流一地置如此之大的"广都"县名呢？按历代地方机构命名之一般惯例，往往是沿袭当地的旧有地名而附加级别称谓。如此，双流县境内就有可能是金沙中心放弃之后，在秦人治蜀几代人后，由于秦人对蜀人的管理逐渐放松，双流县境内的蜀人便恢复祖制，最初秘密后来逐渐半公开而建立了一个祭祀中心，并沿用祖承之"广都"名。后来逐渐被周围族人认同，代代承继此名，至汉代又沿用此名设县。这样，才能合理解释汉唐两代为何在双流境内设"广都县"的原因。

蜀地古代还有几个与"广都"性质一样的"罗城"，如传至今日的犍为"罗城"；重庆江津县西的"乐城"，梁平县北的"乐都"（紧邻还有"三星"一名）等，均为古蜀后裔承继的祖俗，在不同地方建立的小型族地中心。

隐在岷山的罗城和广都

如前所述，我们已在蜀地找到了"雒（廣）都"文化及实物的老祖宗，及其后代子孙。蜀地最早的创世之都，就是三星堆"雒（廣）都"，紧接着的就是"金沙遗址"之"雒（廣）都"，因为它的早名传至今日仍叫"成（城）都"，当为都城无疑。其与后来考古学证明的双流县境内的汉唐两代的"广都"，基本上构成了一个系统链环。其中的缺环只差三星堆放弃之后，诸王时代早中期的"雒（廣）都"了。那么，这一时期有没有这样一个统治中心出现呢？如果有又在那里呢？

可以肯定的是，这一时期的成都平原没有了大型统治中心，因为三星堆就是一个巨大的统治中心。既然这个中心都被蜀族自己放弃，当不必再新建什么中心。但蜀人大部撤退到岷江河谷，这么多的老弱妇幼队伍，总需要一个临时的统治中心来统领和指挥吧，否则会乱成一团。北伐的队伍已奔赴中原，不可能还有统治中心。但进入岷山河谷"仙去"的队伍肯定应当有个统治中心，而且也当称作"雒（广）都"或"雒城"等同类地名。让我们先弄清这支隐退的队伍主力主要居住在哪里，然后才能在那一地区去寻找。

前面已述，三星堆总部的放弃，是因为蜀族参加北上伐纣战争，为了避免战败后商人入蜀杀戮，蜀族自己焚毁了圣庙，掩埋了神器，然后分作两路，一路北上伐纣，一路进入岷江河谷隐藏起来。现在要寻找的就是隐藏的这一支主力，他们会在岷江河谷的哪一地区滞留呢？

从已有的传说和当地的诸多实际情况来看，这一支队伍当时的主力，包括这支留守队的总指挥部，当在今天的松潘一带滞留下来，分散在周围。而松潘一带就是当时的族治中心。《蜀王本纪》云："其民亦颇随王化去。鱼凫王母于湔山，得仙。今庙祀之于湔。时蜀民稀少。"

此句前一句和第二句似有颠倒，顺句当为"鱼凫王母于湔山，得仙，其民亦颇随王化去"。《蜀志》就更改为："鱼凫王母于湔山，忽得仙道，蜀人思之，为立祠于湔。"传说正是鱼凫王率领了留守大军撤入湔山。（应当说确有蜀王率众入山，并不一定是鱼凫王。因为传说会出现张冠李戴的混乱。）

引文中的意思是说，鱼凫王曾率众进入岷江河谷的"湔山"一带（借狩猎为名，实为大撤退），成"仙"消失于那一地区。随同鱼凫王的民众也随之隐藏在周围一带了。

同时，《蜀志》还有一句"帝升西山隐"，说杜宇禅位于开明后，化仙升至西山之中隐去。这一句当是对前事实记，误记在杜宇事中。因为杜宇禅让开明帝后，也不必自己孤独地去到荒芜的山中流浪。而古记中张冠李戴的事十分常见。况且记者本来就是采集传说入记，而传说本身就非常混乱，常常张冠李戴。过去许多研究者也一直不明白，杜宇是君王何必独隐西山？

综合诸多文献传说及蜀族确有一支留守队伍，在商末由王率领隐匿岷江河谷的事实来看，"帝升西山隐"说的正是留守队伍的领队，实际上是指这支留守队伍全部"随王化去"，全部隐入"西山"——成都平原西部的岷山之中。

文献中几次提到鱼凫王及其队伍隐入"湔山"，那么，湔山在哪里呢？

《华阳国志》注云："湔山，在灌县（今都江堰）境内。四时积雪，故称玉垒。"说湔山在都江堰境内。大概是湔山当时比较出名，相对而言距成都平原较近，成都平原的古人只知道西边有座湔山，再往西北的情况就不清楚了，故传这些王隐于湔山。或许当时只要说进入了湔山，就等于进入了一个遥远的大山之中，以此代喻进入了西部的大山。因为这支队伍刚入山时的滞留地，还在更北的地区。

由于湔山当时在岷江河谷诸山中比较出名，而且可以容人居住——秦汉之时，这一地区就有不少的族人——秦始皇时在此设湔氐县，因为此处人族均为氐羌族。两汉时又改为湔氐道。但治地中心却不在都江堰境内，而在今天的松潘！由于这一地区一直被传说为鱼凫王"升仙"之处，故在晋代又将湔氐道改为"升迁县"。"升迁"就是"升仙"之意。由此可见，这一地区自古就是蜀族退隐（升仙）的传说地。《清一统志》又说："古湔氐道在（松潘）厅西北。"《龚志》也认为湔氐道在"今松潘县地。治今松潘县西北"。可能这个中心统治地就在今松潘县西北。

当时蜀族留守大队退隐到松潘一带的可能性极大。原因如下：

1. 当时蜀地与中原交通的唯一一条大道，就是岷江沿岸。今天看来感觉上已经非常遥远的岷江上游地区，当时恰恰是离中原地区最近的地区。蜀族早期入蜀就是沿这条路进入岷山的。商代中期，商王两次伐蜀，蜀人肯定会提前在这一地区打探，甚至出兵在这里凭险抗守，因而对这一地区比较熟悉。

可以推想，当时的两支北上队伍一直同行进入岷江山谷，（但并不是从现在的都江堰路进入，可以直接从绵竹、什邡等地翻山而入，非常捷近。）留守队伍会将出征北伐的军队一直送到岷江上游一带地区，才会依依不舍地留下。而一旦钻出岷江上游，就进入到渭河平原，也即周国的地盘了。

2. 这一地区还有天然的防守天险"天彭门"。

《水经注·江水》云："秦昭王以李冰为蜀守，冰见氐道县有天彭山，两山相对，其形如阙，谓之天彭门，亦曰天彭阙。"刘琳在《蜀志》中注释："是则天彭门或天彭阙在松潘北。"综合引文，是指在松潘以北的岷江两岸，有一处两岸相对屹立而起的巨大的山崖，临江之处为绝壁，远看像一座巨大的石门，故称"天彭门"。这处绝壁，呈垂直陡立状，沿岸至少有几百米长，落差较大的岷江急流又正好从此"天门"中流过，实为一处易守难攻的天险！有缧·蜀族退隐岷江山中的根本原因，就是预防伐纣战败，商人军队入蜀屠杀。因而必然会以死守之心临阵以待，也就必然会选择一处天险以逸待劳。甚至可以认为，此处天险有缧·蜀族早已知道，正是为了配合守险，才将人众布散在这一带周围，同时将留守大队的总部，也即统治中心建在这里。

3. 如果仔细研究一下古蜀的郡制地盘及其分布，也有一个奇怪的现象。秦代在四川设蜀郡，虽也有湔氐县等县制，但整体为郡直辖，汉以后，县制明确，界限清楚，各县均有独立的区制。四川大学博物馆（当时称华西大学博物馆）第二任馆长郑德坤先生，在其所著《四川古代文化史》中绘制了一幅"东汉四川郡县图"（见图65），图上详细地标明了当时的郡县地名及其位置。但请特别注意"广汉郡"和西北角的"湔氐道"。"广汉郡"基本处在成都平原的腹地，西北抵至什邡至广元，界地基本上至四川盆地临山的边沿，东南至德阳，西南紧邻成都，占据了嘉陵江流域一块不小的地盘。然而，奇怪的是，位在遥远西北的湔氐道，紧邻汶山郡，却不属汶山郡管辖，反而成为广汉郡的属国！导致广汉郡直线向西北处伸进一条窄窄区域，这是为什么？

古代划分郡县，甚至包括现代划分区县，都会依据一个不成文的规则，就是根据当地的人聚中心及其自然形成的交通、民俗习惯等因素划制。汉代将湔氐道和刚氐道，划给广汉郡作为属国，肯定也是依据这一不成文的习惯。如果湔氐道地区的古人，像传统观点认为那样，与成都平原的广汉地区没有什么联系，一处为

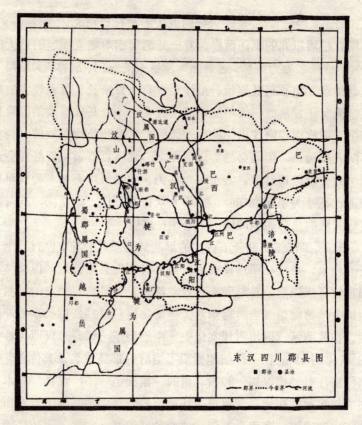

图65 《东汉四川郡县图》：湔氐道（松潘）为广汉都属国

早已进入较发达平原地区的古人，一处为尚处原始落后状态的氐
羌民族，那么，他们之间差距甚大，基本上没有什么共同点和现
实联系，为何又要将湔氐道及松潘地区划为广汉属国呢？可能事
实正是这样：广汉三星堆族放弃总部及成都平原后，直接从绵竹、
什邡等地进入岷江河谷及松潘地区，而不必绕路从现在的都江堰
进入。因为当时基本无路，从哪里进山都是一样的艰险，而从绵
竹、什邡进入岷江上游为捷径。（广汉三星堆故城北邻的"雒河"

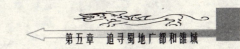

上游就是什邡，同时影响了那一地区的河多名"洛河"。）绵竹、什邡一地自古流传着与有缗·蜀族同一系统的传说，民俗及考古学发现等，都是系统的证明。

如此，两地的联系就显得非常近。因为广汉地区是进入岷江上游古人的祖居地，而且这种联系至汉代还未中断。汉代时人们也发现了这一现象，因而将湔氐道划为广汉郡之属国。

4. 松潘境内古有"罗城"一名。《类聚》卷六引段国《沙洲记》云："龙涸北四十里有白马关。"《水经注》认为龙涸在蚕陵北八十里。古蚕陵就在今叠溪，至镇江关正好八十里。于是，有学者认为，龙涸可能就是松潘以南的镇江关。由于松潘一地，古时落后，道路艰险，不便行走，古时的史记者都不可能亲自到地察勘，多是凭已有的初记，然后转记，因而很多史记一误再误。这里记"龙涸"位置就出现矛盾，一说在松潘北，一说在松潘南。但其本质上是指古代的一个叫做"龙涸"的中心。

其实，松潘古代不名"龙涸"，而叫"罗廓"，至今羌区整个北部方言区（即茂县以北）的羌人，仍将松潘称"罗廓"。

"龙涸"两音就是"罗廓"，由于当时的史家并未细考其产生的原因，凭汉语音记，加之方言不可能那么纯正，汉学者又总将少数民族的语言视为与汉语有殊，因而作此音记——却不知这一带的羌人实际上操有早期的正宗汉语。

"廓"就是"城廓"之意，"罗廓"就是"罗城"。至今当地羌人不仅将松潘称"罗廓"，同时有别称"罗城"、"罗都"就是有力的证明。同时让人想起了望帝所治的"郫"，也曾被史家记作"梦廓"。说明"廓"在当时与"城"拥有同一概念。

《巴蜀文化大典》中提到，三国两晋期间有一支叫做"白马龙涸胡"的古部族，此前正在松潘境内的白马岭、龙涸一带。南北朝时，大部分北迁至甘肃南部。公元530年，其首领王庆云率部占据秦州略阳郡水洛城城地(今秦安县水洛镇),不久为北魏所灭。这一支古族就应是松潘早期的有缗·蜀族一支,据松潘为洛城,后来迁走之后,仍在秦安建都洛城。

羌族自古流传的民歌《马王歌》中有这样的句子:

"劳慰太爷打禀贴,一纸文书美洛城。

一进大堂闷沉沉,二进二堂吓死人。

美洛太爷问了一案,这个案子我办不清。

劳慰太爷打禀贴,一纸文书成都省。"

歌中提到了两个地名,一个是美洛城,一个是成都,研究者认为民歌产生于明代以前。歌中说一个案子美洛城办不了,再上交成都省,可见当时羌区有美洛城为当地的治地中心。这个"美洛"实际上应该是"母螺",今天虽难以确定母螺城的位置(或许是下一节将谈到的"牟托"),但可以肯定的是,至少在明代以前,羌区还有洛城。今天黑水以西的"米亚罗"就有可能是"母螺"的音译。

5. 明代学者杨慎在《山海经补注》中云:"黑水都广,今之成都也。"学者们普遍认为,文中的"都广"当为"广都",甚至默认其中"黑水都广为今成都"之观点。实乃大误。文中所说的是"黑水"都广,也即这个"广都"与"黑水"近邻且相联系,同时说明当时的"黑水"一地也非常出名。而成都地区周围自古没有"黑水"一名,何以认为文中所言的"都广"为今成都呢?显然为误识。

蜀地自古有名且在古代名气较大的"黑水",就只有今阿坝州的"黑水",今天仍名黑水县,源于一条"黑水河"由西向东,在茂县境内流入岷江。前引文中的"黑水"(如果按此文是指蜀地之观点)当指这条"黑水"。这条"黑水"就在岷江河谷。如果考虑到古代人口稀少,一个地名往往泛指一大片区域,同时发现此"黑

水"离今天的松潘近，那么，文中所说的"广都"，就可能是指松潘地区的"罗都"，或者是指稍后时期此地统治中心沿岷江南移，又在茂汶地区出现的"广都"、"广阳"等中心。

而"黑水"一名，本身就是羌夏族人的祖习。前面有述，夏王朝都城北面的"洛河"，由于位在北方，北方在"五行"中属黑，因而此河又别名"黑水"。今羌语、彝族中仍有此俗。"诺"又含黑意。如此，"黑水都广"亦圣河名与都名并列同出，本身就是典型的羌夏文化系统。

那么，松潘一地"罗城"的准确位置在哪里呢？

根据笔者的研究，华夏古代"罗城"所在的位置有几个必要条件，其中一个必要条件就是，必建在一条由西北流向东南的河的南岸边上。三星堆、二里头等几乎所有的"罗城"都是如此（有关于此，后面详述）。再联系古文献史记中多有认为古松潘的治地在今"松潘西北"来看，当时有缙·蜀族隐居岷山队伍的统治中心罗城，当在今松潘以北几公里处。此处为羊洞河下游，并经元坝流入岷江 —— 这条小河正是由西北方向流向东南，而紧临元坝以西正好有一段较为顺直的西北—东南向河流。再加上"元坝"就是指一块不小的平坝之地，可以认为，当年松潘地区的罗城就在这一段河流的南岸边上。刘琳在《蜀志》中疏释也说："以今地图按之，升迁故城应在岷江二源会流处之南，松潘之北，当即今元坝子。"此元坝古代还有川主寺，可见自古即是一处号令周围族众的圣地。只可惜松潘地区过于偏远，多年来也没有考古学家前往勘探，因而目前无法给出考古学上的印证。但笔者认为，上述推理有相当的可信度。

由于松潘以北的地名为"罗廓"，也即罗城，与三星堆故城之"雒城"名紧紧相衔，因而可以认为，此罗城正是三星堆中心放弃后，有缙·蜀族隐守此地的留守队伍，在经历了几十年后，仍未盼回北伐的队伍，自发地重新建立的统治中心，沿名"雒城"。因为正好在同期流行将都称"雒（罗）城"，时间上又紧连三星堆雒城。稍后一些时期，蜀地都名已有所变化，多称"广都"、"广阳"等。后期称谓的演变也可能受到中原文化影响。

从逻辑上看，松潘以北的"罗都"中心形成后，其影响和统治力主要集中在松潘地区，不再涉及全蜀，一下子缩小了若干倍，相当于一个小族团的中心，与成都平原后来兴起的各个中心及种种纷争都没有关系，仿佛两个世界在平行发展一样。特别是与后来从岷江出山，在山下建"郫"的望帝及其以后的成都平原诸中心均无关，他们只是在岷江上游一带统治和发展。

然而，当成都平原再次成为一个大型的文明中心，岷江河谷的蜀族与平原中的蜀人和巴人开始进行贸易交换，成都平原较先进的文明会影响到岷江河谷的羌人，他们会逐渐受到成都平原中心的影响，而逐渐将自己的中心从岷江上游向南移动，以便较近地接近文明中心。同时，成都以北的交通，特别是汉中至广元之间的山地绝壁，也有时断时续的连通，与中原的联系，可以通过这条路解决。由岷江上游与中原联系的道路逐渐被放弃。松潘一地的罗城中心，由于整个松潘及至茂县以北的地区，都逐渐远离文明中心，渐渐荒芜，因而，这个"罗都"也终被放弃。但其统治中心仍在，并渐次转移到更南的地方了。

稍后时期，在茂县以北的岷江边上兴起的"蚕陵"一名，就可能是松潘罗城中心南移的地名。其位置在松潘以南约80公里的岷江边上。"陵"就是高出地面的土包，也可作为象征性的尊高之称；"蚕"就是蜀族的典型称谓，也即"蚕虫氏"或"蜀族"。"蚕陵"亦可释为"蜀族最高统治地"之意。同时，秦汉以前还有"蚕丛氏"一族在这一地区活动居住。前面已述，有缙·蜀族是蚕虫氏一族，他们在秦汉时期及其稍微靠前一些时候出现在这里，从

逻辑上看，正可能是松潘罗城中心一直守候祖先族名的自称，并且将中心南迁至此的结果。

同时，曾在两汉时期名"汶江县"的今汶川一地，在晋代又被改名"广阳"。古代命名，多以恢复原古老地名为原则，这个"广阳"是否正是对早期此地曾有过的"罗城"、"罗都"之名的恢复？由于"广阳"一名本质上就是指"广都"、"皇都"，只不过在西周以后，受中原的影响，多流行"广阳"一名了。如周王朝的都城本名"洛"，到后来直名为"洛阳"一样。

尽管现在要想在岷江沿岸找到先后兴起的完整"罗城"、"罗都"历史非常艰难，但可以肯定，那一地区确实在诸王时代先后兴起过"广都"、"罗都"之统治中心，而且考古工作者还发现了一组傩祭青铜实物，祭俗及器物象征本质上与三星堆祭祀组器完全一致。这一点下一节专谈。

同时还可以肯定，有缗·蜀族留守队伍进入岷江河谷后，同样在高原上大兴"傩祭"。尽管这时的傩祭已非常简单原始，也没有青铜、金等神器，但这一地区尚存的地名，仍记录着当地古人举行傩仪的故事。目前，我们还可以在岷江上游以西的大片地区，特别是"黑水"流域及杂谷脑河流域周围（这一地区是否也有"罗城"尚待调查。同时也可认为《山海经》中所记的"黑水"正是这一地区）。看到迄今尚残留着的大量因傩祭而兴起的地名。如罗坝、罗山、罗窝（是否螺蜗？）洛多、洛河、洛汤、卡龙、若多、罗坝街、罗顶寨以及古鲁沟（歌傩沟）、梭罗（神螺）沟等，还有雅都、太安、卡窝（螺）等名，这些名称都可以肯定与"傩祭"有关，并可认为正是松潘中心南移导致族人南迁的结果。古人往往把长期举行傩祭仪式的地方，称作罗坝、罗（乐）山、罗河等，与三星堆故城因为行傩而圣称"雒城"一样。成都平原及中原地区也同样残留着太多的同类地名，说明中原、蜀中平原与四川西部高原的部分地区有着一脉相承的亲缘文化。

牟托沟的钟声

　　四川考古工作者十几年前在岷江河谷发现了一处古代豪华的器物坑群，出土了丰富的青铜器，其中包含了大量的信息。笔者认为它正是蜀族留守队伍从松潘罗城中心南移后的最后一个"广都"的遗留，并且与金沙中心同时放弃。由于考古学迄今对此中心有误识，尚未全面阐释其中包含的复杂内容，这里一边介绍一边分析。

　　此器物坑群发现于今汶川县城以北约 5 公里处的南新乡牟托村，由于发现的遗留中有一墓坑（并非墓葬），因而，考古学将这一坑群称作"牟托一号石棺墓及陪葬坑"。这一坑群位在一座南北走向的山脊上，紧傍牟托沟。山脊中部有一座人工用板岩垒砌的积石冢，直径 20 米，高 3.5 米。"墓葬"及器物坑群就分布在这 200 多平方米的范围内（见图 66），各坑之间相距最远的 6.5 米，最近的仅几十厘米。可以认为，这一组坑群为同期形成，坑内器物

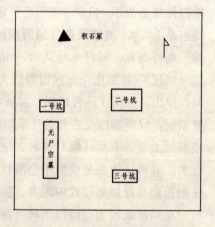

图 66　牟托沟器物坑群分布图

为一组同期下埋。从发现的情况来看，历史上没有盗掘痕迹，保留着当年完好的布局。

首先可以明确的是，这一组坑群不是墓葬和陪葬坑的关系。因为这个"一号墓"中并无尸骨痕迹。且墓室内的仪式也与当地葬俗有异。虽然墓室周围用板岩隔成，但棺底无石板，却铺垫了一层板岩碎石层，上面又铺一层厚约 2 厘米的细黄土，土上又放了一块长方形的杉木板，木板仅长 1.52 米、宽 48 厘米，而墓室却长 3.9 米、宽 1.36 米。即使按一般人的高度，也当在 1.7 米以上，而铺垫往往会大于这个长、宽度。但此墓中的垫板仅长 1.52 米，显然不像是为人类的墓主而设。这块垫板中间还有一个长方形的孔，孔长 72 厘米、宽 28 厘米，也不符合当地葬俗。不过，墓室内置放的器物倒是不少，有 170 多件，器有陶有铜，种类也多。但又让人不解的是，既然有这样一个约 4 米的大墓坑，且已置放了 170 多件"随葬品"，何必又在周围再挖陪葬坑呢？况且，几坑中的器物置放混乱，并不是按照已知的葬俗分类分坑置放的。发掘者也觉得纳闷，因而在发掘报告中说："根据以往在岷江上游发现的石棺葬墓地墓葬分布皆墓与墓相邻，横向成排并列分布的规律，二号坑当系另一座墓的陪葬坑。但主墓尚未找到（！）。三号坑位于二号坑南部，地势较低，且极浅，坑内仅出铜鼎、罍各一件（4 件石器盛于鼎内），器物周围皆系山体表土。难以断定为一座单独的陪葬坑。"

可以肯定，牟托沟发现的器物坑群，不是墓与陪葬坑。因为主墓室中并无尸骨，三坑分布也不符合当地葬俗，而且还有神圣的积石冢相邻，笃信神明的羌人决不敢将人类的墓葬置于积石敬天的圣地。更为重要的是，三个坑中出土的青铜器又正好构成一组完整的傩祭组器，其中包含神圣至尊，是人类中的任何个人包括君王也不敢用于陪葬的。铸器消耗的剩余价值，也是岷江河谷同时期任何贵族也承担不起的。

其次,在这里分析一下坑中出土的器物及其内含的系统文化。为了节省篇幅,同时借用前面已有的介绍,这里的分析尽量从简。

坑群中出土的器物混乱,但同样明显地表现为一组,只是分别入坑。因而,这里不分出土于哪一个坑,而将所有器物作为一个系统加以分析。

当笔者首先接触到坑中出土的一组青铜纽钟,眼睛一亮,细细一看,才发现它们是一组完整的四方祭器(见图 67)。从白描图上可以清楚地看到,其中一只纽钟上刻有一只四肢带尾的动物,大开着口,头背上有一座山形,这便是华夏民族自古流行的四方神灵中的"白虎",也即"西方白虎",头背上的山形当为"昆仑祖山"。因为华夏民族自古将昆仑山作为神祖之山,且

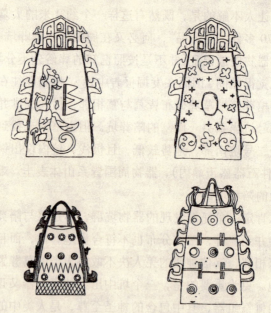

图 67　牟托沟器物坑出土的四方祭纽钟

从未忘记对祖山的祭祀。今天的华夏诸民族流行的祭山，本质上就是祭祀昆仑祖山。昆仑山在西方，白虎神灵也在西方，此纽钟上的均为西方图腾，那么，无疑这只纽钟就是标示和象征西方之祭的神器。

按照华夏民族"五行"傩祭之深刻祭俗（参阅前面给出的"五行系统分解表"），联系傩祭之器总是成套成组出现的规则，我们便可以按此思路去寻找其他三方的神器象征。其他三方还有南方鸟、东方龙、北方鱼水之神。

正好，其中又有一只纽钟肩上有两只背对的鸟形。"五行"中南方属阳，同时其代表兽为阳鸟类，这只纽钟不仅肩有鸟形，且身上有日纹，而且均为"螺日"之纹。钟上既有神鸟又有螺日，象征并标志南方的两个重要因素都存在，因而，我们可以毫不犹豫地将它视为"南方阳鸟"之神器象征。

现在还剩下两只纽钟。尽管四只纽钟两侧均有"扉棱"，甚至这些扉棱本质上都代表北方水祖之神，但其中三只纽钟的扉棱已经风格化了，形在似与不似之间，淡化为一种母题性的象征。唯有一件略小一些的纽钟的扉棱呈非常写实的鱼尾状，表明它是为了象征一种鱼类水物之神 —— 这就是北方水神的象征。其身上也有放射形日纹和螺日纹，是因为古人知道，古传的四方神灵本质上都是太阳神的裂变，均为太阳神一族，只是由于分工职能不同，各自把守天区一方，为了适应"五行"天区分布的属性而拥有了各自的变相而已。

现在还剩下东方神器空缺，而纽钟也剩下一只。此纽钟身纹比较单纯，就是几个内有"三臂"呈螺旋状的太阳和密集的星辰。当我们知道了东方最大的特点就是古人们天天都能见到并被视为最大天神的太阳，就会毫不犹豫地通知东方的主神伏羲前来认领这件纽钟。这一件就是代表东方太阳及其阳属的神器。

如此，我们依照纽钟身上的身纹表达，有理有据地将它们物归原主，同时也看到这里有一组古代完整的四方祭器。由此可以肯定，此三坑中出土的器物为一套傩祭祖器。

尽管在西周以后，特别是秦汉以后中原古人的墓葬中往往刻有"四灵"图腾，用以象征微形宇宙中心，且在汉以后传成定制，但从未见过敢在纽钟上刻画四灵用于陪葬的现象。同时，茂汶地区战国时期的经济情况，也根本不可能为一个个人制作如此贵重的陪葬品，除了没有如此之多剩余价值外，更因为这是一个大型的象征宇宙中心圣地的组器，在笃信神明的时代，特别是在羌区，任何自然人也不敢如此大胆，也享用不起。因为这样做会得罪神灵，不仅会导致墓主死后灵魂得不到正常的归宿，其子孙后代也会遭到报应。

钟的功用就是挂在空中，或让风吹动，或用人击，发出震天的鸣响。华夏民族传承的早期祭俗中，都有在钟上刻画图腾的传俗，以将其鸣响拟作各类图腾的怒吼，用以驱吓鬼怪，同时提醒各方神灵前来助佑。西南地区的古人在铜鼓上刻画图腾，也是此意。如果把它埋在地下，无风动人击，便发挥不了这个作用。如此，又何必将陪葬器做成钟形呢？中原墓葬中出土的四灵，多在墓室四壁，并严格按照"五行"规制而布。即使有增添的四灵图腾，也多为陶俑或青铜、玉制作的立体物形，没有在钟、铃之上刻画图腾陪葬之习。

如果说前述分析还不足以证明这一组纽钟上的图案就是古传的"四灵"，因此还不能确定它们就是"五行傩祭"之四方神灵之象征，那么，在中国同期遗址中，唯在此地出土的另一件器物，似乎可以作为补充。这件器物就是考古学已为其定名的"动物牌饰"（见图68）。此牌饰为青铜制，高13.5厘米、宽12.7厘米。原报告对上面的纹饰这样表述："牌若有柄，扇形。短柄，牌饰如

倒风字形。周边饰小乳丁，顶上
雕 8 只相对而立的禽鸟。牌饰内
分 3 层雕饰动物，依次为鹿、虎、
蛇，每层动物间以同心圆泡为
格。"这件牌饰上的动物类形，考
古工作者认识正确，但定名为"动
物牌饰"，似有不妥，导致了我们
对此牌认识的距离。如果定名为
"青铜图腾牌"，就更准确也更亲
近了。因为它上面的图腾，又正
好是"五行"系统中的"四灵"。

图 68　牟托沟器物坑出土的
动物图腾牌饰

不仅如此，其中还有隐藏的信息和过去不见的布构。

此牌以鸟、鹿、虎、蛇及日纹，表示"五行"中的五方神灵，
与前述的"五灵"有少数不一致，这是为何？下面分析。

最上一排的"鸟"，为南方神兽，性属阳，在这里代表南方神
灵，不必多言。

第三排的白虎代表西方神灵，也不必多说。但有人认为这一
排动物是狗，也是一样的。因为狗为西方规制的祭牺，因而古传
有"天狗"一说。而专祭之牺与祭主可相互替代。

白虎下面的一排同心圆日纹代表最高中央神灵图腾太阳神，
当是无疑。

最下面的一排蛇，代表北方水神，也顺理成章，因为华夏古
传的北方水神，多由龟、蛇、鱼代表。

此牌上立鸟下盘蛇的布局，也为南（阳）、北（阴）布局，包
含着天地阴阳诸神集于一体之意。

牌中空隙处点缀的"乳丁纹"实为星辰，用于泛泛表示尚未
雕铸于牌上的其他星神。

　　现在剩下的就是没有东方图腾，而牌上也还剩下一类动物：鹿。难道此牌上的鹿代表东方图腾？正是。

　　原始时期的人类均以鹿作图腾。鹿早期有多称，后来逐渐转称为"麒麟"，麒麟就是华夏"五灵"之一。所谓麒麟，早期传为"独角兽"，是天神的臣子，往往充当人类族团中的法官。当一个案子难以明断时，就用这个独角兽来判断，它用独角触到谁，谁就有罪。由于独角兽难觅，古人就用羊锯掉一角来替代，久而久之就将这类神羊称作"灵羊"。西藏高原的"羚羊"就有别名"独角兽"，其"羚羊"一称也当为"灵羊"。这一灵羊系统文化也是华夏民族早期的共同文化源头，华夏民族从古至今一直沿用。由于此羊有神奇的判案能力，又为天臣，故而古人将其尊称"奇灵"，后来文字产生，专字"麒麟"以称。

　　因此，早期的鹿与独角的羊混合后的神兽，往往是祭祀东方太阳神之牺牲。早期古人生活在草原地带，多用鹿和羊祭东方，并逐渐将此两类神兽上升为亚级图腾。后来，进入农耕地区，难以寻鹿，多用"羊"祭东方，并成为定制。由于用羊祭东方，羊又代表东方的太阳，因而太阳早期本称"螺、华、日"等，（"鹿"字之音恐就来自祭东方的"螺日"之音的借度。）后来演称了"太阳（羊）"。

　　不过，从牟托沟器物坑中出土的整套器物来看，明显地受到中原文化因素的影响，而中原文化在西周之后，鹿作为东方神兽代表的习惯已淡化，但仍作为图腾之一下传。当时流行的四灵中，本该出现鹿的位置上早已由羊替代。同期的中原也没出现过同类器物。但牟托一地又出现了鹿替羊位，并标示为东方图腾，说明牟托一地的羌人一边借鉴了中原的祭俗，一边修改并加入了自己的图腾。因为这一地区的藏羌（原始土著羌人）两族一直坚持祖承的崇鹿之习，所以根据自己的祖俗，还原了早期的神鹿图腾，

用以代表东方。

此图腾牌上又再次出现"五行傩祭"之图腾，可作前述"纽钟"上为一组傩祭图腾的补充。虽然它们重复出现，但由于是出现在不同场合，有不同的作用，因而并不重复。

此图腾牌做得如此小巧，相当于一个人的手掌大。它为什么做这么小？又为何用？

此牌的内容虽然集纳了天地阴阳诸神，制成了一个象征性的重大法器，但其大小和使用操作方式却受到巴人文化的影响。当时（战国时期）的成都平原已是开明王朝的天下，流行巴、蜀两族图腾文化。可能牟托地区的羌人经常到成都平原观光，发现了巴人神崇的图腾母题，受到启发故而借用其理念，又加以丰富制成此器。

巴人的青铜器上多用几类图腾充作巴族的母题，一类是虎，一类是鳖，一类是"巴掌"。四川有很多方言区别于其他地区，其中就有此俗。其他地区的人都把手称"手掌"唯有四川人将手称"巴掌"，就源于巴人青铜武器上的一类图符。此符为一只直立的手掌，五指及腕都清楚可见，掌旁边有一蛇头（见后面图 84）。蛇亦为巴人早期图腾，其族号"巴"就是证明，蛇早期就称"巴"，被视为龙蛇类最高神灵。巴人这类图符，在手掌边加以蛇头表示，就是借用蛇（巴）的神力和人类通常用"掌"拒敌的做法，故称"巴掌"。巴人将此图符标于青铜戈类武器上，早期用于驱赶鬼怪（巴人有浓郁的尚鬼之俗），后来用作人类战争武器，实际上也是借用"巴蛇"之神力拒敌。

牟托的古人发现了巴人的"巴掌"图腾，并加以丰富，制成这样一个图腾神牌，将天地神明都集于一牌。此器的内涵十分巨大，有日纹与四灵，就是一个浓缩的天地宇宙中心，具有无限大的神力，按理应当做得很大，至少应比纽钟大，但却只做了"巴掌"大小。推想使用时也是握在掌中,用以驱鬼。

这个图腾牌又被制成"倒风字"形,也有说法。古人认为神明就是借助于风在天空中飞行,同时借助风将震耳的雷鸣和神力传入远方。这个风便被赋予了神力。甲骨文中有"帝使风"之句,学者们认为,就是指天神利用风(凤)传导自己的神力之意。在中原地区,无形的风后来转化成有形的"凤",并同样崇为图腾,也是源于这一认识。牌成"风"形,正是为了与神明一样,借助风力将牌上的一组图腾所发出的巨大神力传向远方,横扫每一个角落,将躲在地下、洞中任何角落里的鬼怪全部驱走或消灭!

如果再联系同坑出土的青铜戈上也有虎、鸟、蛇等其他图腾(见图69),可以肯定,牟托沟这一祭祀中心也长期流行驱鬼之举!

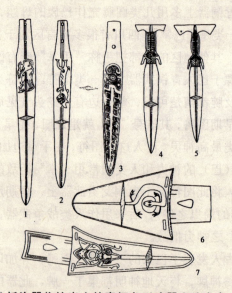

图 69　牟托沟器物坑出土的青铜戈形武器上均有鸟、虎图腾

由于在这组器物中同时发现了典型的中原风格的"与子鼎"

（见图 70），上面不仅有汉字，而且发掘报告认为"铭文鼎铭文书体及行文的特征也为典型的中原春秋中晚期风格"。因而学者们认为："这个古国与中原周王朝有过交往，得到过封赐。"同时发现这组青铜器中有不少呈典型的周代风格，但制作粗陋原始，认为这批器物是仿造中原风格之器，在蜀地自制的，因而表现出"文化滞后"的现象，"时代明显晚于中原"。

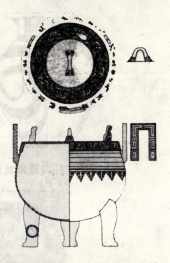

图70　牟托沟器物坑出土的铭文"与子鼎"器

　　学者们这一推断有可信度，事实可能正是这样。不过，这组器物有可能是战国早、中期制作的，因为器中有中原春秋中晚期的样品，蜀人又是借助这些样品在稍后一些时候自制，而制作这批器不仅需要青铜，而且还有技术的学习与积累，因而最早也在战国早、中期制作。联系整个蜀地的青铜出现的时期，更大的可能是战国中期制作的。因为蜀地的青铜时代最早也不超过战国早期。同时，其中不仅借鉴有开明（巴人）王朝的祭俗，也出土了战国晚期在那一地区流行的典型羌人陶器双耳罐（见图 71）。这个双耳罐形制和罐腹勾"螺纹"的典型特征，是我们认识羌人文化的最佳捷径。因为它在各民族的陶器中，是最有特点的器物之一。特别是在罐身勾"螺纹"的做法，我们在同期的羌人居地也有见到。笔者就在汶川桃坪羌族博物馆中见到过（见图 72）。罐身上的"螺纹"，就可能来自西周以后中原"螺日"文化的影响，以此纹象征"螺形太阳神"，标示于器身用于祭日；或者标示于生活用具以示吉祥，得到"螺日"神明的保护。

图 71　牟托沟器物坑出土的典型的战国晚期羌人陶器

图 72　理县桃坪羌族民族博物馆收藏的腹有螺日纹之双耳罐

　　考古工作者将此组器物视为专用于陪葬的明器，似有不妥。前面已分析，谁也不敢将天神之器用于人类陪葬。那么，它们又为什么要埋于坑中，且有假做的"空墓室"呢？

　　请注意一个事实：学者们在对这组器物的考证中，暗示了考证此坑群及器物可能制造于战国中、晚期，因为出土的"暗旋涡纹乳丁罐与茂县撮箕山战国中晚期石棺葬所出同类陶罐一致"。其实，这一认识又有不妥。由于考古工作者一开始就把这批器物视为"陪葬物"，因而往往以最晚出现的器物来比照，并以此器物出现时期当作全部器物出现的时期 —— 因为这组器物是专门为陪葬而制，制造完后就"陪葬下坑"，当然会是同期。（其误识与对三星堆器物坑的误识惊人一致。）然而，由于这组坑群不是陪葬坑，坑中器物也不是专用于陪葬的器物，这一认识就需改变了。

198

　　至于坑群中同时发现了一座空墓室，里面没有人体尸骨，仅在人双臂的位子上放有一对铜护臂，假拟人形，同时在墓室中置放一大组器物。这一做法，大概正是为所祭的天神准备的休息宫殿。因为人们要放弃这座地面上的神人沟通的圣城宫殿，只能在地下为过去佑护过本族的神灵偶尔再来光顾时，安置一个下榻之所。墓室内设置的与当地人类不同的葬具，也说明了这一目的。墓室底板上有一个较大的方孔，考古报告解释是，墓主可能是阵亡者，尸体未能运回，为让死者的魂魄归来，而造此墓。

　　从墓室的造型上看，也为天车之型，墓室为斗状，顶盖七块石板象征北斗七星，整体为古传的黄帝乘坐的天车。汉代还有"斗为帝车"的砖画，此墓如此神圣构形，当不是葬人的，而是留给天神使用的。

　　如果真的是为人预留的墓室，应当出现当地流行的葬人之俗，但墓中不是当地通行的葬俗。同时，任何人的灵魂也不敢进入这座专为神明建造的地下圣庙中来，只有神明才有这个资格。况且，按古代传俗，人的灵魂只会从墓室中升天，因而留孔应在墓室上部，以方便墓主灵魂出墓后就青云直上九天。此孔留在墓底，人的灵魂既进不去，也出不来，只有天神才有这个本领，因为天神可能从天空和地下任何一个地方进入墓室休息。从此洞专留于墓底垫板来看，可能有留孔给地神、母神的趋向。因为古羌人中流行崇拜母神，也即"螺母"。此俗来自古老的母系社会残留。傩祭中的大主角也是"螺母"，即螺日母神。

　　前面已提到，今汶川一地在晋代曾恢复古名"广阳"，而广阳就是"傩都"、"广（黄、皇）都"的另称，并在春秋战国之后，流行于蜀地。一个落后偏僻的汶川小镇，何以敢在战国时期斗胆称"广阳"？恐怕正是因为早期的松潘"罗都"后来逐渐南移，最后迁至汶川一地的原因。牟托沟出土的这组器物就是最好的说

199

明！而且可以认为，战国时期的汶川广阳中心，就在牟托沟这组器物不远的地方。不仅就在坑群地还存有"积石冢"——这是典型的祭祀中心的标示，而且牟托沟旁边还有两个至今尚存的灿烂发光的地名：罗山、萝卜寨。"萝卜"何以称寨，恐怕是恢复了早期将"螺日太阳神"视为"母神"，后来简化成"螺母"，便用"螺母"一名命了圣地地名之故。（有关"螺母"之神就是产生于母系社会的"螺日"另称，笔者已另有书专述。）因为只有这样的圣地才配以"螺母"相称（如三星堆才配称"螺都"一样）。而这样的圣地必以"螺"、"阳"、"广"等圣名相称。一击即碎的"萝卜"怎承受得了如此之大的圣名？当是后传误记为"萝卜寨"了。

如此，这组器物综合来看，当制作于战国中期偏早，而放弃下埋于战国晚期——与金沙圣城同期先后放弃。所以器中有战国晚期流行的典型的羌人陶罐。

秦人入蜀之后，虽以战胜者姿态出现，但毕竟是来到了一个异国异族之地，经常遭受当地游击队的袭击，秦、蜀两族对立非常强烈。在这种情况下，秦人必须采取军事管制（事实上也是这样），并且会尽最大努力消除隐患。秦人不仅会注意成都平原的反秦情绪，同时也会注意到蜀人的老根据地岷江河谷。平原的蜀人虽已掀不起什么大风浪，但难以经常光顾的山沟中，如果仍有不死心的蜀人拉帮结派，培育党羽，最后集结力量，杀向平原，也会导致秦人的难堪。因而，秦人同样会在压平了平原蜀人的怒气后，扫荡周围的山谷。而汶川牟托对古人而言离成都平原很近，肯定会是清扫的地区之一。古人的祭祀中心存在，就表明本族的核心存在，具有极大的核心凝聚力，且往往是反抗侵略者的集会中心，也是对秦人的最大威胁。因而，牟托的"广阳（都）"中心肯定是秦人扫荡的重要目标之一。也正因此，牟托古人必须自动放弃这个中心。

金沙遗址的放弃，是在秦人马蹄的追逐下，在非常紧迫的时间下放弃的，所以整个圣庙一片混乱，以至狼狈。而牟托的"广都"应当是在得到情报或听闻秦人要入山扫荡后放弃的，因而有充分的时间打造坑室，注重下埋的仪式，所以坑室中的器物有不少置放规整。但从3号坑浅埋无制的现象上，也能看出牟托人的绝望和无奈。

金沙圣庙的放弃，导致了蜀王被杀、蜀国灭亡的惨局。牟托人必须接受这个教训。为了保护族人不被屠杀，为了表面上做到归顺秦人的统治，他们也不得不自己动手含泪掩埋了自己的圣庙中心。其时当在金沙圣庙放弃后几个月或1年之内，因为秦人的耐心也是有限的。同时坑中出土的陶罐形制和纹饰与另墓中战国晚期的陶罐一致，也是有力的证据。

牟托沟坑群器物中还有大量的信息，将在后续著述中逐步介绍。

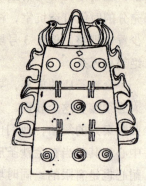

第六章

邛州出铜

——兼释古蜀青铜时代

　　青铜器需要青铜制作。成都平原及岷山山脉均无铜矿，只有古称的邛都即今称的凉山州地区有大量的铜矿。春秋时期，迁到邛地的羌人发现了铜矿，建立了邛都。并开始利用青铜，由此影响了云南、贵州、四川等地青铜时代的兴起。后被开明王朝知道，遂邀请邛人入蜀并带来了青铜料，浇铸了金沙圣庙的青铜器和各类青铜器。大量的邛都冶铜人涌进蜀地，形成一座人聚中心，取名"邛崃"，就是从邛都来的冶铜人之意。这个"铜邑"一直存在，不断为蜀人打造各类青铜器，直到秦人入蜀。

蜀地战国时期发现青铜

　　四川近年发现的两个重大遗址：三星堆和金沙，均出土了不少的青铜器，导致一些学者盲目地认为，四川在史前就进入了青铜时代，并由此产生更多虚幻的推想。其识多误。为了说明蜀地青铜时代及金沙遗址的青铜来源，这里略略展开一下。

　　一个遗址所出的青铜制品，如果量大且时间处于较早时期，那么要弄明白它们的来源，恐怕其中最重要的问题之一，就是找到铜矿的来源和技术来源。因为并不等于发现了铜矿山崖，就进入了青铜时代。应当是不仅发现了而且利用了铜矿制器，才能有较充分的说服力。因为铜矿是自然发生的，它在若干万年前就存在于地球上了，只有人类开采并利用它，才有讨论的价值。

　　三星堆发现的青铜器，不仅个头大而且技术高精，又是目前四川境内发现的最早的青铜器。许多学者简单地认为，这些青铜器就是蜀人在四川广汉自铸的。但却因此带来了许多无法解决的矛盾：

　　1. 广汉位处成都平原腹地，并无铜矿；向西接近岷山的地方，直到近现代才发现很小型的铜矿，明清以前，都不曾有记，可见其发现的时间很晚，而且没有任何证据表明广汉土著商代晚期在此地开采过铜矿。

　　2. 任何一项技术都有一个从原始到成熟的过程。这个过程也会由不同时期的产品表现出来，并遗落在遗址上被人们发现，从而看到它们的技术积累过程。三星堆出土的整套青铜器都在同一个成熟的技术平面上，遗址上没有发现任何技术积累过程中遗落的原始时期的产品。这些精美的青铜器的技术积累至少需要数百年甚至数千年，那么蜀人又在哪里完成的这一技术积累过程呢？也就是说，蜀地更早时期青铜文化的源头又在哪里呢？

3. 三星堆出土的近500件青铜器，件件都是独品。古人制造青铜器与今人一样，都是加热融化后浇铸。这就需要若干套模具。这些模具只能用石或陶做，这两样质材在地下置万年也不会消失。即使平均按每五套模具成功一器来计算，当时至少也需做2000～3000套模具。如此之多的石、陶模具废弃在三星堆，可以把整个遗址铺上厚厚的一层，可是迄今一片也没有找到。

此认识还有许多无法圆说之处，此处暂略。

笔者在已出的著述中有过细致分析，认为三星堆出土的青铜器来自前述的有缗·蜀族携带入蜀。当时四川只有这唯一的一套青铜器。蜀地当时均为土著，根本无力制造青铜器，也没有流行青铜文化。否则，蜀地青铜时代便会在三星堆青铜器出现的同时兴起，并会在蜀地同期多处遗址中发现大量的同类或同一文化系统的青铜器。

事实正相反。蜀地迄今没有在其他遗址上发现与三星堆同期的青铜器，更找不到三星堆青铜文化的源头（如果有，蜀地的青铜时代比中原还早一些），甚至没有发现过春秋时代以前的青铜器。（金沙的青铜被标示为"商代晚期至西周早期"是人为因素，它们实际上不超过战国初期。）即使按现在三星堆博物馆对外介绍的这组青铜器制造于"商代晚期至西周早期"的观点，也难以圆说。因为在同期以至数百年后的时间中，并没有延续青铜文化，更没有出现应当出现的青铜时代！恰恰相反，在几百年后才再次在金沙遗址出现的青铜器，反而比三星堆时期的青铜技术落后！

按一般逻辑而言，越晚出现的制品，技术应越进步，这里却是反逻辑现象，这是为什么？

只能有一个解释：三星堆青铜器来自外地带入。金沙遗址的青铜器才是蜀人在蜀地制造的第一批青铜器，因而原始粗陋。

下面我们一边结合金沙遗址的青铜器及蜀史中的现象，一边寻找金沙青铜器的铜矿来源。

首先，我们回顾一下前面提到的开明王朝为什么要等到"五世"才迁入金沙成都。按理，开明王朝一旦兴立，就会首先营建圣庙，以求神助，同时以"都"沟通天地和统领族人，这也是祖俗。《礼记·曲礼》云："君子将营宫室，宗庙为先。"尽管开明王朝是望帝杜宇在"郫"禅让的情况下建立的，但毕竟是一代王朝的创立，所以必会新建都城。而且会在开明一世开始建造金沙都城。土木建筑对于古人而言，并不困难，即使最慢，也会在开明二世建好金沙圣庙。但开明王朝为何不迁入新建圣庙中办公呢？这就涉及到了青铜的问题。

一座空庙中如果没有神像，就不能算作神堂。反之，如果没有正规的庙宇，只要有神像或重器，也可以与天沟通，成为象征性祭祀中心，这样的情况在人类史上数不尽数。

当然，神像可以由玉、木、石等材质制造，甚至泥塑。但由于开明王朝承继蜀俗，而蜀人先祖建于蜀地的圣庙中（三星堆雒城），多为青铜神像，这一祖俗是不能改变的，必须严格承继。因为蜀族已认定只有青铜才能制作神祖之像，神们也早已认同此举。因而，只有用青铜按祖俗制神像，才会受到神祖保佑。但当时的蜀人族众主要集中在岷山下的"郫"邑一带，这一带根本没有铜矿。虽然金沙成都的圣庙框架已经建成，由于没有青铜神像，也无法"开光"。可以推想，蜀族此时开始有意识地在蜀地寻找铜矿，以便使新建都城早日开业。

　　然而，铜矿并不好找，特别是埋在地下的铜矿，古人没有探测设备，根本无法知道地表以下的铜矿。即使铜矿表面只有几十厘米厚的覆盖，他们也无法得知。如果有露天铜矿，他们或许会发现。但蜀中平原及岷山山脉并无露天铜矿。

　　可以推想，寻找铜矿的时间大约花了几代人近一二百年的时间，金沙圣庙的木构建筑也只有闲置了同样长的时间。直到一支蜀人迁入邛都（今西昌地区），铜矿才被发现。

　　有关古文献及考古学上对"邛州出铜"的传记，这里略略展开一下。

　　《蜀志》、《汉书·地理志》等诸多文献都有"邛都南山出铜"的记载。经近代学者考证，所谓"邛都南山"就是今天的螺髻山。今天也早已发现西昌周围及以南的攀枝花有丰富的各类金属矿，特别是铜矿。因而，今天的攀枝花已成为中国的大型矿山。

　　然而，这一地区的早期采矿情况又如何，能否与前述的金沙圣庙中的青铜器相应合？

　　考古工作者十几年前，首先在那一地区发现了"东坪汉代冶铜铸币遗址"，遗址位于距西昌市约31公里处的黄联镇东坪村，总面积16万平方米。遗址上炉渣遍地，成片的红烧土、木炭、耐火砖，东汉"五铢"铜范母、石质铜刀范、各种铜矿石标本等，还发现了10余座残存的炼炉。因而，可以肯定，这是一处汉代的大型冶铜铸币遗址。而汉代的冶铸有一个习惯，就是通常在矿山附近办厂浇铸。两者相互印证：此地有铜矿矿山。

　　但汉代的铸铜遗址还不能说明汉代以前这里是否有采矿冶铸的遗存。矿山及冶铜遗址上的遗留如果没有明确的时代特征，就很难判断这些遗址的年代，但人们仍然在这一地区发现了有关遗迹。

　　刘世旭在《汉"邛都南山出铜"地考》一文中引用了一些地

质勘察情况,这里扼要摘录:"据四川省攀西地质大队的多年调查,在东坪遗址以东的20多公里处的标水堰下,不但蕴藏着极为丰富的以铜矿为主的多金属伴生矿,而且至今还有历代开采的废弃的'老矿硐46个',例如,该大队五队的《1987年度地质工作报告》曾明确指出:古螺髻山脉的标水堰下,有一处长600米、宽20~40米(最大宽度为100米)的矿化带。所见矿物有斑铜矿、辉铜矿、黄铜矿、蓝铜矿、孔雀石、金和铅锌矿、银矿等。除此外,在遗址东北20余公里处的今西昌市西溪乡的螺山中也发现了类似铜矿和'老矿硐'。虽然,该报告中所提到的'老矿硐'的时代还有待于进一步查证落实,但其中定有汉代者无疑。"

文中意在证明邛都一地汉代肯定已有铸铜业,但却甚为小心,未能继续向前追溯。因为现代勘探出这一地区仍有矿化带及其历史上留下的"老矿硐"。我们有理由认为,此地的采矿应当至少始于汉代以前!其中部分的"老矿硐"就有可能出于春秋末至战国时期。因为如果放弃了在邛都寻找蜀地最早的青铜来源,就基本上阻死了寻找蜀地早期铜矿来源之路。因为这一地区,包括会理、盐源等地,早已发现了制作于战国至汉代的各类丰富的青铜器。有关此地这一时期青铜器,将在下一节中专述。

邛都中心及周围地区,不仅有着丰富的铜矿矿山,并发现有战国至汉代的丰富的青铜器。同时,人们也在这时发现了正宗的蜀人文化遗留。

首先,"邛都"一名就不能不让人怀疑,这不是现今彝人的地名。《汉书·地理志》已有"邛都南山出铜"的记载。就是说,"邛都"一名至少在汉代以前,就出现在西昌地区,前面已述,以"都"为聚地中心的传俗,自有缙·蜀族带入四川后,就在蜀地广泛兴起,且成为蜀国和后来承继蜀俗的巴人的独特文化(相对于当地的其他土著而言)。因此,这个"都"名肯定来自迁至此地的蜀人

207

所取。而"邛"实际上应当为"穹",即"天穹"之意。此为古羌习俗,为了能与天神同在,古羌人甚至将自己的碉楼也取名"穹隆"(今有人译为"穹庐"),就是希望与天神近距离邻居之意。因而,"邛都"实当为"穹都",也即古羌人流行的正宗统治中心和圣地中心之名。

其次,人们在古邛都地区发现了正统的羌人文化遗留,特别是在会东、会理、盐源等地发现了无可争议的羌文化遗留。考古学在盐源地区战国至汉代的墓葬中,发现了同期流行羌区的"双耳灰陶罐"(见图73、74)。这种形制的陶罐为羌人的典型器物,特别是罐身上的双螺纹图案,为独特的羌人器纹,不见于其他民族。此罐我们前面已经介绍过,它多出土于岷江上游茂汶一带的羌人墓葬中。当地考古学在分析这些陶罐的结语时也认为,此类陶罐"与四川茂县撮箕山战国晚期石棺葬中出土的同类陶罐一致,其在陶罐腹部饰漩涡纹的做法也见于茂县城关春秋战国之际石棺葬中出土的1式双耳罐。"今天又在邛都地区发现同类陶器出于战国至汉代的墓葬中,说明邛都地区至少在战国时期为蜀族的聚地无疑。

图73　邛都(凉山州)地区战国至 图74　四川大学博物馆收藏的秦
　　　汉墓中出土的双耳灰陶罐　　　　汉时代羌人墓出土的双耳灰陶罐

再次,考古工作者同时在邛都地区特别是盐源、会东地区发现了战国至汉代的负载着正宗的蜀族系统文化的青铜器。前面已经介

绍过，会理出土的铜鼓面上，有着与金沙出土的金质螺日构形一致的"四鸟朝日"图案，引起了我们将金沙与邛都古文化相联系的注意。由于会理一地紧靠云南，一方面受到云贵地区古代铜鼓文化的影响，一方面传承着蜀族的文化，往往将两个系统的图腾合在一器上，因而我们才见到了在铜鼓上铸"四鸟朝日"的现象。

盐源地区还出土了大量的负载蜀族祭祀文化的扶桑树、铜戈等系统青铜器，将在下一节专讲。

然后，那一地区的地面上，迄今还留有明显的傩祭文化特征的地名，几乎布满了整个地区。会东和会理最南部，紧邻云南的边界上均有"三台"地名，地名处肯定有"三台"实物。"三台"就是傩祭的核心祭台，用于祭祀天、地、人。三星堆故城中心的"一字形"祭台，就是这样的"三台"。只有三星堆及羌夏后裔才会有这样的文化承继。分迁出去的后裔必会在新迁地筑建"三台"，沟通天地，承继祖俗。蜀中平原古有无数这样的"三台"，迄今尚存近百处"三台"地名。

同时，与"三台"傩祭有关的大量的"洛"、"罗"地名迄今仍残留在那里，如"洛乌"、"洛呷"、"波洛"、"依洛"、"罗古"、"罗河"等等，几乎一半以上的地名中有"罗"。特别精彩的是，还有非常直接的"罗木"地名，实际上就是"螺母"，也即"螺日女神"矣！其地的"罗"名组合和音韵结构与迄今留在岷江河谷黑水流域一带的地名非常相似相近，明显为同一文化系统。

还有一个更精彩的地名"抓罗沟"，也出现在盐源地区。前面有述，傩俗中有驱赶"傩鬼"之仪，且往往在河边，并最终要将如一团火焰般的旱魃赶入河中。因而，古代驱傩，特别是游迁到边远地区的村寨式驱鬼，多在村旁的河坝进行。其中就有"驱傩"、"抓傩（罗）"的情节。但在四川及傩仪流行的地区，很少保留有如此正宗的傩仪俗名了，但我们却在盐源地区发现了这一早期流行于中原，后来又在蜀地平原兴起的傩仪活动中最典型的情节并以地名记录下来。包括那里的"大凉山"，也可能应为"大罗山"，其"泸沽湖"也当为"乐歌湖"，才更显正宗。

有关古蜀人南迁，终至云南一地的情况，也有史传。《史记正义》引《晋记》说："蚕丛国破，子孙居姚嶲等处。"这里所说的"蚕丛"，就是指"蚕虫氏"，也即蜀族。蜀族后裔南迁，至云南及越南等地，并不是因为"国破"。即使不国破，蜀族治蜀几千年，繁衍的后代，蜀地平原也远远盛装不下，必然会外迁。而大规模的外迁事件可能正是来自蜀族参加伐纣战争导致的。平原中心城邑的老弱妇幼可以迁入岷江河谷，而更远一些地区的蜀人，只有向更远的山地迁徙。

引文中认为外迁的"蜀"族子孙居"姚"、"嶲"处，此说有理。现在云南大理市东部还有两个县名"大姚"、"姚安"，有学者认为，这就是引文中说的蜀人后裔所迁的"姚"地。同时，紧邻此地的四川境内的凉山州地区，秦汉时期称"越嶲郡"，早期就称"嶲"。有学者认为，越嶲郡中的"嶲"，就是前述引文中所指的"嶲"。此说有理。"姚"、"嶲"两地不仅近邻，最重要的是，考古工作者就在这两处地区发现了春秋战国时期的与蜀文化系统一致的大量遗留。出土的陶器烧制方式和形制，带有深厚的羌族文化烙印，特别是出土了一种羌区多出的典型的双耳罐，以及众多的"石棺葬"，还有包含着深层蜀祖文化的青铜组器等。

还有迄今在那一地区尚存的地名，也多有以"罗"为名者，特别是就在大姚县境内东北方，迄今还有一个"三台"地名。"三台"就是蜀人承继的祭祀天地人的中心，为独特的夏、蜀文化独有。它以无可辩驳的事实，证明了这一地区曾为古蜀后裔迁地。

而"姚"、"嶲"两地的地理位置，在今凉山州的更南方，远

远超越了凉山州地境，那么，凉山州地区在当时更易成为蜀人的迁地。

事实上，大约在春秋末战国初，这一地区曾有一个以青铜为载体的"青铜文化区"。其覆盖地正好以"邛都"为中心，覆盖了周围的大片地区。这一点后面详述。

总之，可以肯定的是，邛都地区在汉代以前尚为蜀人的地盘，至少以蜀人为主体，杂以巴、濮等族的少量散族。彝族人大约在汉代以后才从金沙江上游逐步迁至这一地区。

这一切都说明，邛都地区在战国时期至汉代还不是彝族人的祖地，而是蜀羌人的地盘（当地考古发现也证明了这一点。许多学者也有共识），他们于战国前后迁到邛都，以"都"为中心名，并在当地大兴傩仪，以至发现了大量的铜矿。

盐源的青铜扶桑树

凉山州地区的考古工作者不久前在盐源地区发现了许多青铜器，部分为发掘出土，部分来自被盗古墓中的器物散失民间后来收集而得。这些青铜器种类丰富，数量也不少，大概正是因为此地有丰富的铜料，才会出现这么多的青铜器。

其中有一类青铜器，当地学者为其定名"枝形器"和"杖头"。因为器形像树枝，也有的确实像手杖端部的组合件。但经笔者认真研究分析，发现它们是非常明显的"扶桑树"。并有几期逐步简化之形，因而在这里略作分析。因为这里出现了与三星堆文化惊人一致的"扶桑树"，会更为有力地支持金沙圣庙中的青铜料来自邛都。

图75 三星堆出土的
青铜扶桑树

三星堆青铜组器中，也出土了一棵高大的青铜扶桑树（见图75），总高3.96米，构形为一棵立体的风格化树形，树干上分三层，每层有三根树枝伸出，树枝呈半圆弧隆起，每根树枝圆弧顶端立有一只青铜鸟。学者们均认为，这就是华夏民族古传的昆仑神话中的经典故事"后羿射日"中的扶桑树。树上的鸟表达的就是太阳。

有关扶桑树的神话传说很多，散见诸多文献和浮雕图记。这里省引两则：

《山海经·海外东经》："汤谷上有扶桑，十日所浴，……居水中，有大木，九日居下枝，一日居上枝。"

《山海经·大荒东经》："汤谷上有扶木，一日方至，一日方出，皆载于乌。"

综合各文献和传说，有关"扶桑树"的故事是这样的：远古时期，在海内东方，有一棵巨大的树，名扶桑树。高三百里（一说高三千里），沿着这棵树可以攀登到天上去，所以又名通天神树。树上常年住着十个太阳，每天有一个太阳出去工作，其余九个在树上休息，他们轮流工作，每个太阳都由一只三足乌（鸟）托负着在天上运行。日复一日，每十天一轮。（所以国历有"十日"一旬之俗。）有一天，不知为何，十个太阳一齐飞上了天空，强烈的阳光和高温使地面干旱焦渴，晒焦了庄稼，把求雨的女巫也晒死了，导致空前大旱。民不聊生，人类苦难重重。天帝了解此情后，就派羿去帮助人类。给了他一捆白色的箭和一张金色的弓。羿来到人间后，开弓射日，一连射下九个太阳，射死了日中的三足鸟，并看见日中鸟的羽毛掉下来了。只留下了一个太阳。于是，大地又恢复了生机。这便是传至久远的中国古代神话故事"后羿射日"。"扶桑树"表现的是这个故事的前半部分。

"华"字古音读"伏"，"华、扶"相通；"华"字先秦以前又是"日"之专字，如"华山"就是太阳神山之意；"桑"实为"神"之音。藏族迄今把祈神活动叫做"煨桑"。实际上，将牺牲扔进火中，让青烟把肉味送至天神口中的行为，就是"喂神"。因而，"扶桑树"实为"华神树"，即"太阳神树"或"栖日之树"。

有学者认为，此树为"若木"。《淮南子》云："若木在建木西，末有十日，其华照下地。"也说"若木"上栖有"十日"，与扶桑树的传说完全一样。如此，两树实为同一树，是同一树的两名。否则，古传中就会出现20个太阳。"若"古音读"诺"，"若木"即"螺木"，"螺"即"螺日"的单称，"螺日树"和"华（日）神树"完全等同，都是指一棵栖有十个太阳的神树。如此，又反过来证明了"螺"即指太阳，是早期太阳的圣称。

扶桑树就是华夏古老的创世神话中的经典图腾。其中信息很多，这里只分析可对比的因素。扶桑树的主要功用就是容留太阳晚睡，其造型就是树型，栖息上面的太阳多为鸟形（也有日形，长沙马王堆出土帛画上扶桑树上的太阳即为日形）。扶桑树多用青铜制作，因为扶桑树为东方图腾，"五行中"东方属"青"。有了这几个特征，我们就可以与盐源出土的青铜"枝形器"作比较了。

盐源出土了这类"枝形器"有十几件，其中有几件被划为了"杖头"，实在有所冤枉。仅发现的这十几件"枝形器"，不仅可证为百分之一百的"扶桑树",而且还能清楚地为之分期。可能邛都的蜀人在当地接触青铜最先制造成的扶桑树就是这一类（见图76），此器以平面展开的方式，表现了一棵树，左右各排列了四个太阳，顶部为一只太阳鸟，下部树干已残，其构形与一座汉墓中的扶桑树完全一致。从其树上只有九日表达来看，与三星堆扶桑树上有九鸟（日）一致，因为"十日"中的另一日正在巡天执日。同时可反过来证明，三星堆扶桑树上也应只有九鸟，树顶虽有一点残损，但没有鸟立。盐源此形扶桑树所以被视为蜀人恢复祖传图腾时最原始的早期形态，刚接触青铜，技术原始，所以制作简单明了，也比较平面化。但是它非常朴实完整地表现了"扶桑树"的传说。而在后来的几形中，器形简化，但信息量更加丰富。

大约前述形态的扶桑树流行不久，略为简化的第二类型扶桑树又出现了（见图77），而且这一类型的扶桑树特别流行，数量也多，仅盐源当地就收集了七八棵。估计扶桑树崇拜在这一时期十分盛行。

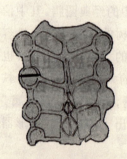

图76 盐源地区收集的
青铜扶桑树，此为早期造型

图77 盐源中期扶桑树，树上有
太阳、天马和"日御"

不过，这类扶桑树又得加以解释，此型树与早期构形不一样，它不仅有太阳，少至四只，而且多了一些内容，太阳上面还有马和人形，这是怎么回事？

华夏"昆仑神话"关于太阳从扶桑树上起程巡天，有几个版本，有鸟雀托日、神龙负日、天马载日等多个版本同时兴起于史前，并行流传。不同的民族又根据自己的理解和认同选择其中一个版本，或者在不同时期流传着不同的版本。

三星堆青铜扶桑树上，就附着一条龙形，头下尾上，顺杆而依。它就是古代与扶桑树配套传说的东方辅神"句芒"，辅佐主神伏羲，具体工作就是每天负载一只太阳出去执日。可能三星堆族铸器时，正流行神龙负日的版本。由于龙、马为同类，龙为天马的变相，也就是历史上一直传说的"龙马"，因而，扶桑树上的辅神或龙或马本质上都是一样的。《尔雅·释天》有句："龙（星）为天马。"《汉书·礼乐志》云："天马来，龙之媒。"颜师古注引应劭曰："言天马者，乃神龙之类，今天马已到，此龙必至之效也。"说天马是龙的先头部队，或变相之一，天马先到，查看虚实，龙紧随其后巡视天地。其实二者同出一源，如身体与影子。

有关龙马负日的传说一直流传，至汉代表现更盛。诸多浮雕还图记着这一远古传说（见图78）。蜀地汉代就还有不少这样的

图78　汉代浮雕《黄帝巡天图》

浮雕，主题就是"黄帝巡天"。图上可见人形化的太阳神黄帝，端坐于天车之上，前面有三只似龙似马的劳动力在天空奋蹄奔驰。还有人形的"车把式"执鞭驾车，此人便是东方之神伏羲。他的本职工作中有一项最重要的工作，就是驾驰龙马天车，陪同太阳神巡天，因而，伏羲又被别称"日御"。

盐源出现的这类青铜扶桑树，就是由减化了数量的太阳、天马和御日的车把式伏羲组成的。树上的马形站在日上，当为天马；从树上的人形手握马缰的造型中，也可以清楚地看到，这是一个正在操纵天马的人形。而古代传说的驾驭天马的神明，只有伏羲。或许这一类的扶桑树，由于简化，信息量丰富，表现准确，因而成为一种经典造型，在邛都地区定形流传了很久，直到这一祭祀淡化。或许就是秦人入蜀之后，邛都古人仍在暗地里传继祖俗。但为了避免秦人发现，而有意将一些明显的标志取掉。于是，出现了更为简化的扶桑树（见图79）。

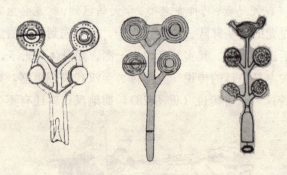

图 79　盐源发现的晚期扶桑树

这一类扶桑树可称作第三类型，它的构形更加简化，只保留了风格化的树枝和树上的太阳，太阳数量也减化为四只，甚至减化到两只，但同类器中仍有一件保留着一些原始信息。它的树枝顶部立着一只鸟，其鸟身用同心圆构成螺纹状，以表达"螺日太阳鸟"，告诉了我们邛都古人制造此器的本意和目的，它们就是早期所崇的扶桑树的简化。只不过由于简化得太厉害，体形也越来越小，导致了当地学者将其视为"杖头"之误。

考古工作者在盐源地区同时发现有铜鼓、铜铃、铜杖等典型的蜀族系统祭祀器物。其铜铃虽制作简陋原始，还有不少没有纹饰，但只要铜铃上出现纹饰，必是鸟或螺日之纹（见图80），与三星堆铜铃外饰鸟纹，及直接将铜铃铸成鸟形，其本质上完全一样，都是为了借助神鸟之鸣，镇鬼驱邪，装饰圣地。这说明两地的文化完全来自同一系统。人们在盐源发现的青铜杖，包含的信息也十分明显。其青铜杖要么浑身满饰螺纹，要么顶部上有一太阳鸟，鸟足下的挡盘上，有明显的螺旋日纹，与三星堆扶桑树上的鸟立于"螺纹花瓣"之设计如出一辙。

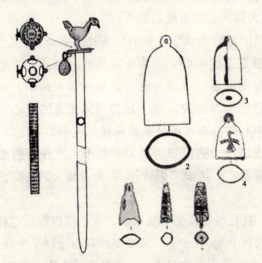

图80 盐源地区出土的青铜铃、杖等器物

同时，在杖头上饰鸟的习惯，又让我们想起了三星堆金杖和金沙出土的金带上的"鱼—鸟"图及其内含的"鲲鹏之变"故事

——如果他们不与蜀族同祖，何以有如此相近的文化系统？还有前面提到的金沙遗址中出土的青铜鸟，就卧在一根青铜树枝上，可惜已残。这只鸟非常小，长度不到 5 厘米，如果把它们放在这组青铜树上，比例正合适。可以认为，金沙圣都中当年也有一颗扶桑树，构形也为"九鸟伏树"，与三星堆的青铜树构形基本一致。

综前所述，邛都地区发现了如此大规模的与蜀族祖承祭祀文化系统一致的祭器，同时发现了现今仍留布在其地面上的大量的"傩（罗）名"和邛"都"之圣名，再联系其墓葬中出土的典型的羌人"腹部双勾螺纹"陶罐及其后来史载的诸多信息，似乎可以认为，大约在春秋末至战国初，有一支蜀羌迁到了这里，并在此建"穷都"统治中心，长期在此"行傩"，还原了一个与三星堆和金沙一样的文明中心。其"穷都"一称，与成都平原的"雒都"、"广都"实为同一文化系统的沿承。

从发现的器物为成组成套的祭天礼器来看，这里当时肯定出现过一个独立王国中心。因为家庭式或村寨式的中心不可能制作这么完整的祭器，也没有能力采掘这么多铜矿，也不敢如此大胆地将自己的村寨或家庭上升为沟通天地的中心。同时，发现的器物中有些器物也不是家族式祭祀使用的。比如"权杖"，它是一个王国权力的象征，是天神授予人王统治的象征，家庭祭祀是不需要的；再如"铜铃"，多为圣庙上的挂饰，家庭也不必有此器。

因此，从已经发现的事实来看，我们可以作出这样的推理：大约在春秋早中期，有一支三星堆蜀族后裔迁到了今凉山州地区，（邛地土著为羌系小支的观点，也早有学者论及。）并在此地定居。因为这一地区在古代是个非常有吸引力的地区，它有着两种古人追求的非常重要的自然资源：一是青铜，前面已述这一地区的丰富铜矿；二是食盐。本文介绍的"盐源"一名，就源于当地有丰

富的食盐。境内还有"盐塘"、"黑盐塘"地名，正是当年的主要产盐地。县南边的"盐边"县等，都无可辩驳地证明了这一地区古有丰富的食盐资源。也许正是因为发现此地有盐，古人们聚集在此，渐成一个贸易区，终成聚邑。

这支蜀族后裔来到之后，逐渐发现了当地的铜矿。蜀人对青铜的敏感和尊崇来自祖承。三星堆族从山东带来了青铜祖器，由于蜀地平原无铜矿，其铸铜技术就此中断。但青铜的神圣和神祖之器必用青铜制作及冶铜的方法，则一直在蜀族内部传说着。至这一支后裔突然在邛地发现了青铜矿，会幸运地认为此乃上天的赐予和安排，因而会毫不犹豫地采矿铸器，建都立朝——铜矿的出现给了他们充分的信心。因为古俗往往就是在金属矿山地建都。如拉萨就建在一座含金量较高的金矿山上，誉称"金山"。

由于当地有丰富的铜矿，铜料会源源不断地被采出，并成为当地最受尊崇的物品，甚至作为可以交换流通的一般等价物，如中原史前的"贝"那样。当然，最好的交换方法，就是将铜料铸成器，以便收藏者得到后就可以作为祭器加以利用。可以认为，尽管邛地建都，沿承蜀俗，但毕竟没有平原地区的规制严格，加上人们铸器也是为了祭祀天神，因而管理并不那么紧。于是，同形制的各类祭器开始像吉祥物那样在当地百姓中流行开来。特别是一些富贵人家为了保佑自己，会不惜重金购买祭器献给圣庙，以期天神的佑护。而在这种交换中，有两种东西和两种人的交换比较突出：一是会掘矿铸器的人；二是拥有食盐的贵族。其交换量大、交换也最频繁的就是青铜与食盐。因为这两样东西都是古人不能缺少的，前者满足精神上的需求，后者解决生理上的需要。

考古学在邛都地区发现一个奇怪的现象：邛地的铜矿大多集中在西昌以南的会理、会东地区，盐源地区铜矿很少，但今天发现的青铜器，大部分出现在盐源，产铜区的青铜器反而少于产盐区。这大概正是因为盐源有盐，人必食用，相对生命而言，青铜器可多可少、可有可无。因而，生存的需要迫使人们用青铜器去交换食盐，所以我们今天发现了"铜区器少，盐区器多"的奇怪现象。

虽然今天的凉山州地区已成了彝族人的居地，但考古工作者在那一地区发现的战国至汉的墓葬中，几乎没有彝人文化，而多为巴、濮、蜀人的遗留：西昌地区的彝语中，也多有用巴、蜀、濮人作比喻的成语。这些事实告诉我们，大约在汉代以前，凉山州一带尚为蜀、巴、濮等民族的居地，汉代以后才有彝族沿金沙江迁入，逐渐布满邛地。他族撤出或被同化，渐渐消失，形成今天的族属分布。

从目前掌握的情况来看，战国时期及其以前羌人建立的"邛都"，影响还非常大，辐射到周围广大的地区。特别是邛都出铜并用铜制祭器的习俗，震撼了周围相当广泛的地区和族属。甚至可以说，邛都建立之后，导致了这一片地区的青铜时代的兴起，并以青铜文化为载体，向周邻传播，扩大了自己的势力范围。这一大片同时兴起青铜时代的地区，包括四川南部（主要是邛都以南）、云南北部、广西东部、贵州东部的大片地区。

考古工作者近几十年在这一地区发现了数量庞大的青铜器，其时间均不超过战国时期。而且还有一个奇怪的现象，这些青铜器一出现，就负载着相当高级的青铜技术，找不到它们原始的青铜源头。虽然云南、广西均有铜矿，但如果这些地区的青铜时代源起土著，那么，肯定应当有原始青铜技术的兴起和过渡实物，然而，从未发现过这些地区的青铜技术源头，因而，可以肯定，这一地区的青铜技术和尊铜习俗，就来自邛都古人的传播。因为邛都古人是这一片青铜文化区最早触铜的人，因而邛都就是这一

片区青铜技术的源头和核心区。

云南、广西等地，虽然有着丰富的铜矿，但居住在这些地区的古人并无重铜尊铜之俗。即使他们的房子就建在铜山上，也会对铜矿漠然置之、视而不见。因为他们没有这一传俗，加上落后原始的生产力，也没有为他们提供采矿冶铜的剩余价值。一句话，对于他族土著而言，铜矿与荒山没什么两样。只有蜀人，由于有三星堆圣庙中庞大的青铜圣像，给了他们辉煌而骄傲的祖先传说，因而非常重视青铜，有着深刻的崇铜之俗和一直牢固传承的理论上的冶铜技术。当他们在邛都发现铜矿，一定会视若珍宝，并迅速投入采掘冶炼及浇铸实践。

可以肯定地说，中国西南地区的古人，只有蜀人才有祖传的青铜崇拜，也才会不惜代价采掘冶炼青铜浇铸祭器。因此，也可以肯定地说，西南地区的青铜时代由蜀人开创，并影响了整个西南地区，其中心地就是邛都。

尽管南迁进入云南、广西等地还有不少蜀人，但由于这些蜀人多为家庭式小支，且又与他族间居，没有形成大气候，而且不一定迁到了铜矿山的前面。最重要的是，这些蜀人后裔没有建都，更没有以蜀人为主体建都。因而，便没有调动大量劳动力采矿的权力。因此，开创西南地区青铜时代的桂冠，很难戴在这些散迁蜀人的头上。

但这些散迁的蜀人，仍保留着牢固的祖先崇铜的传说和信仰。一旦时机成熟，一旦青铜文化开始流行，生产力的发展又达到允许程度时，他们也会迅速响应。

考古工作者几个月前，在云南巍山马鞍山乡母古鲁村发现了一批窖藏的青铜器，有编钟、杯、人物、牛等（见图81）。经分析认为，这组青铜器"应与氐羌系统的昆明族有着直接的关系"。此结论正确。发掘者将其时代定在"不会晚于战国中期"，也有道理。

图 81　云南巍山县马鞍山乡母古鲁村出土的带有明显氏羌文化特征的
青铜牛图和青铜人像

　　从这组器物来看，有着明显的蜀族祖承文化因素。其出土的青铜牛，其实就是金沙出土的"牛头"的另一版本，也即"牛王"崇拜的图腾。特别是出土的"青铜人物"，身背饰满螺纹的绶带，着长袍，袍上底纹为方形螺纹，双手臂戴"环"，特别是双手在胸前置放的位置，均与三星堆出土的青铜伏羲像有命意上的一致。由于篇幅原因，不再作更细的分析。笔者认为，此像就是蜀羌一直传说并敬祭的伏羲大帝，因而用青铜制作。三星堆出土的青铜伏羲像，也是唯一一个最大的并以完整人形出现的神像。

　　这一组青铜器，就是迁到此地的蜀人的杰作。由于青铜技术落后，故制作技术较为原始，当为村落式中心的祭天组器。这些蜀人器物的发现，与前述的蜀人迁至"姚"地正好吻合。而巍山离姚地，还在更远的南边，今又是彝族聚地，有可能是此地彝人与已经迁入邛地的彝人交流，带回来有关青铜的信息，引发了居

住此地的蜀人的冶铜铸器之热情。由此可以看出，即使云南腹地的古人，也是蜀人最先响应青铜文化。

邛都蜀人是蜀地最幸运的蜀人，他们最先在蜀地发现铜矿，最先在蜀地冶铜，并由此开创了蜀地的青铜时代。约在稍后时期，邛都的青铜开始进入金沙圣庙，支援了金沙圣庙的建设，同时也确定了金沙青铜器可能出现的最早时间！

邛都来的冶铜人

成都平原大都为羌人，"羌"为总族号。羌人自己并不以羌相称，而往往以族号相称。

从有传说开始，"邛人"就居住在邛都，并以邛都为中心祖地。由于邛地羌人早已迁邛都，不在成都平原生活，也不在岷江河谷生活，因而在成都平原及羌族传说中没有席位。《华阳国志·蜀志》汶山郡中记，蜀地当时只有"六夷、羌胡、羌虏、白兰峒、九种之戎"，其中无"邛"号之族。这并不奇怪，因为"邛"人迁徙前的族号早已消失。在今天所能知道的传说中，他们早已被泛称"邛人"了，但这并不意味着他们不是羌人。由于邛都羌人长期居山地，其文明肯定比平原落后，而且当时的蜀人早已把邛人视为他族了。这样的土著按理是不可能进入成都平原的，因为他们不可能通过战争方式，进入成都平原腹地，在平原建营立城。古蜀史上也没有这类传说和记载。然而，自古传下的一个事实都不得不引起我们的深思。

成都平原的西南方今有一个地名"邛崃"，属今成都市管辖的一个县。其名与古"邛都"用了同一个字"邛"。而且此名自古就有，早期名叫"临邛"。

《蜀志》有句："临邛县，郡西南二百里。"说汉代就有"临邛县"之机构，并有此名。注释中说，古代的临邛县在今邛崃县治，距成都一百六十里。又释："'临邛'之名取'临近邛人'之意。"

"邛人"就是今凉山州古邛都地区的人。汉代及以前的邛崃县又名"临邛"，就是"临近邛人之意"。然而，古邛都在今西昌市境内，离成都市直线距离上千里，何以"临近"？那么，这是不是说，当年的"临邛"不远处就有"邛"之邑地？只有近邻"邛"地才可能取名"临邛"。由此可以认为，至少在汉代以前，邛崃县西南方几公里或十几公里的地方曾有邛人的聚邑，只有这样才符合史记。

综合史记来看，"临邛"与"邛崃"两名几乎同时出现，甚至从逻辑上看，后者之名还要早些。因为邛崃西南芦阳县境内的山称"邛崃山"、水称"邛"水。这正是一座古邑建立相当长时间后的残留。而"临邛"是官方的县名，是站在当时统治者的立场，在各族杂居的情况下，为了区别而取的雅名。老百姓是不会这样取名的，他们会依据一些朴素客观的事实直名。因而，"邛崃"一名肯定早出。《汉志·严道》下有句："邛崃山，邛水所出，东入青衣，有木官。"《汉志》已有邛崃山名，可见邛邑出自更早。同时，这一朴素的"邛崃"之名也道出了一个事实：此地居住着从"邛（都）"来的古人！

有关在汉代及先秦以前邛都人迁入成都平原的事实，古也有记。《蜀志》邛都县条下，引文疏释：《续汉志》刘昭注引《常志》佚文："邛人自蜀入，度此（邛崃）山，甚险难，南人毒之，故名邛崃。"这里为了解释"邛崃山"一名的来由，说古蜀人在迁至邛

地的时候，要翻越邛崃山，其山甚险，来自南方的邛都人在此山阻抗，所以名叫"邛崃山"。

这个解释让人不知所措，因为它把事实说反了。说蜀人去邛都的途中需翻越此山，故名"邛来"，这就颠倒了此名。如果是由蜀去邛，此山当名"去邛山"，但山名为"邛崃"山，"邛崃"就是"邛来"，也就是指"从邛都来的"意思。显然，此名正是因为有从邛地来的古人在此建营，才会被当地人以此准确的叙述取名"邛来"。不过，此记虽对山名解释有误，但却反应了邛地自古与蜀地有过密切交往这一事实。

落后的邛人为何要进入成都平原，每次往返都要经过几百公里的山路，而且只在一条狭窄的走廊地带往返，并且不费一兵一卒就占领了蜀中平原一块相当大的地盘？蜀人又为何不抗不拒，容忍山地的邛人长驱直入，纵深蜀人统治的腹地，甚至来到蜀人圣庙都城的近邻也不驱赶，还大大方方地赠送邛人一块良地建邑？从后来的情况看，这支邛人的队伍还不小，相当于成都平原的第二大聚邑了。

《蜀志》提到秦人入蜀后，建立了三座中心城市。一是成都，二是郫邑，三就是临邛城。成都城的建立，是作为蜀中平原最大的中心城市统治蜀人的，因为这一带是蜀地中后期的人气中心；郫邑由于是早期的蜀都中心，当时也仍是旧都中心，人聚甚众。然而，又为何要在从邛都来的邛人之地建立中心城市呢？只能有一个解释，就是当时的邛崃邑，已成人口众多的大邑，且与（金沙）成都有密切关系，所以秦人在此建中心城市，以便近距离掌控蜀人。

前面对这个不明不白的邛人队伍直入蜀都腹地中心，提出了许多疑问，却还没有提到关键所在，最关键的问题，就是下面这一个。为了较详地说明，这里摘引《蜀志》及刘琳的一段注释。

《蜀志》临邛县条下："汉文帝时，以铁铜赐侍郎邓通，通假民卓王孙，岁取千匹；故王孙累巨万（亿），邓通钱亦尽天下。"

刘琳在注中释疏：（邓通）蜀郡南安（今乐山）人，汉文帝的宠臣。汉文帝把蜀郡严道铜山（在今荥经县北三十里）赏赐给他铸钱，于是"邓氏钱布天下"，"财过王者"。《汉书·佞幸传》有传。这里说汉文帝把临邛的铁铜赐给邓通，邓通又租给卓王孙，均与《汉书》不合，疑系附会。《元和志》更推而广之，说汉文帝把严道铜山"假以卓王孙，取布千匹"，又说临邛县二里有铜官山，"邓通所封，后卓王孙买为陶铸之所"。《环宇记》、《方舆纪要》等书略同，似皆不可信。唐临邛县治即在今县城，城南二里并无山，亦不足为据。不过《新唐书·地理志》也说"临邛有铜"，不知产于何地，今邛崃一带不出铜。

精通蜀史且博学的刘琳先生，面对诸多史传"临邛有铜"但事实上邛崃并无铜山铜矿的矛盾，也感到纳闷：是史家误记，还是其中有情？甚或正是这段糊涂文字其中掩藏着一个今人不知的天大秘密？

前述的各种证据和疑问的提出，都是为了说明蜀地的青铜时代兴于何时，金沙的青铜料可能来自何处。到此，读者可能已经有些明了。下面我们就根据已有的材料作一合符逻辑的推理。

前面已述，邛都一地自古有众多矿山，并在多处露出地面，很容易被古人发现。迁入邛地的古人多为蜀羌，也即三星堆的后裔，族内一直传说着有关冶铜技术及其与祖器的关系。当他们发现青铜后，必会用于实践，承继祖俗，建都称王，不需要向任何别国学习和借鉴，因为这本来就是蜀族的祖俗。事实也证明，邛地发现的成组成套的青铜祭器，与三星堆组器为同一性质。"邛都"一名，也是正宗的蜀羌统治中心之名。从当地考古工作者认为这些青铜器制作于战国至汉，以及已在西昌铜山发现了几十个无法断代但却古远的"老矿硐"来看，邛地古人的冶铜实践大概兴起于春秋末至战国初期。也有个别学者认为兴起于春秋中晚期，但由于缺乏考古学和实物证据，暂不采取。也就是说，邛地的冶铜业的出现，就是古蜀自有青铜业的开始，并由此兴起了蜀地的青铜时代！

如此，邛都古人通过几代人的冶铜实践，掌握了采掘、制模、浇铸等当时有关冶铜的各种熟练技术。加上本地出铜，这一技术会因为不断实践而趋于成熟、精湛。蜀地其他地方的古人没有这个优势，因为他们连铜矿也没有，即使有当时也未必发现得了。因此，可以认为，蜀地战国时期只有邛地有成熟的冶铜技术和采掘不完的铜矿。

当邛地的人大兴冶铜制器，并建立了王朝之初，成都平原的其他蜀人并不知道，开明王朝也不知道，因为两地相隔很多高山大河，距离遥远，中间还间隔着多个小型的土著部落。两地的中心更没有领导与被领导的关系，所以邛人才自建"邛都"，在邛地称王。开明王朝虽也建都，但仍只能号令蜀地平原，同样不能统领邛地。因而，两个都城中心虽先后建立，但并无领导与被领导的关系，属于平等交往的两个王国。

开明王朝一世就开始筑建金沙圣庙，且一直承继蜀族祭俗，也必定要用青铜浇铸神像。由于一直没有青铜神像，迟迟无法开业。可以想像，开明王朝当时可能派有专门的队伍，到处寻找铜矿，以期早日铸像于庙，早日开张营业，早日与天地沟通。然而，如果不是邛人在邛地发现铜矿并投入实践，蜀地的青铜时代可能还要晚一些出现。大约正是在战国初期，也即开明五世时代，邛都有铜的情况传到了开明王朝的耳朵中。

《蜀志》中云，开明五世（一说九世）"始立宗庙"，当传说有误。此说的"始立"，可能正是因为有了青铜铸像而充实了金沙圣庙中的圣像，正式开业，传为"始立"。当然，如果把正式营运视为开张，传为"始立"也无大错。

由于邛人有"都"，有与天神沟通的宇宙中心，又有令人羡慕的青铜祭祀祖器，邛都王当然会每年大张旗鼓地在邛都进行大祭。这样的大祭一年会有多次，而每次都会大规模隆重行祭，不仅会给邛人以生活信念，也会令周围的土著惊叹。于是，邛人以铜铸神像并有冶铜传统的消息，一方面由邛人自豪地夸示与他人，一方面由探秘的他族土著传说，消息很快就会传到正在焦急地四处寻找铜矿的开明王朝。

开明王朝会怎么做呢？当然不会用武力的方式到邛地去掠夺铜矿，一是两个中心距离太远，相互间没有利益冲突，各有自己的地盘和臣民，开明王朝对邛地的山区也不会有兴趣，何况开采铜矿需要大量的人力物力长时期临山开采，不像一件物品可以通过掠夺方式带走。二是蜀族内部一直有很好的教育，连王位的更替也均以"禅让"的方式解决，不通过战争的方式。尧、舜的禅让，望帝杜宇与开明帝的禅让，都说明蜀族是个爱好和平的民族，讨厌战争。三是开明王朝急需铜矿本来就是为了兴立宗庙，供奉神明，在笃信神明的时代，这一信仰是深入内心的，因而不敢以掠夺的方式取铜，只能以和平的方式换取或求助。

邛人也是羌人，与蜀族有共同的祖俗。开明王朝需要的铜矿是为了兴庙敬神，邛人不仅会尊重这种虔诚，而且会以助人为乐的精神对待这种事。特别是助人建庙，又相当于多了一处神灵保佑之地，何乐不为呢？

可以想像，当开明王朝获知邛地有铜之后，肯定会垂涎三尺，希望引进青铜，并会提供优惠政策。同时会以礼相待，邀请邛王来成都平原进行友好国事访问。邛王来到成都平原，看到地大人多且富裕的平原之地，也会感慨，同时会应允，由邛都为金沙圣

庙提供铜矿，并派遣熟练的铸铜工匠，予以全方位支持。于是，邛王与开明王朝的两国友好交往协议达成，便有了后面的许多事实。

由于邛地与成都平原路程太远，而且要经过许多高山与河流，不可能将邛地的铜矿搬到成都平原，加上开明王朝与邛人的协议是在邛人已有熟练的冶铜技术之后，因而，邛人有可能只是将精炼后的铜料送到成都平原。由于只有邛人才懂冶铜技术，因而，送来的铜料仍需大量的工艺来处理，同时还要有一大批制模人员。于是，一群负载着使命的工匠来到了离成都平原不远的地方，这个地方就是后来称的"邛崃"，也即从邛地来的工匠居地。

开明王朝时期为什么要选择"邛崃"一地作为冶铜铸器的基地呢？这与邛崃的地理特征有极大的关系。

邛崃一地位在金沙都城的南方，按古代规制，大凡要使用火的工业，都会置于都城的南方，因为"五行"之中南方属火。这样的安排符合天道。二里头故城发掘来的情况也是如此，其铸铜的作坊均在城南。当然，按理，其铸铜地可在都城南方几里远就行，但开明王朝为什么要将铸铜地放在离成都 80 公里外的邛崃呢？

因为邛崃（临邛）一地古代出产物质的奇特性。邛崃古代出产两种重要的东西：食盐与火井。

临邛出盐，多为地下水井中含盐，古人取水煮干便得食盐。这不必多言，临邛同时出"火井"，这是什么呢？

《初学记》卷七引《异苑》云："临邛县有火井。"

《蜀都赋》注云："取井火还煮井水，一斛水得四五斗盐。"还有诸多文献均有临邛有火井之记。迄今邛崃县境内还有"火井"公社，当是古代发现火井之地的留名。

所谓"火井"就是天然气，古人不懂，只见从地下冒出火来，就称火井。从文献记载来看，邛崃古人早已利用火井之功。"取井火还煮井水"，就是指利用天然气火井，来煮盐水得盐。不仅如此，他们还利用此火井炼铁。陆游《老学庵笔记》云："邛州出铁，烹炼利于竹炭。皆用牛车载以入城，余亲见之。"

说邛崃古人利用天然气井火炼铁，比大竹子烧成的竹炭好。但地勘探学早已发现，邛崃境内并不出铁矿，只有相邻的蒲江有小规模的铁矿。但从当时的情况看，蒲江的铁矿未必被发现。而且铁矿石"皆用牛车载以入城"，也就是说，铁矿石可能是从外地运来的。为什么要远天远地的将铁矿石运至邛崃城呢？只有一个解释，就是利用其"火井"炼铁。

古人用传统办法炼铜，非常辛苦，要伐木、晾晒、断成小节，搬运到炼炉边，而且柴火温度低、用量大、时间长，有时很长时间温度达不到，难以将铜融化。而天然气会持续不断，火候高，很快就能融化铜、铁。可以认为，邛崃地区天然气自古就有，至少在开明王朝兴立以前就有。从目前掌握的情况来看，可以肯定，开明王朝将青铜铸器场建在邛崃，最重要的原因，就是为了利用邛崃的火井。所以其铸铜地的位置离都城很远。

由于用青铜铸造的是圣庙的祭器，因而，邛崃的工场也是一个备受尊重的地方，相当于都城的一个延伸地。此地也会有重兵把守，邛都来的铜匠，不仅可以安全地在此工作，同时会受到保护。同时，铸铜业务一旦开展，就永远不会停息，除首先要为金沙圣庙铸造出一组象征神明和宇宙中心的组套祭器外，一些虔诚事神的贵族，也会不惜耗资来此订做祭器，每年大祭时或在需要的时候贡献于圣庙。我们今天在金沙遗址中发现的许多同类器物，以及一些本应由玉做却改为青铜的器物，就是这样产生的。因为蜀地平原的玉料也难找，而青铜之器更胜玉器。加之，邛都有铜料不断入蜀，因而出现了后续制造的大量青铜器。包括战国时期

出现的数量众多的青铜戈等武器，也出自这里。否则，还有何处？

由于蜀地的青铜器不愁销路，有多少就能销多少，因而，从邛地到邛崃，成了一条繁华热闹的沟通两地的交通线。大量的邛人因携带青铜入蜀，成为蜀地的贵族，并因热爱平原而滞留下来。不过几代人，当年一个小小的铸铜作坊，一个因青铜交换而出现的邛人的驻蜀办事处，很快就成了一处大型邑地，甚至成为蜀地除成都外的第二大都市。所以秦人入蜀后，才在那里建立"临邛"中心城市，与成都、郫邑同被视作重要的防守中心。秦人同时还采取了从内部分散破坏邛人团结的做法，在邛人中安插秦人。

《蜀志》云："临邛县，郡西南二百里。本有邛民，秦始皇徙上郡实之。"说临邛县本为邛人的邑地，秦始皇时代，专门调来秦国的"上郡"之民，安插在临邛邑中。一般的史家认为，秦民入邛，是为充实民众。实际上，当时的蜀中平原人口并不少，而且不做什么大工程，为何专门充实邛人邑地？从当时的情况看，将秦人安插在邛人之中，是一种政治手段，是为了瓦解邛人。可见临邛之邛人不仅人口众多，而且非常团结，常常使秦人政府受到威胁，才出此分化之举。雅安境内迄今还有"陇东"、"陇西"之名，当是这支迁人带去的。这一切都表明，临邛在战国晚期已是一座不可忽视的大邑地，其原因恐怕就是"青铜贸易"所致。否则一个外来户何以在蜀地壮大到如此程度？

大约正是因为邛崃一地在战国时期就是一处专门的冶铜中心（因为邛人入蜀就是专门冶铜），由于"火井"之气一直延存，因而后期历代也将其作为一个冶铸中心，将矿物从外地"皆用牛车载以入城"。虽然邛崃不出铜，却出产各类青铜制品，所以前述提到的诸多文献才说邛崃有铜，以致古代邛崃城南二里处，还有地名"铜官山"。想来此名可能是对一个铸铜点的称谓，又有"官"在此管理，久而久之，传为"铜官山"。大概正是因为邛崃多出铜、铁产品，被记史者误为邛崃出铜，代代相传，以误传误，才留下了这么多的矛盾。但也要感谢这些史家，正是他们不厌其烦地转记古载，才把一个久远的秘密带到了今天。

不过，今天看来，邛崃以南的雅安境内也有多处铜山。荥经县北有"铜厂"名，天全县境内有"铜山"名，而这一地区也发现有零星的铜矿带。那么，会不会有人认为，成都平原早期的铜矿来自这一地区呢？可能性不大。一是这一地区的铜矿藏量小，且多在地面以下，对尚不懂寻矿也无经验的当地古羌人而言，不易发现；二是也没有史传，同时也没有发现这一地区的古人有过战国时期的采矿遗留，及其同期所出的青铜器。

第三个证据最有力，如果这一地区早有铸铜史，那么，开明王朝便不会到邛地引进技术和铜料，也就没有"邛崃"之名和历史事实了。事实是"邛崃"——邛都来的铜匠驻扎于成都平原，开创了青铜时代，并留下了规模不小的"邛邑"。雅安地区的铜矿倒有可能是邛人入蜀后，传播寻找铜矿的经验，提高了蜀人对铜矿的关注热情后才发现的。

邛人从邛都入蜀的路线，大概选用了沿安宁河上游直线北上，经冕宁、石棉、汉源、荥经而至雅安，再从雅安翻越名山而至邛崃。这条路比较直接，而且多沿河行。这条路必经雅安，也即先秦时期的"严道"（秦时置"严道县"）。有学者认为，此"严道"一名，古为"盐道"，就是进行食盐贸易的一条路，此释正确。可见古有大量的食盐经由此地，部分地散卖在此地，大部分则经由此道疏送到其他地方。

那么，是什么地方的盐经由这里而送至他方呢？从目前掌握的情况来看，自贡、乐山出盐，邛崃也有少量井盐，再就是凉山州的盐源、盐塘出盐。从古人采盐的难易而言，产盐最多的是盐源、盐塘地区。因为这一地区盐水多在地表，甚至是露天盐池。

自贡虽也出盐，但需打造深井下挖，对于先秦时代的古人而言，难以实现。况且，自贡、乐山等地的盐，如果要销往成都平原或雅安等地，可以向北或西，直接进入这些地区即可，不必绕道雅安地区的西方，负盐路过。如果这些地区的盐只是零散地销售在雅安，也不会留下如此大的"盐道"地名。

可以认为，雅安古称"盐道"，正是邛都古人将盐塘地区的食盐向成都平原纵深贩卖，多次往返于这条路而留下的地名。古人需要食盐，有盐者身贵，一定会向周边地区销售，交换其他产品。邛都北方紧邻的就是雅安，又正好有安宁河直通雅安，因而可以认为，此地的"盐道"先于青铜之路形成。早期邛人向蜀中腹地贩盐，后来仍用此道向成都平原输送铜料。这条路在先秦时代是一条非常热闹的盐铜之道，也是邛都古人陆陆续续入蜀的唯一大道。

这条大道在开明王朝中后期，相对于青铜祭器而言，起到了一来一往的两大作用：邛人入蜀时，带去的是青铜料，返回时，却带回了开明王朝的祭祀文化！这一来一往相互呼应。

由于成都平原文明发达，祭祀系统庞大丰富，邛都人虽凭记忆按照祖承的祭祀建立了邛"都"，但毕竟没有蜀人的气魄大，也没有蜀人对祖俗恢复得彻底，加之两地均为羌人，有共同的祖俗，因而邛人在为蜀人铸器的过程中，也掌握了蜀人的祭祀文化和祭器形制，并对其加以崇拜。所以，邛人自觉不自觉地受到蜀人文化的影响，并将蜀人的祭器风格在邛地传播开来。前述的在会理出土的铜鼓上的"四鸟拱日"，与金沙出土的金箔之"四凤朝阳"图案，构形基本一致，内涵完全一样。邛人的铜鼓显然是受到云、贵地区其他民族的影响，但云、贵地区的铜鼓上通常的母题就是放光的日纹，没有鸟饰。会理铜鼓上的"四鸟"分布于四方的布局，当来自金沙"螺日"的影响无疑。还有青铜扶桑树、青铜杖等，都可能来自金沙器物的影响。而金沙圣庙中，当年也肯定有与邛地出土的扶桑树形一样的青铜扶桑树，(遗址出土的伏卧在青铜树枝上的铜鸟就是力证。)只是由于当时放弃圣庙时十分混乱，或许当时就被蜀人拿走，或许在后来丢失了。

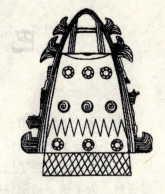

第七章

巴人并蜀

　　四川古有两族：巴与蜀。两族呈拉锯形在不同时期占领蜀地。但由于蜀人有系统发达的文化，巴人文化落后，故习传蜀俗。

　　三星堆蜀族放弃蜀地后，巴人大量涌入并占据了大部分地盘。望帝在郫立国，100多年后，拱手送给了势力强大的巴人。于是，由巴人为领袖的开明王朝兴立。这一观点是在抛弃传统观点的基础上依据所发现的事实建立的新观点。

　　古蜀传说的鱼凫、鳖灵与巴人有着什么样的关系？金沙出土的石虎，为什么用黑白相同的石质刻制，而不承继三星堆的金虎？其出土的石人又派什么用场？都将在本章中得到解答。

巴 人 溯 源

　　由于金沙遗址中出土了典型的巴人图腾：石虎，而这一现象目前尚不被许多学者认识，加之古蜀史上少于对巴文化进行研究，往往淡化处之，忽视了巴人在先秦时代特别是开明王朝时期的治蜀贡献。为了清楚地阐释金沙遗址中的巴人图腾及开明王朝与蜀族的联盟，这里有必要扼要地介绍一下巴人的情况。

　　本书在前面已概略介绍了巴人不同阶段在蜀地的情况，并重新构建了一个蜀史框架，完全不同于传统观点。由于流行的传统的中国史前史框架出现了明显而重大的失误，不仅难以解释巴、蜀史，更难解释中国早期的史前史，因而笔者只有采用自己研究的华夏史前历史框架，重新阐述巴人的来源。

　　巴人民族在中国整个民族中是个非常奇怪的民族，他独处于中国大陆腹地。当人们追溯巴人的源起地时，总是发现他们与长江中游地区的文化相近，于是，"巴人源起长江中游"一带的观点成为流行的众家认同的观点。但是，如果巴人所处的位置正在长江中游，四面都有民族包围，北有中原民族、西有蜀族、东有良渚文化、南有诸越，那么巴人就出现在这么多民族包围的中心。从今天发现的巴人早期文化来看，他既不与中原文化同，也不与周围诸族同，仿佛是从天上掉来的一样，如此于理不通。

　　按常理，巴人所处的地方及其族属来源，要么是周围某个民族的分支，后来逐渐壮大而成一族，那么，他应当流行母族文化，这样也能判断他的祖族；要么他是从某个祖族地迁来的，如果这样，我们也能找到他的母族地及其在迁徙的路途中留下的文化，如此也能找到他们的根源。然而，古史界迄今未找到巴人周围的母族。更让人难堪的是，早期巴人居住的长江中游地区，考古学在那里发现的巴人古代文化竟是周围各族中最早的！也就是说，巴人最先进入现在的祖地，其他各族还后到。这就更让人无所适从了。如此，用传统的"东兴西渐"、"中原文明中心说"根本无法解释巴人的出现，因而只有另辟蹊径。

笔者已对传统史前史框架给予了全面否定，并已著成书（见待出之书《青藏高原——黄色人种的发祥地》），书中构建了一个全新的史前史框架。其基本观点是黄色人种早期为一个共同的先祖族团，共居于当时海拔在 2000～3000 米高程的西藏高原，培育出了共同的"昆仑文化"和创世神话；后来陆续下迁，至少在距今 2 万年前，也即最后一次冰峰期到来之前，由于西藏高原温度降低到人类无法生存的状态，因而所有的古人都分别从不同的方向迁下高原，形成了今天的人类布局。所以我们今天能在各民族中找到共同的先祖文化，特别是古老的"昆仑神话"、"五行系统"及各种惊人一致的祭俗和传说。

巴人以"巴"为族号，说明是崇"巴"一族，而"巴"就是龙蛇之类。以龙蛇为图腾母题，是世界各民族早期先祖共同的祖俗，迄今清晰可见。巴人之"巴"，与现在尚存于西藏高原的"珞巴"、"门巴"及地名"巴塘"之"巴"号，来自同一背景，且有着密切联系。史前各部族均以神灵图腾为族号，由于当时处于泛图腾崇拜时期，图腾数量很多，各部因族而异选择本族之号，巴族就选择了崇"巴"（或者在多个下传图腾中保留了"巴"），早期也在北部草原游牧。由于迁徙，离开了"巴"之母族，随着当时东迁潮流，进入到甘青地区的草地上，与当时的羌族间居。

从巴人后来出现的地方来看,他们大约在 1～2 万年前还居住在甘青地区的草原上（不排除更早期也有散族先于东迁）。由于当时以狩猎为生,加之其祖族本来就是从北部草原沿甘青高原东迁而来的,因而他们仍会执著地东迁。大约在 11 000 年前,也即最后一次间冰期到来之时,巴人的先祖从甘青高原进入大巴山。这一支古人一旦进入大巴山,就没有选择,只能继续东迁,或者滞留在大巴山脉。

大巴山的地形也非常特殊。它几乎呈标准的东西向,西端紧连甘青高原,东端余脉消失在长江中游一带,余脉之下紧临长江与黄河之间的江汉平原。

大巴山南麓为四川盆地的山丘过渡带,北麓就是汉中平原。大约在距今在 11 000～5000 年前,汉中平原和四川盆地中都积满了水,多为水泽相间的湿地。大巴山东端余脉一直延伸消失在汉江平原之中,而汉江平原当时仍为水泽相间之湿地 —— 今天安徽、江苏的许多地方还为负海拔,而在距今 11 000～8000 年前的间冰期,这几处地方都是水域。如此,大巴山就像一只长长的舰艇,直直地伸入到水域之中,三面环水,只有西端连接甘青高原,这样的地貌也确定了巴人不可能从南、北、东三面进入大巴山。

巴人先祖登上大巴山,并不是有意而为,而是无意进入。当时正处狩猎时代,早期华夏民族均从西部草原东迁而来。一来因为青藏高原的隆升,导致了西部地区气候的变化,二来因为华夏民族是个崇拜太阳神并乐意追逐太阳迁徙的民族。因而,当时的两个条件:一是必须东迁,二是必须在山地从事狩猎生活,导致了巴人先祖在追逐动物的过程中,无意登上大巴山。

巴人先祖一旦走上大巴山,就等于走上了不归路,受到北、南、东三面水域的阻隔,又不愿退回甘青高原,因而,只能困居大巴山脉,在山中狩猎为生。巴人先祖至少在大巴山这个封闭的

环境居住了几千年。由于无法与他族交流，只能独自发展自己的文化，在大巴山上游窜、小部落之间进行交流，让巴人本族的文化不断得到巩固。直到大约在距今 5000～2000 年前，巴人逐渐形成了一个中心，且围居在长江中游一带。巴人之所以围居在这一带，有两个主要原因。

一是由于当时的巴人一直在山上生活，因而一直停留在狩猎经济时代。野兽多在山地生活，一直流行狩猎经济的巴族人，也只能滞留在山上追逐野兽，攀摘干果。二是巴人围居的中心地，有丰富的食盐。大宁河流域中，有一处奇怪的"盐泉"。此泉有碗口粗，长年从山中流出，至今尚存。泉中含盐较高，古文献中多记此处有"盐池温泉"及"盐水神女等"，迄今此地区还有许多与盐泉有关的地名。当地古人在很长一段时期都在此地取盐，为了取盐，后代还在山中架设了数十公里的栈道，迄今尚存。这处盐泉当在地质时代就有了。人的生存离不开盐，巴人发现了这处盐泉，就相当于拥有了非常贵重的财富，因为在长江中游两岸的山地中很难发现盐。这处盐泉不仅会成为当地族落争夺的重要财富，同时也会因不断增加重兵把守而逐渐成为一个统治中心。这就是为什么巴人早期聚居此地的重要原因。

大约在距今 4000～5000 年前，汉中平原、成都平原及大巴山东部的江汉平原地区的积水逐渐退却，露出了部分陆地，长居大巴山的古人开始零散地下到这些平原地区。部分下到汉中平原，部分进入成都平原，部分进入江汉平原，汇入当地土著之中，并慢慢进入农耕经济。而留居在长江中游一带的古巴人族及其中心依然存在，但仍停留在狩猎和渔业经济时代。

四川平原早期的土著，大部分就来自大巴山上的古人。只不过，当时不一定称作巴人，因为当时的族落很小，领导中心也很小，只有固守"巴"族祖承文化中心或邻近的族落，才会有较牢固的本族图腾崇拜和神明信仰及其文化，远离这个传统中心的散族，已无所谓"巴"族文化了，或者已经变异。他们只是以小型族落或氏族方式自然地生存。由于在距今4000～5000年前的巴人中心，基本上聚集在长江中游一带，而当时迁入四川平原的古人，离巴人中心也遥远，只不过流行着相近的文化，使用着相似的器物而已。因此，早期入蜀的土著，虽然大部分来自大巴山脉，但多为散居土著，不是巴族中心族人，因而，不一定称作巴人。

这支土著基本上沿大巴山南麓半坡一线零零散散地向成都平原挪移。今天发现的广元中子铺细石器遗址，广元张家坡、邓家坪等新石器时代晚期遗址，就是这支土著的遗留。其出土的器物组合，有学者认为与广汉三星堆一期文化及长江中游地区同期文化相近。广元正好位于大巴山西端的南坡，就势就可以下山南迁，进入成都平原。而在成都平原腹地，如广汉三星堆一、二期文化（距今4800～3700年）、新津宝墩文化的早期文化（距今4500～3700年）等诸多史前文化，就是这支来自大巴山土著的遗留。因为这一批遗留均与长江中游地区同期的多处巴人先祖文化成系统的一致，不与岷江河谷中的羌人同期文化相似。而四川平原的古人，从古至今的主体民族只有巴族与蜀族两支，既然同期的古人不是羌族、蜀族，那就肯定是散迁的巴人无疑。

虽然蜀地早期的土著来自大巴山一线，但由于其他地方的土著本来就不多，早期一批就全部下山了，唯有长江中游、三峡两岸的巴人中心一直保留着。一来那一地区山地面积大，本来滞留的人就多，二来距离两端平原都很远，三来巴人已习惯了狩猎经济并已建有中心。因此，大巴山沿线的第一批土著下山之后，基本上就只剩下了长江中游一带的巴人中心还坚守在山上。随着文明的进步，各族团之间信息传播加快，"巴"之族团及其族号也随之凸现于世，立于各族团族号之中。所以后来入蜀的巴人，总是

从长江中游西迁而来,无论考古学还是文献传说都能证明这一点。

根据考古发现的事实,史家对蜀地史前巴、蜀两族的源地和分布基本形成了这样的共识:蜀族、羌人的祖居地在岷江河谷,即在成都平原最西部的山中,羌人、蜀族多以此为祖地中心,由西向东迁入成都平原;巴人的早期祖地中心在长江中游,在成都平原最东部以东的地区,巴人多从长江中游一带的祖地西迁入蜀。因此,史前大凡出现四川平原东部一带的遗留,多为巴人文化;反之,大凡出现在四川平原西部的遗留,多为羌、蜀文化。这一现象几乎可以以成都平原中部为界划线,作为判别两族早期文化遗留的标志。四川大学博物馆第二任馆长邓德坤先生在其所著的《四川古代文化史》中给出了一幅《秦代四川郡县图》,亦清楚地展示了这一分布(见图82)。巴、蜀两族几乎以嘉陵江为界,各据一地,东巴、西蜀。蜀应包括更西部的几个小郡,因为这几个小郡实际上均为蜀人或羌人。

图82 《秦代四川郡县图》上巴、蜀两族基本上从中线
分割了成都平原,巴族在东、蜀族在西

　　不过，从历史遗留和本文提供的思路来看，巴人早入成都平原，并且占领了绝大部分土地，只不过早期的巴人土著多为散居，没有王朝，未成气候。有缗·蜀族于夏末入蜀，建立王朝，治蜀约 400 年间，散居的巴人土著，一直以附庸族人间居在蜀族中生活，接受了蜀族的系统文化教育，并逐渐形成蜀中平原巴人的传统文化。商末周初，蜀族部分北上伐纣，部分撤离成都平原，留下多座废弃的故城，此时蜀中无王，巴人乘机大面积进入，占领了蜀族留下的空地，这大概是巴人在蜀地的第二次大规模发展机会。但这一次却是决定性的，因为蜀人再没有重建王朝。最后，巴人中心在成都平原腹地兴起，并承接了从岷山出来的望帝杜宇政权，建立了开明王朝，这就是非常概括的蜀史。

　　从巴人在新石器时期绝大部分沿长江西进迁徙入蜀来看，其中还有原因。按理，巴人会向最近的平原迁徙，而且会向东方——追逐着太阳神迁徙，可事实上相反，巴人反而西进，这是为何？金沙遗址中出土了良渚文化的玉琮，给了我们很好的启示。良渚人不好好地生活在他们的平原上，要跑到巴人的山区，并最后随巴人进入成都平原干什么？

　　如果我们仔细研究一下汉江平原和良渚文化所在地的气象情况，就会恍然大悟。良渚文化和河姆渡文化均位在东部沿海平原上，史前这一地区的地面非常不稳定，因为这一地区大约在距今 8000 年前才局部地露出海面，时常遭到海浸或洪水淹没。在这里生活的古人时常提心吊胆，随时都要准备与不期而遇的洪水作斗争。考古学也有大量的事实证明，东部沿海地区的古人时常遭受海浸和洪水的袭击。河姆渡人 7000 年前盖建的"干栏式"建筑就是最好的说明。所谓"干栏式"房屋，就是指用无数根木桩把居住的屋子支撑起来，离地面几十厘米或一米多，又像楼，又不是楼。古人为何花费这么大的精力来筑屋？需知石器时代伐木是非常艰难的事。正是因为这一带的古人时常遭到水的袭击，洪水一到，往往无处栖身；又不愿迁走，因为当时沿海一带已进入农耕经济，舍不得田里将熟的稻子和花费大力气弄成的熟田。由于洪水经常发生，无奈之下，才想出"干栏式"这一招。

由此不难明白，汉江平原当时也不稳定，同样经常处在被洪水淹没的危险之中。金沙遗址中出土了典型的良渚文化玉器（多节玉琮），就是因为这一原因。一支良渚人沿长江西迁，与巴人汇合，后又随巴人入蜀，加入了开明王朝联盟，因而将本族重器置于巴、蜀圣庙之中。良渚人带来了沿海古人的尴尬，临近的汉江平原常遭洪水淹没的事实，巴人也时有所闻。水淹低地，沿着水的上游就能走到高处避免洪水，这个常识巴人知道。因此，在新石器时代晚期，巴人就开始沿长江上游西进，未曾想又发现了成都平原，真是因祸得福！于是，宁可长途西进，也决不图路近东迁的观念在巴人心中形成，代代下传。直到东部沿海地区气象稳定、经济发达了，他们仍不放心，仍然执意西迁，对蜀地情有独钟，由此导致了一茬又一茬的巴人拥入成都平原。

巴人建立了开明王朝

可能一些学者一看到这个命题就会窃笑，因为在传统的蜀史观中，从未有此一说。一般人为了省事，都以默认的方式承继传统观点，认为开明王朝自称"蜀"，当然就是蜀族建立的王朝，何以又成为巴人的王朝？何不称"巴王朝"？这样理解显得简单化。

作一个同样简单的比喻：中国早至秦始皇时代就已统一为一个国家，但迄今许多省还保留着简称，如山西简称"晋"，北京简称"燕"，这些简称从何而来？是因为这些地区在战国时期就称"晋"、"燕"之国，并在人们记忆中留下，也同时留下了这些地名。无论朝代怎么变换，这些早已被认同的地名一直下传。同理，当夏末商初有缙·蜀族入蜀后，在四川建立了蜀王朝，统治几百年，已被当时中原的周邻他族认同，此地有蜀族统治，其地名就叫蜀，并成为各族认同的传统认识。此后无论何人又来蜀地称王，都会被称作"蜀王"，也即蜀地之王。称王者自己也会选择这样的称谓，以示自己是本地一大片土地的主人。但称王者并不一定是蜀族。同理，如果是巴人在被公认的蜀地称王，也会被外界称作蜀王，自己也会自称蜀王。如此，传统的认识就不是铁板一块了，而应当为他说让出一席来。因为传统观点本身就不严密，还有很大的研究空间。并且此前已有学者提出这一观点，只是论证不力，未引起重视。正是这种不愿详究的默认，导致了蜀史中的许多难解之谜。尽管这样做是最方便的，但却不一定是正确的。需要申明的是，前面在一些地方提到的"蜀人"，包括两个概念，即蜀地的人与蜀族。前者包括所有蜀人，后者只指蜀族。

我们首先看看巴人自己传说的先祖之源。

《后汉书·南蛮西南夷列传》云："巴郡南郡蛮本有五姓：巴氏、樊氏、瞫氏、相氏、郑氏。皆出于武落钟离山。其山有赤黑二穴，巴氏之子生于赤穴，四姓之子，皆生黑穴。未有君长，俱事鬼神。乃共掷剑于石穴，约能中者，奉以为君。巴氏子务相，乃独中之，众皆叹。又令各乘土船，约能浮者，当以为君。余姓悉沉，唯务相独浮。因共立之，是为廪君。"

引文为巴人内部的传说，其中有诸多神话附会，需经过梳理。文中说，巴人先祖源于五个氏族，各有一姓，都出于武落钟离山，

（此山经学者考，认为是今湖北长阳县西北 78 公里处的一座山，此山曾有别名"难留山"——当恐为"罗罗山"的误记。）大体在长江中游三峡段南岸的清江流域。其"武落钟离山"，恐当为"舞傩钟立山"。"舞傩"就是傩仪，由于古人傩仪皆以舞事，故又俗称"舞傩"。"钟离"当为"中（钟）立"，也即象征天柱立于宇宙中心的昆仑山。昆仑山也有俗称"中山"（迄今尚存湖北境内的"钟山"，就是昆仑祖山的移名）。钟离山有两个洞穴，一赤一黑，当是对"五行"中的南（赤）北（黑）两方位的附会。王姓之中只有"巴氏"生于赤穴，也即比喻为南方太阳神的后裔，为太阳之子，具有充当领袖的高贵出生。其他四姓皆出于黑穴，即比巴姓略低一等。由于当时没有王主，为了在五姓中推选一名王主，于是大家相约比赛，由神明决定谁来充当王主。先赌向远处的石洞投剑，谁中谁就称王，结果只有巴氏投中，其他四姓皆不中。后来又约用土制作船在水上航行，结果其他四姓的土船入水即垮塌，只有巴氏的土船像木船一样在水上浮起来可操作航行。大家认为，这一切都是神明在暗示，只有巴氏适合做王，于是四姓共拜巴氏为王，号为廪君。

其实，土船是不可能浮于水的，显然是神话附会，是对巴氏充王的讨好补充。传说中既有古老的"武落钟离山"和出于石穴（旧石器时代之洞穴）的传说，又有"掷剑"传说，剑为金属武器，对巴人而言，有剑时代不超过战国。（或许是指早期的木剑？其时当更早。）因而，其传说混杂了古老时期与发达时期的故事，多为混传，难以凭信。但文中提到的两个信息，可信为据，一是巴人的先祖源起长江中游一带，这与考古学发现和后来的诸多传说一致，二是以"船"为赌具，这正是长期处于长江中游的巴人，生活在渔业时代，成天与船相依为命而留下的独具民族特色的传说，同时也说明，巴人先祖确有长期的渔业时代，并在后来仍有深刻

245

的"以船为生"的船棺葬习俗。

引文中提到，四姓共拥巴氏为王，其王号"廪（音领）君"。其中还有说法。

"廪"字《辞海》释意为"米仓"、"积聚"等意，此字还有一读音为"览"，组词为"坎廪"。这两种解释似乎都与巴人推选的王主称号无关。"积聚"一解略靠近一些，但引意又是"米仓"的延伸，取诸地的米聚于一仓之意，本意反而是米仓。对大约在唐宋以后才基本进入农耕经济的巴人而言，不大可能在不知米为何物之时，就奉王主以"米仓"之意。

按汉字古有通假习惯，我们可以放开思路，再加上巴人无文字，其史传均为汉人汉字记载，记者不一定完全清楚巴人文化，因而会用同音字替代一些语言。同音相代的情况在历史上非常普遍。不仅多出于少数民族文献中，即使汉文化自己的文献中，也层出不穷。因此，这个"廪"音应另有他字。

有学者研究认为，"廪君"当为"灵君"，也即鳖灵图腾之称，所言极是。因为巴人多事鬼神，多有"灵"之概念，其地多有巫山、巫溪等与巫事活动有关的地名，而"巫"在古文化概念及文字中亦作"灵"。巫山就是灵山。况且，巴人祖崇的最重要的图腾就是鳖灵。因此，其传说中的"廪君"就是"灵君"，本意是指鳖灵。以"君"雅称，来自汉人记者的多事，加之当时也非常流行将神灵人格化，以示尊重。因而，将其"鳖灵"雅称"灵君"。综合来看，巴人的这一传说就是将古传的图腾鳖灵人格化，并以人格化附会于祖神的故事。

这个本为巴人宗祖图腾之鳖灵，变相为人形并附会为人王的现象，在后世一直有传。

《蜀王本纪》云："望帝积百余岁，荆有一人名鳖灵。其尸亡去，荆人求之不得。鳖灵尸随江水上至郫，遂活，与望帝见。望

帝以鳖灵为相。时玉山出水，若尧之洪水，望帝不能治，使鳖灵决玉山，民得安处。鳖灵治水去后，望帝与其妻通，惭愧，自以德薄不如鳖灵，乃委国授之而去，如尧之禅舜。鳖灵即位，号曰开明帝。"

文中大意是说，在望帝100多岁的时候，湖北有一人名叫鳖灵，死后尸体浮在水面，溯水而上，沿岷江上游来到杜宇王朝的都城"郫"，然后又复活了。望帝将鳖灵拜为丞相。当时玉山一带江水泛滥，望帝没办法，就让鳖灵去治水。鳖灵开凿了玉山，疏通了洪水，使人民避免了洪水的灾难。但就在鳖灵战斗在治洪水的前线时，望帝却在后方占有了鳖灵的妻子。鳖灵回来后，望帝自觉惭愧，便效法尧舜之禅让，将杜宇王朝的王位让给了鳖灵。于是，鳖灵继承了蜀之王朝，新命王号为"开明王朝"。如此，鳖灵就是开明王朝的开国元君。

引文中信息量很大，又夹杂着神话和历史，只有逐条梳理。

文中说望帝杜宇100多岁时，鳖灵来到。其中可能杂有一个真实的史实，即望帝杜宇王朝存在了100多年后，才易主开明，并不是指望帝本人100多岁了，历代的皇帝没有一个活过百岁。最让人不解的是，文中说100多岁的望帝还曾霸占过鳖灵的妻子，实不可信。望帝身边当不缺女人，按文中述，鳖灵独身一人来到郫，即使有妻，也是郫地的蜀女，说不定还是杜宇赏赐的，用得着去与之偷情吗？这个故事是为了遮盖开明承继蜀王朝过程中发生的某些难以示人的政治手段而已。

第二个信息是，鳖灵来自"荆"，也即今天的湖北地区，实际上是指开明来自巴人祖地中心，无疑是指开明王朝的君王是巴人一族，其先祖图腾就是鳖灵。这里直接将开明开朝的开国君王称作"鳖灵"，实为将祖宗图腾附会于创世君王。这一习俗也是华夏各民族的通俗。古人认为君王来自上天的安排，也是宗祖图腾一代代转世复活的结果。因而，谁当王，谁就是宗祖图腾的转世化身。因而可称他为当时的王名，也可视为祖崇图腾。所以开明首王，被誉称"鳖灵"。实际上是开明王朝的首君先代替了杜宇的王位，才有了神话故事的附会——既然首君已接王位，那么，他就肯定是鳖灵转世。不过，鳖灵是怎么来的呢？鳖灵是水中生物，于是就编撰了一个"溯江而上，附魂于王"的故事。文中用"鳖灵尸"相称，"尸"在华夏祖文化中，就是代表死亡的先祖灵魂、灵位之意。"鳖灵尸"就是指巴人的宗祖图腾魂魄，从长江中游祖地溯水而上，附着在当朝开明帝之身的意思。同时也可看出，这组传说是以巴人承继的宗祖文化编撰的先君故事。因为蜀人如果追溯先祖，只会追至岷江河谷或者中原地区，甚或黄帝、炎帝，决不会追至长江中游一带。因为蜀族根本不知道成都平原以外的东方地理，只有巴人才会追传那一地区的情况。无疑，开明王朝的首君为巴人后裔。不过，其中的"鳖灵死后魂化为人"的结构，与"鸟生杜宇（大鱼）之魂"，即前述的"鱼—鸟"图中包含的"鲲鹏之变"，惊人一致，恐是一个故事的多个版本。包括巴人古传的"廪君（鳖）死魂魄化为白虎"，也有同样的影子。

第三个信息是，文中说望帝遣鳖灵治水，回来后因有功而继位的传说，与经典的夏代先祖"尧遣舜治水"以及"大禹治水"的功绩和人物关系惊人一致。尧也是启用舜治水，而禹正是以采取淘滩决山、积石堵水的方式治水。文中甚至直接采用了"如尧之禅舜"的句子。这并不是记者本人的比喻，而极大可能是对传说的真实录记。因为蜀族本来就来自夏王朝中心，内部定会有关于尧舜、大禹的传说。因此，望帝与鳖灵的关系和治水传说，很像是夏王朝早期君王故事的翻版。如此，望帝与鳖灵的故事，就有可能借用了舜、禹故事并加以润色而成。因为蜀地当时也出现了与夏王朝君王发生过的完全一样的事件：蜀族的杜宇王朝要将

君权让位于出身于巴族的鳖灵开明帝！与当年夏族的尧帝要把君权让位于有虞氏的舜帝一样！而且舜、禹也是因为治水成功而受位！

由于巴、蜀两族长期在蜀地间居，特别是在三星堆中心统治蜀地的时期，巴人没有王朝，没有自己的中心文化，只有与蜀族人间居的土著。他们也会依附蜀族人的文化。几百年间耳濡目染，不自觉地就接受蜀族的文化系统。加之史记多在汉晋以后，当时蜀地巴、蜀两族的文化早已融为一体，后裔只能听凭上代的传说下传。由于文化融合，连他们自己也不知道自己是哪族的后裔了，更不知道巴、蜀两族正宗的个性文化区别，因而出现了这类融两族祖先文化为一事一族的现象。

有学者在阅读了上述引文后，简单解释为，在杜宇时代，有一个叫鳖灵的荆人，来到了郫，后来接替了杜宇的王位，建立了开明王朝。这个说法大概是受了舜入夏庭，接替了尧之禅位传说的影响。实际上两者大不一样。舜当时虽然为有虞氏人，不是夏王朝本族的人，但有虞氏是夏王朝统治下的侯国，而且相距很近，经常有接触，互通消息。再加上尧帝求才心切，因人推荐，舜入尧庭。但这个故事万万不可用于当时的蜀地。

望帝杜宇时代大约处在西周中晚期，此前经过一二百年的无王时代。三星堆文明放弃，蜀人撤离成都平原，进入岷江河谷，蜀地基本无王，只有很小的局部地区的小寨主，没有出现一个统治全蜀或大半个蜀地的蜀王。至杜宇时代，蜀族渐渐地从岷山露头，发现成都平原西部地区无王统治，觉得时机成熟，可一展抱负。于是有一名蜀族后代，由于从小就听上辈传说早年蜀人称王时代的风光，因而立志做王，终至此时，发现蜀地无王，于是走出岷山，但又不敢走远了，就在家门口举族称王，实际上是捡了一个王朝。因为没有人与之抗争，也没有需要用暴力夺取的前王朝。为了让蜀众认同，归服这个游戏似的新王朝，借用了蜀族最敬重的先祖大禹之号，以此为旗，自称"杜宇（大禹）王朝"。

"杜宇王朝"之称，是对他的誉称，实际上杜宇王朝不过是"夜郎自大"。只占领了成都平原很小一点地盘，大约就是几十平方公里的统治区，根本不能与其先祖三星堆王朝相比。而且还龟缩在岷山脚下，就像在自己家门口称霸一样，算不得什么英雄。当时蜀地还有广大的平原无王。如果杜宇很强大，经营了100多年的王朝完全可以不断扩张，占领更广大的地区。事实却不是，可见其弱小。同时也可见巴族人已经占领了大半个蜀地，并已逼近岷山脚下了，因而杜宇不敢扩张。

在这样的情况下，不可能有一个人从长江中游地区西进入蜀，又从东到西穿越整个四川盆地，顺利经过途中几百个小型部落，径直来到郫地杜宇王朝中心，甚至后来还继承了王位。因为此人没有舜帝继位之前的诸多条件。即使现在，一个来自偏远落后乡村的打工仔，要想进入公司高层，恐怕也是难上加难。

事实可能是这样的：

开明王朝的首君，也即传说中的开明帝，当是居于蜀地若干代的巴人后裔。也许他的先祖在1000年或几百年前就已入蜀，接受着蜀族统治时流行的系统蜀文化，至杜宇时代的晚期，他已随家人定居在杜宇之郫不远的地方了，可能就在相隔几十公里的另一处巴人邑地。（或许就是温江境内的"鱼凫城"。）可能此人在巴人族中已有相当的威信，或者已经是具有号召力的英雄，在巴人族中能够一呼百应，而且具有统治才能。他的号召力所能带来的势力大于杜宇已有的势力，因为当时的巴人已经占领了郫地以外的大片地区，呈包围状威胁着杜宇的郫都。巴人若干代人就生活在杜宇王都的外围，经常目睹有一个王都中心的好处，于是希望自己也有一个王朝，来统领族人，壮大族威，威胁他族，给族人

以安全感，同时调解内部事务。

　　大概至杜宇王朝 100 多年后的某一天，巴人聚集起来，选派出代表，涌进郫都与杜宇谈判。说不定还采用了武力威胁，要求杜宇让出王位，交出王权。杜宇王朝本来就十分弱小，加之蜀族先祖有着良好的忍让教育传统。在这样的大势压迫之下，只好妥协，让出王权。杜宇王朝本来是三星堆文化放弃之后，正宗的蜀人在蜀地建立的第一个小王朝，如星星之火，正待燎原。然而，刚刚兴起 100 多年，尚未燎原，就被扼杀。杜宇将王权只这么轻轻一让，就使曾经轰轰烈烈的蜀族永远淡出了历史。正宗的蜀人系统文化也被肢解，残断地下传，从而由新的巴人建立的开明王朝雄居蜀地，替代了蜀族。

　　杜宇的王权实际上是和平出让的，没有发生战争。为了减少流血牺牲，为了两族人友好地相处下去，不要因为王权的转移而发生械斗，甚至战争。再加上近蜀长居的若干代巴人早已接受了蜀人文化的熏陶，崇敬蜀族文化，因而这一场重大的宫廷政变消息被封锁，由御用文人另撰一说，将其美化为"如尧之禅舜"，解释成杜宇的主动"禅让"。同时为开明编造政绩，把大禹治水的功劳略作改动加于开明之身，说开明有如禹之神奇和成绩来美化他，从而说服蜀族的功臣和百姓，并统一使用这一口径对外宣传。未曾想，不知情的两族百姓果然信以为真，把这一伪造宣传当作事实来接受，代代下传。实际上，本为蜀族后裔的蜀王杜宇，决不可能在没有任何压力的情况下，主动让权给异族人，这于情于理都说不过去。这一场异族间的王权转移肯定会是一场看似轻松实则暗藏杀机的宫廷政变。但这一善意的掩盖，确实为巴、蜀两族人的友好奠定了坚实的基础。由于此两王分别为巴、蜀两族的创世之王，后来一直传说，两族后裔还为两王建立了祠庙，代代祭祀，就是今天尚存郫县的"望丛祠"（见图 83），也即望帝杜宇和丛帝开明的祠庙。从两位王为先祖的传说，也可看出，望、丛二帝为巴、蜀两族的先祖。否则为何有两位（两代）开国元君？有传说认为望丛祠中的两墓从都江堰移来郫县，实际上可能是从早期的郫都移至现在的郫县。因为早期的"郫都"，经学者考就在今郫县北30里处。任乃强先生认为"本在九陇"，其地更靠近今都江堰。

图83 现在尚存郫县祭祀望帝杜宇和丛帝开明的《望丛祠》

有关开明王朝实际上是巴人王国，并承继杜宇王朝称王之事，历史文献上也有残传。《蜀志》亦云："后有王曰杜宇，教民务农，一号杜主。……移治郫邑，或治瞿上。巴国称王，杜宇称帝，号曰望帝，更名蒲。"

文中也有混传之处。说杜宇"移治郫邑"，可能有误，因为杜宇王朝就兴立于郫邑，以至开明王朝接手后，仍以郫邑为都，居住到第五世才迁成都。从引文中有"移治郫邑，或治瞿上"之说来看，当年的郫与瞿上之地不远，甚至就是同一地方在不同时期的地名。瞿上一地经学者考认为在现在的郫县与彭州之间的地方，那里可能就是杜宇之"郫都"。引文后面记有"巴国称王，杜宇称

帝"，这就又沿用了古传，认为巴人开明初为杜宇手下的王，杜宇仍为蜀国老大称帝。但其中"巴国称王"，可能正是指巴人掠夺了杜宇的王位之意。而杜宇所称的"帝"是指仙去的灵位之意。因为先秦以前的"帝"均指天神、太阳神。也将死去的人王誉称为"帝"，即化仙而升天之意。即使退一步讲，按传说是开明在杜宇手下称王，但这里却用了"巴国称王"，实际上明确了开明为巴人这一事实。

还有一个信息，过去史家不曾注意。"郫"地后来称"繁（樊）"县、乡，这个"繁（樊）"称是如何出现的？前引巴人传说中，祖承的"五姓"中，就有"樊氏"一族，是否开明迁成都后，就将旧都"郫"赐予"樊氏"驻守，导致了后来的俗称"繁（樊）"？

史又传说开明帝的老家在今乐山地区。《水经注·江水》："南安县（今乐山）……即蜀王开明故治也。"（乐山可能是开明帝家族的祖籍地，未必是王朝治地。否则就不会治"郫"了。）乐山地区也确有浓郁的开明鳖灵传说和遗迹。但许多史家又发现乐山地区的古人自古崇拜"青衣神"，而青衣神就是对青衣羌宗祖图腾的俗称。青衣羌又为正宗的羌人，于是又误认为开明为正宗羌人。这又是怎么回事呢？

《三教搜神大全》第七卷云："蚕丛氏初为蜀侯，后称蜀王，尝服青衣，巡行郊野，教民蚕事。乡人感其德，因为立庙祀之。祠庙遍于西土，无不灵验。俗概呼之曰青衣神，青神县亦以此得名云。"

这一段文字就把问题说清楚了。文中说，乐山当地的土著初始不会饲蚕，有青衣羌常去教当地的土著饲蚕，（青衣羌就居住在邻近的雅安地区。服青衣是对东方太阳神的敬祀，因为"五行"中东方为"青"色。"青神"县一名，就是对东方太阳神另称。）乐山当地的土人学会了饲蚕及农事后，为感恩青衣羌人，将其视为青衣神，并建庙祭祀。这段文字清楚不过地说明了羌人教授乐山地区土著巴人学习农耕经济的事实。因为如果乐山当地的土著是羌人，本来就有全套的农耕文化，不需青衣羌人去传播，只有祖承狩猎和渔业经济的巴人，才需要学习农耕文化。从当时土著巴人将青衣羌尊视为神来看，巴人土著文化非常落后。同时也推而广之，为什么巴人大量居于蜀地却不建王朝，是因为文明落后，没有统辖大片区域的系统文化和统治经验，后来巴人建立了开明王朝仍然尊崇并沿用蜀俗，正是因为巴人文化落后，而蜀族文化先进之原因。

开明王朝的开国之王为巴人而不是蜀人的事实很多。其传至今日的几种图腾，均为巴人图腾。"开明"就是白虎，正是巴人的图腾之一，今长江中游的"白帝城"就是白虎的别名。但在巴人祖地，鳖灵也是巴人的宗祖图腾。前面已分析，这个巴人的宗祖图腾在传说中来自长江中游；开明帝又别称"鳖灵"和"丛帝"，"丛帝"就是"虫帝"。古代早期几乎将陆地动物都称虫，后来又将蛇、虎称虫。《水浒传》中武松所打的虎，在书中称"大虫"，就是力证。因而，"虫帝"还是白虎。这都是巴人典型图腾，有关于此后面还有详述。

开明王朝为巴人所建的最有力证据，还是"船棺葬"。蜀史研究者一般都认为，在蜀地所出的"船棺葬"之俗，为巴人之祖俗。由于巴人先祖长期生活在长江流域，多事渔业，因而与船有深厚的感情。船又是人类制造的最早的载具，它可以运载货物和人。因而，古传的有一个太阳巡天的版本，就是天船载日巡天。古人死后，灵魂需要上天，也往往借助"船"送死者上路。巴人生者喜船，是因为船是巴人最重要的生产工具，死后恋船，是借拟为天船，送死者灵魂归天。包括对先祖"禀（灵）君"称王故事的传说中，也以"土船"为赌具。经学者考证认为，船棺葬兴起于

长江中游地区，特别是巴人中的一支"賨人"，最习船棺葬，后来随巴人进入蜀地。

然而，考古工作者却在近年，就在成都地区周围的绵竹、双流、郫县、彭县、蒲阳、广汉、大邑、什邡等地，以至成都市中心的多处地区，发现了战国时期大量的船棺葬。包括被确认为开明王朝亲戚封地的广元（古称苴国），也出土了不少船棺葬。这是为何？

有学者根据这么多的船棺葬出于蜀王朝中心地，又按传统观点认为，这些地区自古为蜀人控制，因而推想可能是蜀人的葬俗。但如果是蜀人葬俗，那么，应当在其祖地岷山之中出现，或者在三星堆时期出现，事实上这些地区及同时代并未发现船棺葬俗。因为蜀人早已进入农耕经济，少有渔业，对船没有深厚感情，只有巴人长期与船生死相守，才有此俗。

如果开明王朝是蜀族控制的王朝，何以在王朝统治期（战国时期），在蜀王统治的中心地成都平原腹地出现那么多的船棺葬？特别是就在金沙圣都东部一二里处，今成都市商业街，出土了一个战国时期的大型船棺群墓葬，其中一具 18 米长，连棺盖直径达 2 米多，被誉称"船棺王"。这肯定是一位重要的巴族人的贵族，才有如此豪华的墓葬，有学者认为就是开明王朝的贵族墓。然而，按传统观点又无法解释：蜀族的开明王朝怎会用巴人的葬俗？如果开明王朝是蜀人统治，又怎会容忍巴人就在离金沙都城一二里的地方建立大型墓葬？只有一个结论，开明王朝的主要领导人是巴人，一切问题都迎刃而解了。

还有蜀地发现的战国时期的青铜器，绝大部分器上为巴人的图腾虎、蛇，特别是"巴掌"等，可以肯定这些青铜器为巴人之器。也正是前述的巴人开明王朝时期邀请"邛都"铜匠入蜀后的杰作。如果再联系前面提到的开明王朝的先祖鳖灵图腾来自长江中游的"荆"地，开明王朝灭亡时其王逃往东部祖地方向，成都初城别名"龟城"（含有鳖灵之意），及本书前面、后面提到的许多例证，可以肯定地说，开明王朝为巴人所建！

驱鬼的"巴掌"

从现在已有的资料来看，巴人也有自己的图腾系列，其首要的图腾当为"巴"。既然以"巴"为族号，当为最高神明图腾。

"巴"就是蛇。《山海经》有"巴蛇食象，三年吐其骨"的传说。首先明确了"巴"就是蛇。同时是一条比象大若干倍的蛇，因为这条巴蛇可以食象，可见其形之巨。其实质正是华夏各民族乃至世界各民族都拥有的图腾母题：龙蛇神灵。因为蛇就是龙。"龙"就是以蛇为基础人为夸张的一种图腾物像。"昆仑神话"古传的神灵多为"人面蛇身"，长沙马王堆帛画天界上的神灵亦为人身蛇尾，汉代浮雕上的伏羲女娲造人图上，伏羲女娲均为人身蛇尾（见前面《伏羲女娲执规矩》图），都是以蛇身标示神明的古传。

"巴"字甲文就是虫蛇之形。汉语今有"尾巴"一词，指动物尾部下垂的一根软性条状器官。"尾巴"与蛇形相似，故以"巴"称。有学者研究认为，蛇字古音及书写又作"它"字，"它"、"巴"古音通，"它"字甲文构形亦为虫蛇状，多为简化的蛇头形。今字形仍保留着蛇头形状。

"巴"族之号，既是本族所称，又是中原人所称。两处"巴"的内涵都惊人一致，包括"巴"字的字形、音韵、内含的深层文化，可见巴人与华夏中原民族（主要是羌族）有共祖文化，而且有较近的共祖文化。所以前述曾介绍，巴人先祖曾在甘青一带的羌区滞留过，甚至就是早期的羌族一支。由于后来封闭式地独居大巴山，导致了祖承文化的差异，但其深刻的母题文化还是一系的。

巴人以"巴"为号，巴又为龙蛇类，那么，巴族人的图腾应当首推"龙蛇"才符合逻辑。因为古人均以本族所崇图腾为名号。然而，考古工作者在蜀地发现了大量的巴人遗留，至今难见巴族人的最高图腾"巴蛇"。这是为何？原来巴蛇在巴人遗留中心比比皆是，只因不识而失之交臂。

考古工作者在四川地区发现了大量的战国时期的青铜器，青铜器种类较多，但绝大多数为"戈"类武器。这些武器上几乎都有各类图案，学术界将其称为"巴蜀图语"。而多种图案中又尤以一类图案为最多，几乎遍及各地，在已发现的"巴蜀图语"中比例也很大（见图84）。这个图符并不复杂，右边为一手掌，已为学界共识，左边有一椭圆形的符号，中间略有点缀，下端有一尾巴，这是一个什么符号呢？为何如此大面积普遍出现于巴蜀地区？学界至今对此符号尚无定论。

图84 巴人青铜武器上的"巴掌"图符

有关此论，学者们有多种解释，多认为是"心·手纹"。即把左边的符号看作"心"之形象。

冯广宏先生对"巴蜀图语"的收集研究做了大量的工作，并撰成《巴蜀文字的期待》一文。他在文中也总结了诸家对此符纹的不同观点：

心手文在器物文字中最为常见，因此学术界讨论最多。这一合体文字中的"手"文比较清楚：皆作曲肘形，拇指外伸，其余四指上拔，臂上有花纹，臂端作云形，这似乎是一种特定的手势。手多为右手，若绘左手，则需重复两只。在手腕的空处，就被"心"文所填补。心文整体上呈蝌蚪形，旧时多视为心脏，晚近学者大都否定此说。徐中舒先生认为是花蒂，"像花含苞未放及蒂形，当是'葩'之象形字"。"秦人蜀人皆读花为'葩'。巴出自姬姓，即属华族。"所以此字应该就是"巴"或"华"字，任乃强先生同意其为花蒂纹，唯主张心文后来逐渐演化为人头形，成为王者的形象，故此文可读为"王"字；手文则显为造作之义，因此心手文整个可读为"王作"。邓少琴先生将心文解释成蜀人所指帝星杜宇，即心宿中最亮的大星。不过，四川史界对这些见解多不甚赞成，此后又出现了一些新说，如邓廷良君以为心文是巴文"虫"字，即巴蛇图腾；手文乃镇压之义。陈忠祥君以为心文是白海螺，为一族徽；手心乃制器者的标记。胡大权君亦以为心文是蛇的象形，为巴族徽记；手文有祭祀祈祷之义。由于心文的样子，并不大像蛇或白海螺，而且刻有此文的器物分布地域又很广，可见其含义一定比较宽泛，因此上述说法都有一定的局限性。

由此可见，学术界都非常关注这个图纹，且有多种试译。总结起来，对此纹的解释有"心"、"花"、"白螺"、"虫"、"蛇"等。那么，哪一释更符合情理呢？笔者认为，释为"巴蛇"最合理。可惜释"巴"学者未于深究。

事实上，这个图符就是蛇形！早期为虫蛇之整形，后期逐渐风格化，保留了蛇头之形，成为巴蛇的图符象征。汉字甲文的"它"及"蛇"之形亦如此形。如果再联系此符为"巴"人最普通的图腾母题，更应毫不犹豫地将其释为"巴蛇"之形。因为"巴"号就是蛇。不敢释蛇或不敢确证的根本原因，在于不知道开明王朝就是巴人王朝！而蜀地战国时期大量兴起的青铜器，就是巴人（以巴文化为主）的青铜器，既产生于开明王朝，又是从邛都引进的铜匠所制。与前述的几个事实完全吻合！

不过，这个蛇形图符总是与一只气宇昂扬的手掌共存，表明它们之间有不可分离的关系，那么，它们组合在一起又为了说明什么呢？

这得从四川地区一个独特的方言词汇说起。

在中原及其他地区的语言中，对于手掌，大都用"掌"或"手掌"来表达，愤怒之时还用"打你一耳光"来表达。唯有四川地区在同一概念的表达中采用了"巴掌"一说。愤怒之时往往说"给他一巴掌"！为什么四川人要用"巴掌"来指称手掌？又为什么是"巴掌"而不是别的什么掌？

原来，巴人神崇巴蛇，认为巴蛇具有无所不能的神力。可能早期原始时期巴人会借助巴蛇的全身整形来表达巴蛇的神力，并刻画在某些器物上。到了后来，人们发现人类最灵敏并无所不能的器官就是手，因而推想巴蛇神灵也应有手，而且巴蛇的手也会像人类的手那样无所不能。因而逐渐将巴蛇的手用于替代复杂的全身蛇形。但仅画只手，又容易让人误会为人手，于是画一蛇头在手旁，表示这是神蛇之掌。巴人将蛇视为"巴"，因而，此掌就是"巴掌"。

巴掌具有无所不能的神力，特别是具有驱逐鬼怪和打击敌人的能力。因而巴人必将神圣的巴掌绘在青铜戈和其他武器上，借用巴蛇神力出击。巴人有深厚的巫鬼神事活动，早期使用这种绘有巴掌的武器驱鬼，此神掌一出，便会释放出无边的神力，一切妖魔鬼怪都无法近前！后来有了青铜器出现，特别是受到蜀人崇尚青铜之俗的感染，便在青铜器上刻画此符，意思一样。包括后来用此武器作战拒敌，也是为了借用巴蛇之神力御敌。而借用神明图腾装饰武器御敌的做法，是世界各民族早期的通俗。包括将手掌拟作神掌的做法，也是世界性通俗。

由于巴人一直流行"巴掌"之语，其源本出驱鬼之法具，后来卑化，成了百姓的生活用语。因而，四川人将手掌读作"巴掌"。

巴人的"巴掌"并不只绘制在青铜戈上，它初起时往往是巴人崇拜的图腾。这一早期的习俗，我们今天还能在巴人中心地见到。前不久，考古学在长江中游一带的一个村落的竹林内，发现了一块立石。石约 1 米多高，很像一块从地底直伸地面的手掌（见图 85），石上绘满了图符，全是"手掌"与蛇形，与前述的"巴掌"图符一样。学者们正是发现石上刻有巴人的这类图符，判断它是巴人的文化遗留。但迄今不识。其实，这块似掌的石头，上绘"巴掌"图符，就明确了这块石头就是巴人早期崇拜的图腾"巴掌"。它所以被视为神石，正是因为它的外形似掌，而被巴人上升为"神（巴）掌"之象征，并加以敬祀。

巴人崇拜并利用"巴掌"的事例很多。巴人从古流传的"巴渝舞"，就是巴人的祭祀之舞。其中舞姿多为"推掌"、"亮掌"造形。原因就是模仿和借用"巴掌"驱鬼。巴人好巫鬼之事，居地多

图 85　长江中游地区一个村落中发现的巴人古代的"立石巴掌"

有"巫"名，如巫山、巫峡、巫溪等。巫就是驱鬼的神职人员。而古代的"傩舞"，均"以歌舞祀鬼神。"巴渝舞"实际上就是"傩舞"，也即驱鬼之舞。因而舞姿中的"掌"之造型，就是借用"巴掌"驱吓鬼怪。

龙蛇神灵均有隐于体内的神掌的传说，也是华夏民族共同的传俗，因为龙蛇图腾也是华夏民族共同的母题图腾。巴人有"巴掌"，蜀人也有"巴掌"，但表达方式不一样。三星堆出土的青铜扶桑树上，有一条头下尾上的龙形依树而立，这条龙本是昆仑神话中传说的东方辅神"句芒"，它的职责就是每天接送出外值日的太阳。但一般人未能注意，这条龙身上也有"巴掌"（见图86），其"掌"正好在四肢的位置上。只不过这几只龙掌可能参照了美女的纤纤玉手，刻画得非常纤嫩细美。龙在华夏中与蛇同类。三星堆青铜龙身上的"掌"，与巴人流行的"巴掌"在本质上是一样的，都是对拟人化的龙蛇图腾的神掌的展示。三星堆这条龙身上，除了掌外，还有几只金刀，从结构上看，也是这条龙的器官之一。这也是古人想像的龙自带的武器，其作用与"龙掌"一样，厉害非凡。只不过，"掌"是人们想像的龙自身的器官，而"刀"则是人类自作多情赠送给龙蛇图腾的。

图86　三星堆青铜扶桑树上的青铜龙身上伸出的手形

由于三星堆青铜龙身上有"掌"，蜀地发现的大量青铜武器上也有"巴掌"，这就很容易让人进入一个误区，认为有"巴掌"的青铜器，正是正宗蜀族文化，因为其上的"巴掌"图符与三星堆青铜龙身上的掌如出一辙。其实，这只是浅表的现象，笔者也很愿意这样说。而且这几个事物联系在一起，也是首次发现。将它们联系在一起推出一个蜀族文化系统，既方便似乎也有说服力。但如果细究，就会发现"差点上当"。

前面已述，巴人的先祖与羌人的先祖均有一段共居时期，因而有共同的近祖文化系统，许多宗祖图腾文化本质上一致。但由于巴人独居巴山数千年，呈封闭发展，培育出了自己的个性文化，文明滞后，与蜀及中原文化并不同步，这与考古学发现的事实相符。

四川自古有"巴掌"一称，且有巴族，当与巴族文化紧密相连。蜀、羌及中原文化虽也有龙蛇图腾，甚至也有以"巴"称蛇之俗，但从未有以"巴掌"为突出的图腾符号之俗。如果蜀族、羌族也古有此俗，那么，我们可以在中原史前、羌居祖地岷山及三星堆时期发现。同时，如果有也不会称"巴掌"，而会称"蛇掌"、"龙掌"或"神掌"。反之，深刻的巴掌文化在开明时代遍布全蜀，早期却在成都平原的东部地区，更早则可追溯到长江中游地区。因此，可以肯定，"巴掌"文化正是巴族人所崇的主要图腾巴蛇图腾的简化。它不仅兴起于巴人，而且成为巴人文化的典型特征。

由此也可追溯一下前面提到的牟托沟出土的青铜器，其中部分戈形器上也有虎、鸟、日纹、螺纹、蜥蜴等，但恰恰没有"巴掌"纹，正好说明牟托沟出土的成组青铜祭器，是纯粹的蜀羌祭祀中心，一定程度地受到中原文化的影响，同时引进了蜀地开明王朝时期的冶铜技术和铜料。但其中的图腾牌上，集中了四象图

腾，并采用"凤"字形，及其正好用手掌握的设计，就包含了"巴掌"的命意。

开明白虎与鳖灵

金沙遗址出土了数量不少的石虎和石龟，其内含的文化与三星堆西祭白虎判然有别。本节就是为了讲清此虎与彼虎的关系。

我们在前面分析了金沙出土的部分承继三星堆文明祭祀传俗的器物，并以"五行傩祭"对号入座，分析了东、南、北三方的图腾，唯独没有分析西方图腾，正是因为金沙遗址出土的西方图腾并不像三星堆那样单纯。三星堆组器为纯正的夏、蜀"五行"祭器，金沙的祭器中却加入了巴人图腾。

在"五行傩祭"的规制中，西方的图腾系列为：属"金"，颜色为白，星属为金星，主神为少昊，辅神为蓐收，代表兽为白虎（参阅前面的《中国古代五行系统分解表》）。

三星堆组器中就出土了"金虎"（见图 87）。它就是五行傩祭中的"少昊白虎"，也可直称白帝。由于西方属金，故以金质制作此虎。三星堆出土的器物，形制和材质是最规范的，可以作为夏代以后（包括稍前一些时期）傩祭器物的比照标准。三星堆不仅出土了象征西方白帝的金虎，同时出土了"铜基绿松石虎形饰"

图87 三星堆出土的金虎

（见图 88），就是专用于祭祀西方白虎的祭器"白琥"。因为古制规定祭祀西方的祭器就是"白琥"。《礼记》云："以白琥礼西方。"还出土了祭西方白虎时的酒具"青铜虎形器"（见图 89），构成了西方之祭的系列礼器。我们在三星堆发现了祭祀东、南、北方的很多玉器，其中有部分玉器就是在蜀地制作的，"白琥"却只发现了这一件。按理，三星堆治蜀几百年，应当不断有同类器呈置于圣庙祭祀西方白虎，为什么其他各方的玉质祭器均有不断增加的情况，而"白琥"之器只有一件呢？因为蜀地当时没有发现铜矿，无法用铜做，又不能替代，因而一直就只有这一件。古制只明确记载了"以白琥礼西方"，但这个白琥用什么器做，并未明确。从三星堆出土的实物来看，"白琥"就应是铜基绿松石之虎形器。

图 88　三星堆出土的祭祀西方的　　图 89　三星堆出土的祭祀西方
　　祭器"白琥"　　　　　　　白虎的酒器"青铜虎形器"

如此我们看到了三星堆蜀族的西方白虎图腾系统祭器：以金质白虎象征西方昊帝，以铜基绿松石虎形板饰为"白琥"祭器，以青铜虎形器作为敬献西方白虎图腾的酒具。金沙遗址（开明王朝之圣庙）如果是纯正的蜀族后裔，那么，也应承继三星堆有关西方白虎的祭祀规制，哪怕简化原始一些，才符合逻辑。事实上，金沙遗址也确实出土了虎，而且有多件，不过是完全同一造型的卧虎，而且采用了黑白相间的石质材料（见图 90）。还有一个现象值得注意，这些石虎出土时，口有涂朱，也就是嘴被染成红色，画有口红！

金沙开明王朝圣庙虽也有虎图腾，但却与三星堆虎图腾不是一个系统，各有规制，可见这个虎图腾不是蜀族的，而是巴族的图腾。

那么，巴族有没有崇虎习俗

图90　金沙出土的石虎

呢？为何要用石质刻虎？为何要用黑白相间的石质？因为古人非常讲究图腾的质地和色彩。

巴人先祖地自古崇虎，在其早期的传说中，多以虎图腾为先祖形象。前面曾提到巴人的始祖图腾"廪君"，实际上是"灵君"，也即"鳖灵"的人格化。巴人同时也以鳖灵（龟）为祖宗图腾。这实际上是华夏民族均以北方水神为祖神系统的分支化。然而，巴人的北神水祖却有独特的变化，与其他民族不一样。

《后汉书·南蛮西南夷列传》云："廪君死，魂魄世为白虎，巴氏以虎饮人血，遂以人祠焉。"

巴人传说的鳖灵，即北方水祖死后魂魄化为了白虎，这个传说当是"鲲鹏之变"的发展和变异。因为巴人的祖承图腾中也有"鱼凫"，即鱼类变鸟的图腾和神话传说。这里又出现了鳖灵（鱼类水神）死后魂魄化为白虎的传说，可能正是"鱼凫"嬗变故事的变异。由于巴人本来就视鳖灵为神祖图腾，而鳖灵死后又变为白虎，那么，白虎也就顺理成章地成为了巴人的神祖。或者说，鳖灵与白虎都不过是巴人神祖图腾的两种变相，而这两种变相又都在开明王朝的名号中得到体现：开明与虫帝都是白虎，又别称鳖灵，正是巴人两个变相的宗祖图腾加于一名矣！这一变异大概正是巴族独居大巴山，常见猛虎而形成的虎崇拜，并附合于"鲲鹏之变"，与鸟置换而形成的独具民族特色的图腾崇拜，以此形成了自己的个性文化并与他族相区别。

如此，我们就不难明白为什么金沙出土的石虎要用黑白相间的石质制作，且多为卧虎状了：三星堆出土的虎为金虎，是因为三星堆蜀族只是将其作为西方神明图腾远距离加以供奉，列位于四方图腾之一，并不突出于其他图腾，因而其形为端庄而神圣的西方神明之形；金沙出土的石虎是巴人近距离的宗祖图腾，与"巴蛇"和"鳖灵"并列为首位图腾，地位非常突出。同时，正因为巴人的虎兼有龟、虎两形，便不能用金做，而采用黑白相间的石质制作。"黑"色在"五行"中代表北方，同时也代表龟色，因为龟为黑色；西方在"五行"中为"白色"，虎为"白虎"。因此，用黑白相间的石质做石虎，兼有了西、北两方之色，也就同时代表了龟、虎两相图腾！同时表现了虎皮的花纹。古人对此非常讲究，其石虎设计肯定为此分析无疑。否则，不可能在这么多因素上偶合到天衣无缝的程度。其卧虎开口露齿之形，正是令族人敬畏的先祖之形，有凶猛跃动的生猛之态，而不像三星堆金虎那样给人以远距离的朦胧之感。

前述引文中还有"巴氏以虎饮人血，遂以人祠之"之记，是说巴人把虎当作活着的祖神敬祀。巴人的虎图腾还要饮人血（推测早期巴人会杀人用血祭白虎神祖）。我们在金沙出土的石虎中，正好看到了这一点：石虎的嘴被染成红色！这种将石虎嘴染成红色的现象中，有两个内涵：一是正是将石虎当作活人先祖来供奉，活人最显著的特点，就是面有血色。这一做法与三星堆出土的青铜人像嘴唇染朱及金沙遗址后来出土的木雕先祖像脸有化妆、嘴唇染朱是一个意思，就是将他们视为活着的先祖加以供奉。白虎嘴上染朱的第二个意思就是，表示每天都有人血供饮，使白虎先祖的生命力日日旺盛，才能最大限度地保护族人！

巴人的白虎不仅要饮人血，而且还要食活人！考古工作者在金沙遗址的发掘现场，就发现了出土的一只石虎的嘴正好放在一具被绑石人的脖子上（见图 91）！这决不是偶然的，这一组器物的搭配，准确地体现了金沙古人当时的图腾白虎有食人之好，同时也准确地反应了金沙为何出土了那么多被绑的石人 —— 这些石人，正是象征傩鬼（和曾经想谋反的武负）等坏人，供给白虎食用的午餐！如果有人图谋不轨，这就是他的下场！金沙古人正是用白虎将要吞食坏人和叛逆者的生动教材，来教育他们的后代要真心维护巴蜀联盟，否则，将会葬生虎口！

图 91 金沙遗址出土的石虎嘴放在石人脖子上的场面

其实，"白虎先祖将用它的神力查找坏人，并吞食他"的传统教育，一直在巴人居地流行。我们不仅在金沙遗址上看到了这一场面，同时也在巴人曾经活跃的中期祖地乐山、峨眉地区发现了同样惊心动魄的一幕。迄今存放在峨眉山博物馆中的几件收集来的大约制造于战国时期的青铜器中，就有一件无可争议的"白虎食人"之器（见图 92），它可以作为金沙石虎先祖食人的补充！

267

此我们看到了金沙的虎图腾
与三星堆虎图腾的区别：三星堆
的白虎，就是"五行儺祭"中的
方神之一，蜀人远距离供奉它；
而巴人的虎图腾地位突出，为图
腾之首，且有功用，巴人利用它
食人来威胁坏人，并作为活着的

图 92　峨嵋山博物馆存放的
"白虎食人"青铜器

先祖供奉。这样细致地分析，只为说明一个问题：金沙石虎是典
型的巴人图腾。同时再次证明开明王朝为巴人所建。

由于"开明"也是蜀人及华夏先祖文化中对白虎的正宗称谓，
又使得一些同志认为"开明"之名号不应是巴族名号，而当为蜀
族之号。

《山海经·海内西经》云："开明兽身体庞大，就像老虎，长
有九颗脑袋，长有人的面孔，面向东，威风凛凛地站在昆仑山上。"

又"（昆仑）山的每一面都有九道门，每道门都有开明兽把守，
因为那是百神所在的地方"。

《山海经》中的传记，可以肯定为中原人所记，其中传说的内
容包括人类有记忆开始至后来若干万年中发生的重大事件，特别
是录记了华夏先祖在昆仑山生活时期留下的深刻记忆和培育出来
的创世神话。也可以肯定不是巴人所记。

巴人的白虎叫开明，蜀人及其先祖文化传说的白虎也叫开明。
开明就是"启明"，实际上是金星的另称。古人乐意用所属方位的
星名雅称同方位的图腾，因而白虎又雅称"开明"或"金神"。实
际上西方神明均可用此雅称。那么，又为什么巴、蜀两族的白虎
会有一致的称谓呢？

这有两种可能。

一种情况是，如前所述，巴人曾与羌人共居，并同是昆仑先

祖族团的后裔，而开明白虎一称在很早时期，即华夏先祖族团祖居昆仑山时就有了（所以《山海经》中才有记）。因而，巴人也有可能承继着同样的传说名称，并一直称虎为开明图腾。两族文化融合，又重合在一起。

第二种情况就是，开明王朝的巴人政权，直接承继蜀人杜宇王朝，而且承继王朝的大量巴人早在蜀地生活了若干代人，早已接受蜀人系统文化的熏陶，当然也包括图腾系统文化的熏陶。因为真正的巴人祖承神明文化十分落后，十分混乱，且不成系统，只有残断的远古传说和单个的宗祖图腾，不能有效对大面积族人进行统治。而蜀人有大规模系统的祭祀文化和习俗（三星堆中心就是蜀人的先祖统治中心），巴人羡慕崇拜蜀人的系统神明文化，并乐意承继。在这样的背景下，即使巴人过去的虎图腾有别名，也会随着对蜀文化的系统接受而更名"开明"。巴人在未将其虎图腾命名"开明"之前，可能有直接的"白虎"俗称。古蜀传下的蜀王之一"柏濩"，就有可能是"白虎"的误译。因为开明时代甚至以前的巴人时代，都可能用"白虎"俗称其局部统治区，随附传下，被后人随笔记下。因为迄今找不到"柏濩"在人间活动的历史和传说。而"开明"一称，实际上是随着"开明王朝"的称谓传下来的，早期的情况已无从所知。甚或就是在建立巴人的白虎王朝时，正式利用了蜀人的"开明"一名，以示正统规范，符合华夏古传的"五行儺祭"之正名。

总之，无论是哪一种情况，都不能改变开明王朝为巴人所建这一事实。两族的白虎图腾流传内容中，还有很多的区别。如蜀人先祖传说的"开明兽"，是站在昆仑山上，面朝东方威然屹立的造型。大汶口就出土了这样造型的"白虎"祭器（见图93），构形就是昂头威立，一副"威风凛凛站在昆仑山上"的霸王之像。前述的牟托沟图腾牌上的虎，也是此形，不仅可与巴人区别，还可证明牟托羌人与中原的关系。这一风习，当是在引进蜀地巴人青铜料和冶铜技术时，同时引进的祭俗。因为虎图腾也是蜀人敬祀的图腾之一，只是不像巴人置于首位。而且蜀人的"开明"是置于高位供奉的神明，不用食人饮血，这些都是区别。还有许多，此处暂略。

图93 大汶口文化出土的陶制开明白虎，昂头立威，正如文献中所记

　　正因为开明王朝为巴人所建，而巴人又以虎为最前列图腾之一，所以才在开明王朝时代，也即战国时期，在蜀地出现了大量的标示有虎图腾的青铜器，与"巴掌"图符同系出现（见图94）。在青铜戈器上标示虎的做法，肯定是巴人所为。因为蜀人不会单突出虎图腾，而会重视东、南两个阳方的神灵。

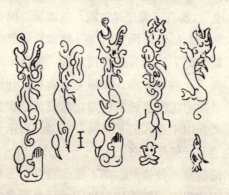

图94 蜀地战国时期青铜器上的虎纹

　　从金沙遗址出土的祭祀器物构建的整体祭祀系统来看，主要系统框架为蜀文化的"五行傩祭"。但在图腾西方"白虎"和北方水神"龟蛇（鳖灵）"方面做了手脚，塞进了本族祖承的私货，将

巴族的白虎与鳖灵置于了较为首要的位置。这样的更改，也可以理解，既然巴人掌握政权，他们当然有权利和理由将自己祖承的最高信仰得以伸展和发挥。并且依然能够宽宏地保留蜀人祖俗，已是具有宽大胸怀的高尚行为了。

既然已经提到了蜀地的虎图腾，索性再啰嗦几句。三星堆遗址一、二期文化中，也出土了一件土陶烧制的虎形（见图95），出土时头、口、身上涂满了红色染料。由于它出土于三星堆遗址，人们很容易将它视为三星堆蜀族的产物。然而，通过前面三星堆与金沙两地的虎图腾造形对比分析，不难看出，此虎构形与三星堆三期文化中的金虎、青铜系列虎器相去甚远，但却与金沙出土的石虎近若兄妹，都是四肢卧地，昂首大开虎口，造型凶猛厉害，双耳收垂于脑后，均有红色颜料涂身！由此可以认为，此虎肯定为一、二期文化时期盘踞三星堆处的土著巴人的杰作！正好佐证前面所述：三星堆一、二期文化为巴人土著文化。同时，又反过来证明金沙都城的称王者承有巴人的崇祖文化，与三星堆一、二期古人有共同的祖承图腾。这两系不同的图腾以肯定的形式证明了两族人的不同文化，而以图腾为据区别族属又最具说服力。

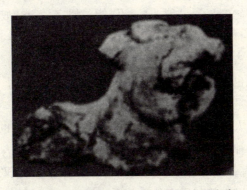

图95 三星堆遗址一、二期文化的土陶虎

飞翔的鳖灵 —— 巴人的鱼凫

"鳖"就是团鱼、乌龟，"鳖灵"就是"鳖"形神灵，也即中原古文化中说的"灵龟"。前面已述，鳖灵就是巴人的祖崇神灵，为开明王朝之别称，又被人格化为"廪（灵）君"。因而"鳖"即团鱼、乌龟，也是巴人祖承的首位图腾。

有学者认为，古蜀传说的"鳖灵"，不一定是巴人的图腾，可能是蜀人的先祖图腾，因为蜀人先祖特别是夏人先祖图腾也有"鳖"为先祖图腾。

传为夏王朝先祖图腾，大禹之父的"鲧"，就曾有过"鳖"形变相。

《左传·昭公七年》记郑子产云："昔尧殛鲧于羽山，其神化为黄熊，以入羽渊。"

文中说，尧派大禹之父鲧去治水，而鲧治水不力，故惩罚他，将鲧化成一只黄熊，羁押在羽山旁的水渊中。但黄熊是陆地动物，怎能押在水中呢？

《经典释文》云："熊……一作能，如字。一音奴来反，三足鳖也。"

原来，古文"熊"又作"能"字，意为三足鳖。由此看来，大禹之父鲧也曾传为"鳖灵"（古代将神都称"灵"，既然是神话中的鳖，又是图腾，当为神鳖，亦可称鳖灵）。

还有世人皆知的商王朝时期流行的"甲骨文"，也即卜辞，就是将龟视为神灵，而向龟祈卜留下的记录，说明商人也将龟当作"鳖灵"。还有彝族等许多少数民族均有崇龟之习，这又是为什么？这些习俗与巴人的鳖灵有什么关系？

"五行"宇宙布局及其各方位的基本属性，也即东日、西月、南阳、北水及其内含的基本神明和阴阳系统，是华夏各民族都拥有的古老系统，也是各民族共同的祖源文化。只是由于中原人较早进入农耕文明，得以较早地录记于书，较完整地保留了下来。其他民族由于长期处于狩猎或游牧经济，丢失的太多，只有残断的传承。但有些最基本的观念完全一致，特别是认北方水神为祖神这一点，几乎整个华夏民族都是一致的。

由于北方被牢固地视为"水"方，是一个只有水的世界，因而认为也只有能够适应水的动物才能在北方生活，包括神明图腾的形象也必须是水物之形。因此，早期的北方神明图腾就是鱼，因为鱼是所有水域都产生的最普遍的水中动物。后来又逐渐产生了与水有联系的另外几个北方图腾，且统称鱼类。因而北方水神就有了一组：鱼、蛇（龙）、龟、蛙、贝等。

从目前各民族崇拜的北方水祖之神来看，绝大多数为这几种。有的全有承继，有的选择一二。不少民族都选择了"龟鳖"之形为水祖之神，其原因除了"龟鳖"具有水陆两栖生存能力之外，还在于它们神奇的外形。古人认为的宇宙构形是"天圆地方"，而"龟鳖"的身体构形，就是顶圆腹方。特别是它们背部正好有隆起的甲壳，很像隆起的苍天，其四脚又与传说中的天由"四柱"支撑吻合。（"女娲补天"传说中就有"断鳖足以立四极"。）因而古人把龟鳖的身体看作一个浓缩的宇宙。既然它们有宇宙的造型，肯定与宇宙及其管理宇宙的神明有密切关系。于是崇龟之俗兴起。

《山海经·海外北经》："北方禺强，人面鸟身，珥两青蛇，践两青蛇。"郭璞注云："字玄冥，水神也。"庄周曰："禺强立于北极，一曰禺京。"

《庄子·大宗师》："北海之神，名曰禺强，灵龟为之使。"

华夏古代北方水神在一个时期传定名为"禺强"，但庄周又说，禺强也称"禺京"。其实,"禺京"就是"鱼精"。这便把一个最原始的事实透露了出来。汉语中的"精、神、灵"都是指神明,禺强就是"鱼精"变成的神。庄子又说禺强出门的专车就是龟,实乃人格化的混传,因为灵龟本身就是"鱼精",所以巴人称作"鳖灵"。

由于许多民族都有崇龟之习(这正好反映了华夏民族同宗共祖),就不能简单地把巴人的鳖灵直接等同于夏(蜀)人的"三足鳖"。因为我们这里要寻找的是巴、蜀两族祖承的文化差别,而不是共同。

从夏人及蜀人的整体祭祀文化来看,他们更趋向于敬祀"鲲鹏之变"之祖崇图腾,三星堆和金沙遗址均出土了刻在核心重器上的"鲲鹏之变"及"人面鸟身",说明夏(蜀)人更重视北方水神遇强。而在系统"鱼类水神"上,则更直接地选择了"鱼"形。前述两金器上的水神形象就是鱼形。有学者认为大禹之父"鲧",就是"鲲"的音变,此说有理。而"鲧"就是鱼。《说文·鱼部》:"鲧,鱼也。"《玉篇·鱼部》:"鲧,大鱼也。"大禹也就是"大鱼"。如此,"鲲"为大鱼,"鲧"为大鱼:鲲—鲧—大禹(鱼),构成一个完整的夏人崇鱼系列。不难明白夏及蜀人的鱼类水神中,选择的是"鱼",很难见夏人以"鳖灵"为突出水神神灵的传说。

三星堆文明出土了最典型最完整的夏人祭天组器,并未有龟,这是最有力的证明。

巴人的"鳖灵",不仅传说于远古,崇为最高宗祖图腾,而且一直被当作活着的转世神灵,进行着鲜活的同步敬祀,且与开明王朝同步相伴。这显然与夏(蜀)人的亚级鳖灵崇拜并非同一概念。而且,商人也有深刻的龟灵崇拜之习,能说商人与巴人在史前有文化上的交流吗?

正因为巴人有着深刻至上的鳖灵崇拜,我们才在金沙遗址看

到了出土的"石龟"和"石蛇"。这两种图腾之所以选择用黑色的石头刻制，正是为了应合"五行"中北方属黑之古制。不过，从遗址中既出黑龟又出黑蛇的事实来看，金沙的祭祀系统受到了当时中原文化的影响。因为当时中原祭祀中，北方水神已由龟蛇相缠的"玄武"登位了。但两者毫不冲突。巴人的"鳖灵"肯定是古传的北方水祖之神，中原的"玄武"也是北方水祖之神，两族在此问题上会达成共识，实际上是分离了很久的共有的祖文化在此重合并轨。

金沙遗址还出土了一块长 59 厘米的龟甲，上面钻满了约 1 厘米直径的孔洞，密密麻麻，孔与孔之间留下的空处，已无法再钻孔，大概有上百个孔洞。有学者认为，这是当年金沙古人占卜留下的佐证，此说有理。由于鳖为神灵，巴人也会遇事求龟，特别是祈雨。可见，巴人也有与商人同样的"卜龟"之习。（尽管其中也有细小的区别，暂不分析。）其俗早在长江中游祖地生活之前就有了，并一直下传。曾在夔州（今奉节县）为官的唐人刘禹锡，几乎就生活在巴人群中。他在诗中这样描绘巴人："钻龟得雨卦，上山烧卧木。"从诗中不难看出，至唐代巴人还处在刀耕火种的落后经济状态，同时也肯定了巴人有"钻龟"求卦之习。金沙遗址出土的这块"占龟"上，就是由一件约 1 厘米粗的圆形棍状物"钻"出的孔，说明两地古人有共俗，也说明这块龟甲为巴人所留。

由于这片甲非常大，可能是当年金沙古人遇到的最大一只龟了，因而认为它最有神力，故长期使用此甲求雨。古人求雨，基本上是一年一求。因为无论这次求雨时间多么长，祈者一定要等到雨落，才会结束仪式。而只要耐心等待，就一定会等到雨落。即或是一年求两三次，也只需要在龟甲上穿两三个孔。而这片龟甲上有上百个孔，可见使用了若干年。由此可以肯定，金沙遗址的整体器物（也即圣庙圣都）曾裸置地面若干年，是在一个紧急情况下不得已掩埋了的。并不是有人认为的，这些器物是专门作为祭祀用，做好后就埋掉。如果是这样，这片龟甲上百个孔作何解释？

更为有力的证据，可能要算成都三洞桥遗址出土的战国时期的铜勺（见前面图38）。勺上有图，图上部左为鸟、右为鱼、中为龟，龟两侧有两个汉字：祖神。这便是将上部的"鱼—鸟"之"鲲鹏之变"视为蜀族先祖神明，中间的龟，便是巴人的"鳖灵"祖神。由于它们都是开明王朝的祖神，故而同出一幅画中。否则，两个民族的祖神决不可能同现一器。此器不仅说明了开明王朝为巴人所建，其时正在战国时期，同时说明了开明王朝承继蜀俗。图上的汉字也表明，中原文化已渗透进蜀地。如果此器为蜀人所制，断不会出现"鳖灵"图腾，也不会两图腾同出一器。

巴人不仅有单独的"鳖灵"崇拜，似乎还有"鳖凫"崇拜。我们在峨眉山博物馆见到这样一件青铜怪器（见图96），它有龟的头和身子，背上的龟斑清晰可见，但又有鸟的双翅和鱼尾，头前的口吻上，还有被夸张了的蛇的触须。这是个什么怪物呢？

从它用青铜制造，浑身均为图腾素材复合一器，且又铸于战国时期来看，它应当是巴人的图腾，因为它不

图96　峨嵋山博物馆存放的
巴人青铜"鱼（鳖）凫"

仅出现于巴人史前的聚地峨眉、乐山一地，而且蜀地出土的不少青铜器上，也有与之完全一样的图符出现。如同出峨眉县符溪乡的一件青铜戈上有此图符等。这是一件什么怪器呢？

笔者认为，它就是巴人的"鱼凫"。

所谓"鱼凫"，本质上就是指"由鱼类神化为鸟神"的图腾，

其背景就来自前述的"鲲鹏之变"。而这个"鲲鹏之变",即由一只巨大的水祖神鱼嬗变为一只巨大的日鸟的传说,是华夏各民族共同的祖源文化。早期各民族共同传说着这个故事,并置于最高祖神图腾尊位。后来,各族分离,各自演化,但今天至少还可以在一半的民族祖承文化中找到这一"鱼—鸟"图腾的完整或残缺、变形的实物。

我们在前面给出了几个民族的"鱼—鸟"图腾:三星堆金杖上的"鱼—鸟"图、金沙金带上的"鱼—鸟"图,良渚文化出土的鱼、鸟、人三连璜器,北方草原也有同类"鱼—鸟"器。云、贵地区的好些少数民族也有同类图腾。可见,"鱼—鸟"嬗变图腾崇拜为华夏各民族的共俗。尽管各民族表现这一图腾的形制各异,但却总是围绕着最基本的"鱼—鸟"嬗变而造型。

巴人也肯定有此一图腾,而且名字非常正宗,就叫"鱼凫"。此器就是巴人的鱼凫图腾,此器用龟头龟身蛇须鱼尾组合成水神,本质上就代表鱼类,其分别组合的器官,也都来自系列北方水神之身。其实,龟本身在古代就是鱼,古称龟为"团鱼"、"元鱼"。成都古称"龟城",又别称"元鱼国",都是例证。但这个由几种水神器官组合成的水神又有一对明显的鸟翅,构成一个可以飞行的水神。在华夏各民族的所有神话故事中,特别是在古老的"昆仑创世神话"中,只有"鲲鹏之变"传说着一条神鱼嬗变为神鸟的故事,其他再无。如有,也是这个原始故事的另传。从前述分析巴人的诸多祖承文化,如开明白虎、水祖鳖灵等,均与羌、蜀及中原古代图腾文化共祖,出自同一神话系统的事实来看,这个怪器就是巴人的鱼凫无疑。唯一的差别是其他民族直接采用"鱼"变鸟,而此器却用了"龟"变鸟。正因为此器采用了最典型的巴人图腾"鳖"变为鸟形,才可以毫不犹豫地认出它是百分之一百的巴人鱼凫,而不是任何其他民族的器物。

巴人不仅有实物青铜"鱼凫",从蜀地的鱼凫地名分布来看,可能连四川的鱼凫地名都来自巴人带入。

冯广宏先生在《考古揭示蜀人三源说》一文中,有心地收集了蜀地残留至今可考的鱼凫地名:"鱼凫留下的地名线索较多。宋《太平环宇记》彭山县北二里有鱼凫津;《续汉书》南安(今乐山)岷江边有渔涪津;《南北八郡志》作鱼凫津;后世方志中,岷江汇入长江处的南溪县北三十里有鱼符津;永宁县有鱼凫关;符县(今合江)有巴复关;长江近三峡处的奉节县汉代称鱼复县;其下入湖北腹地,《太平环宇记》沔阳县东十五里有鱼复城;松滋县有巴复村。"

可惜的是,虽然这些地名至今可考,其分布状况本身就能说明问题,但一些学者却仍然按传说观点漠然置之。

迄今离成都、金沙、郫都三座中心城距离最近的只有一个鱼凫地名,就是温江县境内的"鱼凫"村,甚至残留一座史前的"鱼凫城",大约离成都16公里。而其他的鱼凫地名均在成都平原以东。川内最远的并且在古代为一中心要地的鱼复在今奉节县,也即紧邻巫山、巫峡和巴人中心的大宁河的长江中游地区!而这个地名至少在春秋时代已经出现。《中国历史地图集·战国》巴蜀页上已有此名。更远的在湖北境内的沔阳县和松滋县!而且松滋县的名叫"巴复村"!不仅有巴人名号,而且含有巴(鳖)—鸟,即前述的巴人青铜"鱼(鳖)凫"之器的语意!

邓少琴先生在《巴蜀史迹探索》一书中指出:"夔州、通州(今达州)一带,乃古代巴族重要聚居地区。公元前611年,秦人巴人从楚师灭庸,巴人实分有庸国龟邑之地,改名鱼腹,其地即今奉节。"

从此说,巴人在春秋中期就将占领的奉节县改名"鱼腹(凫)"。而可以肯定,当时没有族团性的蜀人迁到那里,甚至没有迁到成都平原的东部盆地边缘。即使有，也是家庭式的散住，不可能获得一座城市，并以"鱼腹"取名。这一点有考古学作证。迄今在四川盆地东部的考古发现，多是巴人遗留，几乎没有发现蜀人遗留。因为蜀人为夏人后裔，夏人有个特点，崇拜南方和炎帝。"五行"中南方为阳方，又代表"夏季"，"夏"也就是南方之意。因而，他们会按照祖先的要求直线南迁。所以蜀地的考古学和族属分布，也明显地表现出这一特点：羌人总是沿成都平原南迁，迁至凉山州以至云、贵，但却基本上不往东迁。这当中除了祖俗规定之外，还有一个重要原因，就是当时的东部已基本上居满了巴人。雅安与乐山为近邻，但至少在秦汉时代，雅安全为羌人，而乐山则为巴人。

如果说"鱼凫"崇拜及其地名为蜀人独有，那么，为何不见于岷江河谷，不见于三星堆蜀族统治时代及其居地？恰恰相反，这一地名几乎全部出现在四川盆地的东部及其以远的巴人居住区，甚至出现在湖北！事实可能是，巴人从长江中游西迁入蜀，一路上留下了这些地名。直到开明时代之前，巴人已近逼岷山脚下，望帝杜宇不得不将蜀人政权拱让。正是因为开明王朝以前巴人几乎已经占据了整个成都平原，因此，在温江地区留下"鱼凫"一名也是顺理成章的事。说不定"鱼凫"正是开明奇取杜宇政权前的中心聚地。

然而，"凫"图腾早期也出现于中原文化中。

《诗·大雅·凫鹥》有句："凫鹥在泾。"王逸在《楚辞》中注云："鹥，凤凰别名。"鹥与凫同属，当然也是神鸟类，而且也正名"凫"。

由此可以认为，巴人与中原（羌人）有共同的"鱼凫"图腾崇拜，甚至有共同的名称。若干年后再次相遇，两族都拿出了自己的传家宝，结果名字一样，神名及传说一样，只是器形和祭俗有别。

三星堆蜀族，包括金沙蜀族采用了金器上刻画"鱼—鸟"图的方式敬拜"鱼凫"图腾，而巴人则用青铜器浇铸他们的"鳖凫"图腾。此前可能还应有别的质材的器物以表。由此也可以对古蜀传说的"鱼凫王率众躲入湔山"的传说加以更正。当时躲入岷山的是纯正的蜀族，因而，此王当为其他名。"鱼凫王"当为混传。

写到这里，又不得不对古蜀的另一传说也谈几句。就是有关杜鹃鸟啼血之传说。

《蜀王本纪》有句："望帝去时，子鹄鸣。故蜀人悲子鹄鸣而思望帝。"

《蜀志》云："时适二月，子鹃鸟鸣，故蜀人悲子鹃鸟鸣也。"

刘琳注说："子鹃，又名子规、鹄鸟、姊归等。"

归纳起来，引文中说，杜宇死的时候，有子鹃鸟鸣叫，仿佛在悲哭望帝杜宇。因而，蜀人一旦听到子鹃鸟叫，就会想起望帝杜宇而悲哭思念。蜀人为什么要思念杜宇呢？

同书同段又记："后有王曰杜宇，教民务农，一号杜主。……巴亦化其教而力农务，迄今巴、蜀农时先祀杜主君。"

原来，蜀人思念杜宇，是因为他曾教民务农。怀念杜宇就是华人最为流行的思祖尊老之传统的反映，因为是先祖赐给后人以生命和生存方式以及已有的生存环境。不过，引文中大概有两层意思：一层是蜀族自己每年都要祭祀先祖，以感激先祖赐予的务农之生存方式，像植物感谢种子那样；二是蜀人教巴人"务农"的生存方式，也即"巴亦化其教而力农务"，就是巴人也学习蜀人的务农方式。因而，巴人对杜主的怀念中实际上有两层意思：一是感激蜀人赐予的务农技术（与乐山的巴人感激青衣神一样）；二是与蜀人一起思念杜主。

然而，蜀人思念的这个杜宇望帝，实际上正是古老传说中的"鱼主"，也即大禹、大鱼。

刘琳在对上述引文段落的注释中，还给出了另一个信息："另一传说中：杜宇死，其魂化为子规，故子规又名杜宇、杜鹃。"

这里就太明白不过地说，"大鱼"死后魂魄化为鸟（子规、杜鹃）！这一嬗变也可以像《蜀都赋》那样反过来说"鸟生杜宇（大鱼）之魂"。

这样的"鸟"生大鱼之魂，和大鱼死后魂化为鸟的反复嬗变，正是我们在前面已反复分析过的"鲲鹏之变"。三星堆金杖上同样的四组"鱼—鸟"图两两并列，就是为了说明这个"鱼—鸟—鱼—鸟"反复循环之意。金沙出土的金带上的"鱼—鸟"图，干脆刻在一个圆环带上，更表明它们呈圆环似的反复循环。而这里的"大鱼"与"鸟"又是反复死去，魂魄重现，与《山海经》中记载的"蛇乃化为鱼，是为鱼妇（凫），颛顼死即复苏"，是多么的惊人一致。

而且，"鱼—鸟"嬗变之故事，发生于北方水祖神之身，当以先祖供奉。这里的巴、蜀两族也将"杜主"作祖神供奉，可见其正是对古老的"鱼—凫"祭仪的再现。

仍需注意的是，三星堆和金沙及中原人，都将这只大鱼变的神鸟称作"凫"，因为此字音与"华"同（华古音读伏，且为"日"之专字），也即与太阳的称谓一样，隐含着"凫"即太阳神鸟之意。但这个传说中又把这只鸟称作"子规"，甚或发展解释为"杜鹃"（当是沿用杜宇之"杜"）。"子规"神鸟未见中原，也未见羌人古文化系统。况且，从古至今长江中游湖北境内仍有一个不小的地名就叫"姊归"。近年考古学在这一地区有大量的考古发现，亦被认为是一处早期巴人先祖的聚地。那么，我们似乎有理由认为，这个"姊归"就是巴人早期传说的"子规"鸟名的音记，后来随着巴人的迁徙带入蜀地，又将其附会混传于"鱼—凫"故事之中，所以才留下这个千古之谜。

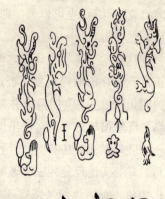

第八章

宇宙中心雒城四方郊祭

——兼释古蜀史前故城

　　华夏民族自古就有祭祀太阳螺神之俗，祭地中心亦名"雒都"。这个雒都被精心布局和打扮，每一块土地上都展现了古承的"五行"系统和宇宙布局。随着虔诚的祭仪逐步繁多、扩展，又出现了"四方郊祭"，就是每季都要到当祭方向的郊外进行盛大的祭天仪式。三星堆、金沙、成都城迄今残留着当年的郊祭设施遗址。特别是成都市的青羊宫及其古建筑群，几乎完好无损地将早期的东祭太阳祭仪和设施保存到了今天。

三星堆经典雏城布局

　　由于蜀地多出雏城、广都，而古代的雏都有着庞大的背景文化，为了说明古蜀多座雏都和故城，必须先介绍其系统的背景文化。

　　从目前已发现的史前雏城、乐都的情况来看，保存得最好并已有发掘系统资料的当数三星堆故城。三星堆故城目前所展现出来的客观情况，非常符合古训，可以说是目前为止发现的最经典的代表宇宙中心的雏城。然而，故城的布局和内含的文化，迄今不为人知，也不为考古界所知。这里较详细地对其布局和内含的文化作一分析，并由此与史前特别是蜀地史前多座故城加以比较，便会有可喜的结论。

　　史前的四川盆地，是水泽与陆地相间的地貌。地势略高的地方先露出水面成为陆地，低的地方尚为水域。迄今尚存的湖泊就是早期较大水域逐步退缩而留下的。虽然四川盆地整体海拔高度在 300～750 米之间，其间有不少的丘陵和低地，但广汉周围的海拔高度基本上集中在 420～470 米左右，具体海拔高度为：金堂峡口海拔高度为 425 米；金堂赵镇一带低于 450 米；而广汉三星堆一带则高于 465 米（《巴蜀文化与四川旅游开发》，四川人民出版社 2000 年版）。也就是说，广汉一地高于周围地势 20～40 米。那么，它会先于其他低地露出水面，较早地成为陆地。

　　同时，它又是一块符合史前古人"风水学"要求的地望。史前古人有着深刻的神祖崇拜习俗，选择居地特别讲究。尤其是都城和圣庙地址，更不敢有半点马虎，其布局构形，一丝一毫都要符合祖规，符合祖传的地望、风水、宇宙布局等文化传统。因此，故城遗址中肯定蕴藏着诸多当时流行的筑城规则和文化，如果将其逐一揭示，三星堆文明内涵便会昭示天下。

　　我们可以从四川省考古研究所绘制的"三星堆遗址分布图"（见图 97）上清楚地看到，故城北面紧邻着从西北向东南流淌的雒河（今称鸭子河），从西城墙和南城墙的朝向来看，整座城池朝向为东北—西南向，东城墙已与整座城池朝向不相协，这是因为后期维修扩张所至。但请特别注意东城墙的初城位置和扩移的位置，后面对此有专述。

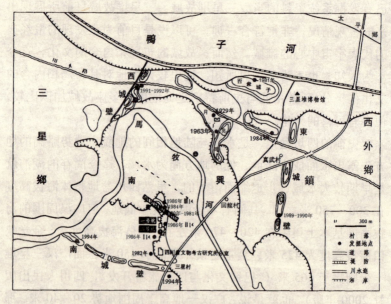

图97　四川考古所绘制的三星堆遗址图

　　为了让读者能够更加清楚地了解三星堆故城的布局及内含的

文化，我们根据考古发现将它当初的模样略作恢复（见图98）。

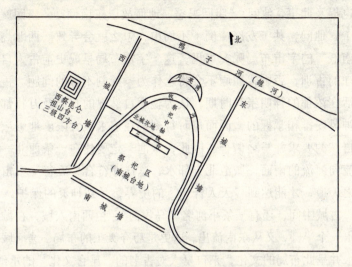

图98 作者恢复的三星堆最早的故城图

故城的东、西、南三面的古城墙已被发现，从其布局来看，当时只有此三面有城墙，北面则以"鸭子河"为墙。北面不筑墙，以水为界，为早期祖训。

这样的故城布局是夏后氏唯一遵行的经典城池布局，特别是王城、都城、圣庙必须严格依从这一布局。北面所依的鸭子河，在广汉境内为标准的西北—东南向，几乎呈直线。此俗正是夏人严格承继的史前古人流行的宇宙布局：古人在生活实践中观察到，水总是由北向南流，因而固执地认为，北方总有流不完的水，且北高南低，所以水由北向南流。因而古传"五行"中，北方属水。《淮南子·天文训》中传说："古时共工和颛顼争夺帝位，共工发怒撞倒了不周山，擎天之柱被撞断，系地之索被扯断。西北之天高了，所以日月星辰就移向那里；大地向东南方向倾斜，所以水流尘埃就归依到东南。"古人因此形成了"西北高、东南低"的宇

宙观。这一宇宙观至少形成于 3 万～5 万年前。屈原在《天问》
中也提及此事，他问："康回冯怒，地何故以东南倾？"康回就是
共工。他问，共工发怒撞倒了不周山，怎么就会导致"西北高、
东南低"的宇宙布局呢？可见，这一宇宙布局早成史前古人自觉
遵守的古训，否则，屈原不会将它作为一深刻不解的问题。古人
生活在浓郁的神明崇拜时期，认为整个自然界的布局及万物都是
由神灵安排和掌握的，因而每时每刻都在追求最大限度地顺应天
地自然的要求并与之谐合。因此，城池一定要建在一条西北—东
南流向河流的南面，城池北方邻水，这样才符合"五行"宇宙分
布之天道，才能达到"天人合一"的境界，受到神灵的保护。

　　古城中间，还有一条小河名"马牧河"，由西南入城，在城北
绕出一个半圆，又从东南流出，这更是巧夺天工的布局。选择城中
有水并呈此布局的文化，来自夏人对古老的"昆仑文化"的承继。
华夏先祖早期在昆仑山北侧、塔里木盆地一带游牧，承继着更早时
期培育出来的"昆仑文化"（包括传至今天的"昆仑神话"）。《封禅
书》中记有昆仑时期的原始圣庙明堂之布局，为"四面无壁，以茅
盖，通水，环宫垣为复道，上有楼，从西南入，名曰昆仑"。古人
认为，水是天地之精津，圣地必须有水，与天地沟通。此马牧河"从
西南入"，流经城北并团抱着中心祭台绕流一圈，正是此意。从其
布局和古传的圣地中心圣水名来看，此河古代当名"丹水"，也即
日神老家中的"赤黄"之水。不过，今天的马牧河河床已有偏离，
当是后来河床移位所至。当时的马牧河肯定呈较规则的半圆从城北
流过。今日城北马牧河北岸河床尚存规则的半圆形就是证明。

　　三星堆故城呈东西略窄、南北长的布局，也来自古训。《天问》
有句："南北顺椭，其衍几何？"意思是说，古传的大地布局为南
北两向略长的长方形，东西距离略近，南北距离略远，到底长多
少？可见，古传大地就是这样的形状，那么，代表大地、宇宙中

心的圣城，肯定也必须按这样的规制建造。三星堆故城的建造正是如此：东西略窄，南北略宽，正是为符合"南北顺椭"宇宙布局的祖训。

三星堆故城几乎从中间一分为二，呈南北两个区域：城南是一块高出城北约2米高的台地，北面正好是同等高度的低地。图上的分界线为笔者所加，意在划分南北两城。现在城南的台地已被取土烧砖破坏得不成样子，边沿也因取土和洪水冲刷而毁塌，但当年应是人工整饬过的整齐的边沿。三星堆故城的核心灵魂"三星台"，就建在南面接近边沿的台地上。

有学者认为城北的低洼完全是马牧河洪水泛滥的结果，似乎不够科学，如果认为也有人工的介入，更合情理。也就是说，城北的低地有相当部分是人工挖掘的！当年的古人只是利用了这一精略的地形。《礼祭·祭法》说"掘地为坎"——这个"坎"必须由人工挖出来，以表明人类自己对北方水神的虔诚祭祀。筑砌"三星"祭台的土就可能取自城北。因为土台中包含有更早时期的土陶片。

故城南高北低的布局，正是夏后氏流行的"南阳北阴"之阴阳系统布局。"五行"中，南方为"火"属阳；北方属水为阴。因而，在阴阳学系统中，地面情况就是南高北低。（前述的"北高南低"是指穹天、宇宙布局。）古代的祭祀规则为"祭日于坛，祭月于坎"。"坛"就是高出地面的设施，在这里就是指城南的台地和"三星台"；"坎"就是低下的凹地，在这里就是指城北的低地与人工专门筑砌的"月亮湾"。（城北有地名"月亮湾"，就是指城北人工堆筑的半月形台地，后来移指马牧河一段"湾"。）祭日（阳）在南方，祭月（阴、水）在北方！由此，我们看到了：故城北面的整片低地与人工筑砌的"月亮湾"及西南流入城北的马牧河，构成完美的北阴系统；南城的整片台地和人工筑砌的三星台构成完美雄壮的南阳系统；南、北两城由于紧邻"合"为一城，又构成一个阴阳和谐、日月同辉的总系统，模拟出宇宙中心，人造一个天神下设的"天庭"！世界万物的矛盾都在这里得到化解，并接受这里的指挥和安排，再生出风调雨顺、万物相生的好年景——故城的整体设计与布局为正宗的巨大规模的祭祀圣地，所有的地形和建筑装饰都是经过精心选择和人工修饰过的。这也是古人为什么选择此地筑建圣庙的主要原因。三星堆故城至今还有别名"三星伴月"，就是指代表"阳"的三星与代表"阴"的月构成的阴阳相谐之圣地。其表象的实物，就是指城南的三星祭台和城北人工筑砌的半月。《礼记》说："日出于东，月出于西，阴阳长短，终始相巡，以致天下之和"，"阴阳相摩，天地相荡……而百化兴焉"。"天地合而万物兴焉"。《易·系辞下》云："阴阳合德，而刚柔有体，以体天地之撰（转），以通神明之德。"就是此意。三星堆故城则为这些思想、原则的体现提供了实物佐证。

故城中心的"三星台"是圣庙核心所在，正是夏代流行的祭祀天、地、人三礼的祭台。《史记·天官书》云："三能、三衡者，天庭也。"注云："三能，即三台，星名，在北斗斗魁之下。"又疏："言三台、三衡者，皆天帝之庭，号令疏散平地，故言三台、三衡。"三星堆南城上的"三台"（考古发现为一字形的三座土台）就是这样的"号令疏散平地"，即代表和象征天神统治天下的三台。《礼记·祭法》说"封土为坛"，这个三星台就是人工封土筑砌的"坛"。三星堆出土的大部分器物，当年就置于这座台上的木构建筑中。图上的祭台由笔者在考古发现的遗迹位置上画出，其两头伸出台地，是对早期三星台的复位。因为现在的台地已被破坏，"台"也只剩下一小段遗迹。但它的原位和朝向没有丝毫变动。从图上可以清楚地看到，祭台两头朝向为西北—东南。城北为低洼"阴"地，而且有河水，无法容许大型队伍祭祀，祭祀活动肯定在祭台南面的台地上。

　　图上还有一个应当引起我们全力注意的地方，就是三星堆故城的摆放不是正四方形，而呈西南—东北向。这是为什么？须知古人非常注重方位朝向，并能精确把握。因为方位的识别法从古至今都是一样，是依据太阳运行的轨道。而太阳运行的轨道，对地球人而言，至少在几十万年内没有什么大的变化。

　　中原地区后期的城池，特别是王城、圣城，一直都是正四方朝向，因为这样的朝向比较好做，同时也以正四方的城池表示王城、皇城的尊严和神圣。

　　为了让读者更加清楚地了解，这里仅以北京明代故宫与三星堆故城作比较，得出其中的相同与相异。现存的北京故宫建于明代，由于是首都，其设计一定会遍请熟悉华夏古代文化和古传"五行"精髓的专家，并且必然会将嫡传古都文化贯穿其中，以体现正宗的华夏祖文化。并以此象征本族的"宇宙中心"，尊为国都（见图99）。

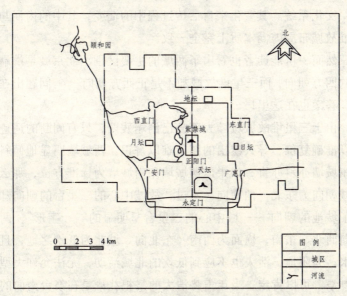

图 99　北京明代故宫布局示意图

从图上可以看到"颐和园"在西北方向，其中水系向东南流，穿城而过，为北京城提供水源。此布局正是为了符合古传的"北高南低"和"水从西北来"之宇宙观。由于这一水系来自西方，而西方在"五行"中属金，故又称"金水"。所以北京故城外的护城河叫做"金水"，上面的桥名"金水桥"。其实，古代的都城外的护城河都叫"金水"，其根本原因就是因为它们来自西方，这就是承继的"西北高、东南低"之古老的宇宙观布局。三星堆故城的水系也来自西北方。

请注意故城中心区的布局（以紫禁城为中心的方框）。紫禁城为中心皇城，外城东有"日坛"，也即祭祀太阳的圣坛；西有"月坛"，为祭月之所；南有天坛（天安门），表示南为"阳天"，为阳、火之属；北有"地坛"（地安门），表示北为阴、水之属。整体布局虽略有变化，但却完整地保留着早期的宇宙观、"五行"和"阴阳"文化系统。其变化来自后传过程中的演变，其中的内涵与三星堆故城布局内涵本质上完全一致。

然而，可能读者也看出了两城的主要区别：北京城是端端正正的四方朝向，而三星堆故城却不是正四方朝向——问题出在这里，答案也在这里！

由于三星堆故城城墙大部分已倒塌残毁，只有间断的遗迹，难以准确复位，导致绘出的图上难以辨识。西城墙明显地倾斜，而东城墙亦斜亦直，如果以西城墙和南城墙为标准方位，那么，故城朝向为东北—西南向。不过，故城中心的三星台的朝向却明确了城池的朝向——城中心的三星台呈明显的"一字形"，两头指向西北、东南，横面为西南—东北向。城北为低坎之地，且有河水，为阴地，活人也不应到低坎的北城活动，无法允许大型队伍舞祭。可以肯定，当年声势浩大的祭祀礼舞是在祭台南面的台地上进行的——祭祀者肯定会面对三星台进行祭祀，这样，祭祀

者面朝东北方向！

　　有学者认为三星堆故城朝向西北方向，意在纪念岷山及其祖地，但却没有认真分析这座城池的内含文化。由于此城呈长方形，在未弄清它的内涵前，可以猜测它朝向任何方向。但综合分析，它肯定朝向东北无疑！岷山在它的正西北方向，差错整整 45°。因而，"朝向岷山"一说只是个别学者的猜想和愿望，目的在于为"土著说"提供注释，真相大白之后，便会自觉唐突。

　　城池的朝向肯定应与城中心的祭台朝向一致，因为这样专行祭祀的圣庙，其功能实际上就是一个巨型祭台！三星台是核心，是圣城的主体，城墙只表达一种范围，是附属建筑，是为中心祭台服务的。因此，城墙的朝向肯定应追随祭台的朝向。

　　由此，我们看到了，如果把无墙的北面看作此城的开口，那么，整座城池朝向东北！城中心的三星台祭面朝向东北！祭祀队伍祭祀时面向东北！因为东北有水神先祖！

　　同时，以三星台为中心，垂直画一条线，切过月亮湾中心，这便是祭祀的核心轴线。如果继续向前延伸，它正好端端指向齐鲁和泰山！而齐鲁正是有缗·蜀族的祖居地！泰山，正是他们祖祖辈辈敬拜的圣山、祖山！

　　这等于是说，当年盖建三星堆圣城的主人来自齐鲁！他们有意将整座城池和祭台朝向东北，以示永远不忘故土的养育，铭记先祖之恩德，继续敬拜神圣的泰山。故城三面筑墙，北面不筑，敞开北门，正是为了每次祭祀时虔诚祈祷的祝福声，能够顺利地穿过鸭子河，无遮无拦地直抵故乡、故土，告慰神灵和先祖！同时得到神祖对漂流在外的游子的庇护！

　　三星堆故城的主人，以如此博大而深刻的方式构建圣城，把祭祀核心和所有的祈愿都朝向东北的设计，明白无误地告诉我们，三星堆三期文化的主人来自中原齐鲁；其内含的夏文化也明白无误地告诉我们，他们是正宗的夏后氏！

三星堆故城由于曾长期举行"傩祭"，导致它古存后世有一俗称"傩城"，故城北面西北—东南向的鸭子河，古名也叫"傩河"，构成一个完整的圣城、圣水系统。这也是夏文化圣城的核心系统。

需要强调的是，三星堆故城西城墙外还有一处名"大包包"的地名，地名处现存一正方形的台地。笔者认为它就是蜀族建于西城外，用于象征昆仑祖山的三级四方台。这个同位置的人工土台，在蜀地同期故城西面都有。

仿佛天意，又仿佛三星堆族的神明显灵，与三星堆出于同一体系的二里头故城，也在此时加入了证明自身的呐喊！

中国新华社于 2003 年 10 月 14 日向外公布了有关"二里头夏文化都城"的基本情况："最近的钻探表明，（二里头故城）遗址沿古伊洛河北岸呈西北—东南向分布，东西最长约 2400 米，南北最宽约 1900 米，北部为今洛河冲毁。现存面积约 3 平方公里。其中心区位于遗址东南部的微高地，分布着宫殿基址群、铸铜作坊遗址和中型葬等重要遗存。"

河南偃师二里头文化遗址，史学界已公认为夏王朝中晚期的都城所在地，年代确认为距今 3900～3600 年左右。现在又在此地勘探出有故城，此故城当为夏王朝晚期的都城无疑。（《中国历史图集》在二里头故城遗址处标名"斟鄩"，而这个名称就是史载的早期的夏都！由于夏王朝早期迁都频繁，因而，中原史前有几处地名"斟鄩"。二里头当为最后的"斟鄩"。）上述公布的消息中，已有诸多因素与三星堆故城中内含的文化一致（见图 100）。

文中指出，二里头故城沿今伊洛河西北—东南向分布。不过，文中说其城沿"古伊洛河北岸分布"，容易导致误会。其"古河"是指今天发现的更早时期的古河床，它与当时建城时选择地望无关，古人只会在当时存在的河岸旁筑城——此故城却在今洛河的南岸，其城北部临水，整座城池朝向泰山方向。二里头故城"北城"到底是被水冲毁，还是当初就没有筑墙（与三星堆故城一样），尚需调查。

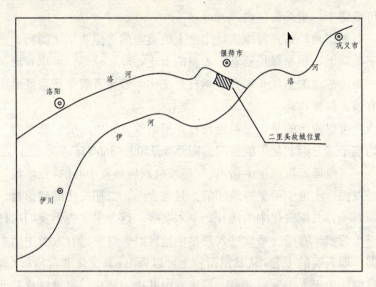

图100　二里头故城也在西北—东南向洛河的南岸

令人惊叹的是，今伊洛河整体呈西南—东北流向，在它近千公里的流程中，只有唯一一小段呈西北—东南向，长约4～5公里，其位置正在今天发现的二里头故城的北部！可见古人曾经过精心选择，绝非偶然。

由于二里头遗址区太大，发掘艰辛，目前尚不能见到全貌，但其整座城池坐落的地望、紧邻城北的洛河（构成的洛城、洛水系统）、"东南部的微高地"（实际是南城，由于城池不呈正四方朝向，误将南城视为东南部）暗示出的故城南高北低之阴阳系统，及整座城池朝向泰山等，已经明显显示出与三星堆故城及内含的文化完全一致。无疑，二里头故城就是夏王朝中后期的都城，其城也应有圣名"洛城"。二里头遗址再发掘时，能够有意识地参照三星堆故城布局进行勘探，也许有助于发掘的加速。从二里头故城发现的规模不小的铸铜遗址来看，三星堆出土的这组青铜器极可能铸于二里头都城内。

如果再联系三星堆遗址上出土的典型的二里头文化器物，如三足陶盉，铜基绿松石器，大量的玉圭、璋、琮等，可以肯定，三星堆故城的整体布局直接承自夏文化，修建者就是正宗夏后氏有缗·蜀族。

可以肯定的是，三星堆现存规模的故城和中心的"三星台"均筑于"三期文化"的前期，即距今 3500～3600 年。

三星堆发掘简报中指出，三星堆故城城墙及中心的"三星堆"，经发掘，土堆中可见夯筑印痕，且包含一、二期文化的残留物，即有一、二期文化中的陶片、草木灰等。这一事实告诉我们这样一个背景：有缗·蜀族进入三星堆地区时，这里已有人类生活，即早期入蜀的土著。从其遗留物上可以看出，其文化非常原始（就是前述的巴人土著）。有缗·蜀族看中并决定要在三星堆建筑总部都城后，便驱走了早期的土著，同时收刮地面上的泥土堆砌城墙和祭台。早期土著分散在马牧河两岸居住，使用着原始的陶器，常有有意无意打碎的陶器被荒弃在地面，且随时在地面点燃火堆，烧烤猎物。三星堆遗址显示的一、二期文化层长达千年，在这 1000 多年的时间中，会有多少碎陶片和灰坑？当有厚厚的一层。有缗·蜀族收刮地面泥土砌城时，会无意将这些陶片砌于墙中，被今人掘出。

三星堆故城不可能筑于"三期"文化以前。如果筑于"二期文化"时期，那么，城墙中就不会包含有"二期文化"的残留物——因为这些物品还没有被生产出来；也不可能筑于"三期文化"以后，否则，墙体中一定会包含有"三期文化"的残留物——

谁能保证生活了几百年的地方没有一件废弃物。况且，遗址显示的一、二期文化非常原始，不可能有如此大的气魄、设计能力和剩余价值，将几十万立方的泥土有序地堆砌起来，也没有这个必要。

而三星堆"三期文化"距今 3600～3200 年的时期，正是有缗·蜀族进入并驻扎成都平原的时期。这难道又是偶合吗？可以肯定，三星堆故城由有缗·蜀族建筑。只有他们才有这个能力建城；也只有他们，才会刻意建成这样一个布局的城。

宝墩与成都 —— 古蜀遍地多雒城

有缗·蜀族长驱直入蜀中腹地，在极短的时期内，迅速占领了成都平原上最富裕的沃土，驱走了当时居住这一地区的土著，以不容反抗的强势在这块沃土上规划着自己的居邑。由于古人生产力落后，劳动工具原始，不能远离水居，因而，其邑地的规划主要分布在岷江两岸和都江堰以东即以广汉为中心约 100 公里半径的范围内。

一个偌偌大族进入新开发区建设居地，其首要任务是选择总部的建地，也即神庙、宗庙圣城。这个总部还不是一般的族国总部，而是带有王室祖器的总部，相当于夏王朝的流亡政府总部。因此，其邑地一定要选择一个符合祖俗并与祖器相匹配的最佳地望。《礼记·曲礼》云："君子将营宫室，宗庙为先。"就是此意。于是，有缗·蜀族首先建立了三星堆雒城圣庙，象征与天地沟通的宇宙中心，也以此为凝聚族人的中心。但是，从有缗·蜀祖居地考古发现有几百平方公里之大来看，他们离开祖地时，至少有3万~5万人，一路上减去掉队的人员，进入岷山的人员也有3万人左右。三星堆故城遗址虽有2.6平方公里大，但其中发现的房屋和建筑却很少，不像一个有多条街道，街道两旁盖满民居的古城。其中只发现有少量的建筑，大部分地面没有建筑物，只有文化堆积层。因此，该故城更像是一座占地宽广的庙宇即祭祀中心，而非居民生活的城市，大量的生产，如烧陶、种植、畜牧等生产和生活活动均在城外进行。那么，有缗·蜀族同时入蜀的几万人在哪里生活呢？而且还会继续呈几何级地繁衍，他们的后代又生活在哪里呢？

三星堆故城只是置放夏王室祖器的祭祀中心，只有少量的人员和总部在城中。其他人员均被合理组合成多支族落，分别邑居在三星堆周围十几到几十公里的地方，拱卫着总部。几十年、一二百年后，这些邑地已容纳不下新添的人口，于是一批又一批的有缗·蜀族后裔开始向外围的空地迁徙。一代又一代的迁徙，最后布满了整个巴蜀并进入西南地区。这样的迁徙根据时间不同，会分作多个层次，越早迁徙的，如有缗·蜀族入蜀后的第二、第三代后裔，其迁邑离总部越近；越到后面，迁移越远，因为近地均被早出生的人占据了。

如此，我们便可以在广汉周围100公里范围内的地方，来寻找有缗·蜀族后裔的故邑。如果他们筑城的方式和布局与三星堆故城一样，就可以肯定他们是有缗·蜀族或者是其后裔。因为三星堆故城是蜀族建筑的经典圣城，也是蜀内首座城池，后裔们一定会按制承继。

笔者曾两次去了被蜀内一些学者认为还要早于"三星堆"文化，并是"三星堆"之前期祖文化的新津县龙马乡宝墩村的"宝墩故城"遗址考察，采访了新津县文管所的老所长李中华先生和颜开明先生。他们曾两次陪同成都市考古工作队到该处发掘考察，并参与了发掘的全过程，对遗址情况甚为熟悉。笔者在此了解了许多发掘情况，才发现宝墩故城与三星堆故城几乎是同胞兄弟(见图 101)。

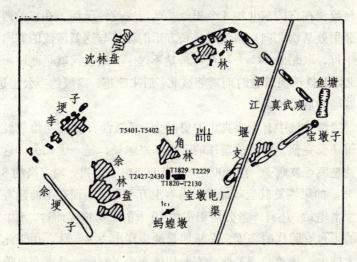

图 101　宝墩故城遗址，城池也为西南—东北向

　　我们只要稍微认真审视一下由考古单位绘制的这幅遗址图，就会惊奇地发现，它与三星堆故城的布局几乎一模一样。三星堆故城朝向东北，且东西窄、南北长，此故城遗址也面向东北且东西窄、南北长；三星堆城北有"鸭子河"，此城北面也有一条古河(现存有古河道)；三星堆故城内有马牧河呈半月形西北进、东南出横穿而过，此城也有一条河道(现已无水，但故河道十分明显)西北进、东南出穿城而过；三星堆故城中心有"三星堆"即古时的祭台，此城中心也有一巨型土台；三星堆西城外有"大包包"(实为西祭之祖台)，此城西墙外约半公里处也有一处规模不小的"土堆堆"；三星堆故城南高北低，宝墩故城同样如此。有一点不

297

同的是，此城北面有城墙。但经考证，北城墙为后来进驻该城的移民所筑，与东、西、南三面城墙不筑于同期。

让我们再看看《巴蜀文化与四川旅游开发》一书中是怎样介绍的："原来这座（宝墩）古城坐落在新津西河流域的台地边缘，西河流淌在它的东北约4公里处，西河支流铁溪河，在它的西南半公里处从西北向东南流过。长方形的城址与这条河流的方向基本平行，取北偏44°。"这已再清楚不过了！铁溪河就是此城所依的北水！铁溪河筑城时期紧邻城北，后来改道，离城约半公里远。北城墙为后来的筑建！

宝墩故城中有一座真正的史前"三星祭台"，比三星堆故城保留得还要完整，可惜被前往的考古学家忽视，是一大损失。这座台就是离"鼓墩子"约500～700米的一座土山岗，现存高约8～10米，如果恢复其当年面积，当有上万平方米。现在上面建有一小型水电站，还有一条公路和宽约10米的水渠横穿而过。水渠两旁的土包有同样的高度，非常明显地表现出古为一体。由于此土岗太庞大，导致考古工作者不敢相信，失之交臂。笔者亲自前往踏勘，认定此土岗才是宝墩故城当年的"三星台"。因为平原腹地不可能自然隆起这样的小土山，它肯定是人工建筑。

同时，宝墩故城的西城墙外，也有一座土堆（图上标为沈林盘处），不仅位置与三星堆故城西城外的"大包包"一致，而且土堆明显地由人工用卵石与粘土混筑。由于三星堆的"大包包"未予发掘，无法得知下面的情况，但笔者与王仁湘先生一道踏勘时，仅在表面就发现几块手掌大且一样规模的卵石，明显为人工精选的。而沈林盘早被烧砖挖土破坏，露出的断头处，可见密集的卵石与粘土混筑。而温江鱼凫城西墙外同一位置留下的象征昆仑祖山的三级四方台很高，现在约存3～5米高，全为卵石与粘土混筑。

此城还有多处与三星堆故城一致的地方。三星堆故城城墙底

宽 40 余米，顶部宽 20 余米，墙体两侧呈斜坡状；此故城墙底宽
30 米左右，顶宽 10 米左右，现在尚存残高 4.5 米左右，墙体两
侧也呈斜坡状，其比例与三星堆故城墙惊人一致，只是规模略小
一点。因为三星堆是总部，应当享有最高规格，宝墩故城是受三
星堆总部领导的分邑，规格必然要小一些。

有关该遗址中呈现的考古学上的文化内涵，我们干脆直接引
用成都市考古研究所所长王毅及其同仁蒋成、江章华在《成都地
区近年考古综述》一文中给出的数据："宝墩遗址位于川西平原西
南边缘的新津县城西北约 5 公里的龙马乡宝墩村，1995 年和 1996
年分别作了两次调查和发掘工作，城圈范围已基本弄清。该城呈
东北—西南向（！）的长方形，长约 1000 米，宽约 600 米，面积
达 60 万平方米。前后发掘面积约 500 平方米，发现有小型房屋 2
座、灰坑 32 个、土坑墓 7 座……解剖了两次城墙，构筑方法为斜
坡堆筑，其板状工具拍打的痕迹较清楚。城墙修筑年代在遗址的
晚期。"

文中认为"城墙的修筑年代在遗址的晚期"，那么，"晚期"
是什么时候呢？同文中另一处写道："（宝墩遗址）其绝对年代参
照相关遗址的碳 14 年代，结合遗物分析，初步推定在距今 4500～
3700 年左右。"到底是专家，仅凭推定的年代离实际的年代仅差
一二百年。这里所说的"晚期"，就是指距今 3700 年左右。

古居新津宝墩故城的居民即使不是与缙·蜀族同期入蜀的同
代人，也会是他们的二、三代后裔。新津离广汉直线距离不超过
100 公里，且均在富裕的成都平原上，迁往此处的移民不会超过有
缙·蜀族入蜀后 100 年。再从此城的布局与三星堆故城布局一脉相
承的关系来看，这样的文化承继时距不会太长，过长就有可能变形。
因此，可以肯定地认为，宝墩古城建于距今 3600～3400 年。

此城还有一个与三星堆故城惊人相似的现象，就是与三星堆

故城在同期同时放弃。其原因就是前述的为了伐纣，蜀人撤离成都平原。

新津宝墩故城沿袭三星堆故城布局筑建的现象，并非偶然，因为几乎以广汉为中心向外延伸100公里半径内的同期故城遗址均与三星堆故城遗址相似。就连大名鼎鼎的成都古城，其布局也是向"三星堆总部"学习而来的。

《华阳国志》中给出了一幅秦汉时期的成都故城布局图（见前图60），从图上可看出，此城的朝向仍为西南—东北向，而非正四方。它无疑是承继蜀族祖文化构建的城池。

从目前成都市房屋街道的布局及河道的留存情况，也可以清晰地看到它的早期布局情况。从整体上看，成都市除了现代新建的人民南路、人民北路及一、二环路外，整座城市的街道都是东北—西南向，特别是东北方的府河内侧街区更是如此。毫无疑问，它的早期规划布局直接承袭了三星堆故城的布局。

提到成都初城的设计建造，可能还有一段艰辛的斗争。由于此城为秦人定蜀后，由秦人指挥蜀人建造的中心城池，目的在于以此城为统治中心。因而，秦人不会按照蜀人的设计，而会按照当时流行的"正四方"的秦文化设计。然而，一则传说透露了它的背景。

干宝在《搜神记》卷十三记："张仪筑成都城，屡颓。忽有大龟浮于江，至于城东南隅而毙。仪以问巫，巫曰：依龟筑之。便就，故名龟化城。"

邀神助人筑建都城的传说，似乎并不起于蜀地，也不仅见于成都秦城的筑建。在此之前几百年兴建周都洛城时，也有同类传说。《北堂书钞》卷144引《太公金匮》中，记述了此传："武王伐纣，都洛邑，未成。"说周武王建洛都时，也遇到了连降大雪的困境。正在这愁难之时，帐外有客求见，太师尚父出门一看，外

有"五车两骑，四海之神与河伯、雨师、风伯耳。南海之神曰祝
融，东海之神曰句芒，北海之神曰玄冥，西海之神曰蓐收……"
武王问诸神："天阴远来，何以教之？"众神答："天伐殷立周，
谨来受命，愿赦风伯、雨师，各使奉其职。"原来，这四方诸神得
知周都建设工地上出现了问题，全都自愿前来帮助武王解难，以
使周都早日建成，不负天命矣！

从这段半神半史的残记中，我们可以看出蜀地群众与秦人的
斗争。当时筑城的设计人员和中层及民工肯定都是蜀地群众，秦
人只是使用暴力管理而已。可能秦人最初要求此城按秦地已流行
并很容易想到的"正四方"设计，但在盖建过程中"屡颓"，就是
不断垮塌——这大概正是蜀人的计谋，白天筑起，故意留下机关，
夜晚去破坏，将墙弄塌。这一现象弄得秦人也无计可施。蜀人还
可能去弄一只死龟，故意放在城东南，然后报告秦人，说这里违
背了天意，所以有灵龟前来问罪。秦人当时也相信迷信，不知如
何是好，于是请教蜀巫。蜀巫肯定与使计的蜀人有过沟通，正好
依计而行，告诉秦人，龟临死前曾责备秦人有违天道筑城，必须
要按照龟行路线筑城，否则秦人便有灾难降临。由于无论怎么筑
城都不影响秦人大的政治统治，加之蜀人众请，群情难平，秦人
只得作罢。于是蜀人就按照"龟行路线"——实际上就是恢复蜀
人祖承的"东南—西北"朝向筑城，所以留下了成都初城的承蜀
布局。

这个故事可能起自周都筑建时出现了一些小的困难，为了讼
赞周王朝顺天而立，受人拥护，故而将一些小困难放大传成神话。
四方天神也来相助，以此表示周王朝的兴立符合天道。但几乎同
样的借神相助的故事也出现在成都秦城筑建之时。如果再联系周
都亦名"成周（下都）"、金沙亦名"成都"等诸多一致的地方，
那么，开明王朝存在前后一直深受中原周王朝的影响，已清晰可

见了。而且"依龟筑之"的计谋，可能一开始就是受神助周都的启发而产生的。

到了唐代，大约为了恢复华夏民族早期的圣城，以表现盛世风采，唐王朝号令各地大兴"罗（螺）城"。当时全国各地，包括沿海地区都大兴筑建罗城之风。成都城又在唐代末期依旧城建"罗城"。此事在《创筑罗城记》中有详记。不过这已是后话。

与成都初城同筑于战国晚期的"郫城"，今天的城池摆向也与成都城、三星堆城一样。史载古郫城就在今郫城北"五十步"，实际上就是今郫县城的位置。其城也为西北—东南向，且北面紧依同向的"沱江"（见图 102）。

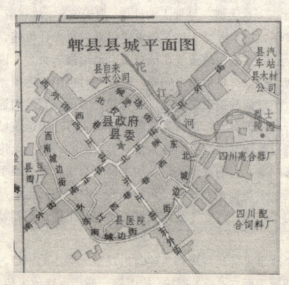

图 102　今郫县城仍在西北—东南向的沱江南岸

至于蜀地其他同期故城，就不一一列举了。

还有许多同期故城遗址只发现了局部，未探测出遗址全貌，尚无法给出其布局朝向。但可以认为，它们定与前述城池布局一

致，均为三星堆蜀族、蜀祖文化的产物。同时期肯定还有绵阳古城、绵竹古城、汶川古城、什邡古城等，当引起考古界的重视。

蜀地及西南地区，不仅多有"罗（乐）城"，同样也有与圣城配套的"洛水"。

西南地区的几条主要江河，古代均为"洛河"：金沙江古称"泸水"，实际上当为"洛水"，当地方言"泸"、"洛"同音，导致书记者误以"洛"为"泸"；今雅砻江古也称"泸水"，实际上还是洛水，误记原因与前述一样。在《汉志》中，雅砻江被记为"若水"、"绳水"，而"若"字古音读作"诺"，实际上就是"洛水"；至于"绳水"，实际上是"神水"。可见"洛"与"神"同意，就是"洛神"。还有流经云南、贵州的"赤水"，古名"安乐水"，还是洛水矣！

蜀内早期也应有大量的"洛水"与"洛城"相协，只可惜在几千年动荡中淹没，所剩无几了。《华阳国志·蜀志》有句："又导洛通山洛水。"注云："洛通山即《汉志》雒县下所谓'章山，洛水出'之章山。"《元和志》云："洛通山在什邡县西三十九里。洛水即今石亭江。源出茂汶南界之牛心山，南流穿行于众山之中，出高景关口（又称雒口）而入平原。……总谓之洛水。"

如果再联系前面分析介绍的"罗城"，及与之性质相似、文化相承的蜀地不同时期的都城中的名："郫"之"梦郭"，实际当为蜀族之"雒都"；松潘地的古名"罗廓"、"罗城"；犍为的"乐城"；邛人的"邛都"；汶川地区的"广阳"；成都至今沿用"都"名；双流县境内的两代"广都"及蜀地特别是羌区今存的大量的"罗"名，可以肯定，古蜀一直有"乐都"中心，承继着正宗的羌夏都城文化。从广汉三星堆雒城兴立后，就一直没有丢失过。同时，这一雒城、雒水系统构成宇宙中心圣庙的祖源文化，来自完全彻底的夏文化、二里头文化。与夏都雒城、周都洛阳一脉相承！

特别值得一提的是，雅安地区古为青衣羌的祖地，境内满目"罗"名，而且保留着正宗的羌蜀中心布局及因傩仪带来的遗留。紧临雅安有"芦山县"名，又名"芦阳"。其名当为"傩（乐）山"，由于当地乡音略有音变，将"芦"音发作"乐"，后人又误记为"芦"，其名又别称"芦（乐）阳"，与周王朝的都城"洛阳"完全一样。同时，今天的"乐山"一名，可能正是雅安芦山（乐山）一名的借移。因为古代雅安地区的羌人对乐山地区的巴人多有帮助，导致乐山土著巴人立祠敬祀"青衣神"，因而就可能借其圣地之名，命本地的圣地。而"乐山"一名，就是因为古代"行傩"，或以"傩（螺）神"为圣而命的圣名。

雅安紧邻的汉源县北十几公里处，境内有"三星"一名，同地又有"安乐"一名，从此地经过的河流名"宰罗河"。真是一处完整的古俗遗留。这个"三星"就是三星堆后裔的祭祀中心地，由于就在这个中心地举行傩仪，故名"安乐"，同时也在这个中心地驱逐"傩鬼"，并总是将一团火焰似的旱鬼驱至河中，因而这里的"洛河"已俗名"宰罗河"了。也就是在这条"洛河"边宰杀旱魃傩鬼矣！此名与前述的汉源境内的"抓罗沟"一样，本质上就是模拟的雒城北面的"雒河"，也是对其最高总部三星堆圣地的再现。

巴蜀两地现有的许多地名，均来自古代傩仪的影响。蜀地多山，而行傩往往需一块平地，多为河滩、草地，因而这些地方往往留有古名："罗坝"、"罗场"、"乐湾"、"洛河"等，实为古代的行傩场所，久而久之，留下这些地名。如南江县的"乐坝"镇，该镇东西两向几十公里均为峡谷，谷中一条小河顺势而流，公路紧靠河边的山根而行，无一平地。唯有乐坝镇建地有一块古时河水冲刷而成的小平原，约有一百多亩大，古代前后几十公里的山民只有在此举行傩祭，久而久之，留下美称"乐坝"。

四川还有许多地名与傩仪有关，如岳池县之名当为"乐城"（"池"亦即"城"），也是古代乐仪中心之一。

从傩仪活动中抽取一个情节或节目名称命地名的情况，也有不少：

仪陇一名，实为傩仪中"彝龙"之祭祀。

武隆一名，当为"舞龙"，亦"傩舞祀龙"矣。傩舞中就有众人手执龙图腾欢舞的情节，近现代的"舞龙"活动就是直接承继的傩仪中的舞龙。

武胜一名，也当为"舞圣"，以傩舞祭祀神圣，或表演神圣。剑阁县现在还有"演圣乡"一名，就是指傩戏中表演神圣之意，其乡位置正处在剑阁地区古有傩戏传统的中心。

武都一名，当为"舞都"，实为"傩舞之都"。而且上述地区境内均有"三台"、"三星"。

安乐、安岳，均为一名，来自"乐"有两读之变。安乐一名在蜀内不下1000处，在中国则有几万处，因为"安乐"是傩仪中最表吉祥礼贺的情节。安乐亦"安傩"，为傩仪开坛之程式。傩仪开坛时，首先要从天上将傩神请下地来安置好，"安傩"即将傩神安置于上座，以好吃好喝接待，待神安顿好后，行傩者才能面神祭祀，或酬神还愿，进行下面的程序。

至于大乐、群乐、快乐、长乐、丰乐、永乐等"乐"名，太多太多，数不胜数，可以肯定，它们均来自古代傩仪的影响。

前面啰嗦了这么多有关"雒城"的背景文化，目的在于从前后左右向金沙包围。既然金沙圣庙为开明王朝的都城，既然整个蜀地从创都时期至后来一直称作"雒都"、"广都"，那么，金沙也肯定为"乐都"无疑，其传至今日的"成都"就是金沙圣庙的名称。由于它是开明王朝中期迁入的圣庙，故以"成"都相称，取"五"数之"成就"、"成功"之内涵。其与周王朝的中期都城称"成周"，来自同一文化背景。

由于阐述金沙故城的布局还需与一大组遗留相联系，故而放在后面分析。

雒都中心四方郊祭

由于成都平原腹地几座古城都留下有明显的古代四方郊祭遗留，有的保留得还非常完整，其中包括三星堆、金沙及成都城。为充分解释这些遗留，这里先介绍一下华夏古代四方郊祭。

前面已反复介绍了华夏民族历史上一直传继的雒城，就是人类自己建造的象征天神伸设地面的宇宙中心之神都，人王在此进行各种祭祀，祈神告祖。

"雒"都一名，是最高级别的都城圣名，只有王国中心或联盟中心，才有资格享有如此圣称。有此圣称之城都，就享有最高级别的礼遇。具体说，就是只有"雒都"才享有天子之礼和祭天专权。一个国家只有一处中心享有这个祭天专权，其他侯国只有祭地祭祖之权，而无祭天之仪。否则就是越制，涉嫌谋反，便要受到杀头灭族之罚。

大凡享有祭天之最高权力之地，同时拥有"郊祭"特权。因为祭天就是要到郊外去祭，俗称"郊祭"。祭天之举，对于天子之雒都而言，既是权利又是义务，而到郊外祭天又是雒祭中的重要仪式之一。因此，专行雒祭的"雒都"必有"郊祭"之礼仪。

所谓"郊祭（祭天）"，就是指按古传"五行"宇宙布局，在不同的季节到郊外的四个方位去祭祀。其往往以"雒城"为假拟地面的宇宙中心。城中心有祭台,祭台上按"五行"分布,置放四方天神像和图腾,并按各方颜色、规制等复杂的仪式摆放,并以此祭台为宇宙中心之核心圣地。三星堆出土的器物和城中的祭台,就是这个核心。(考古发现的汉魏罗城中的灵台上,也有这样的布饰。)然后筑城以卫此祭台,以城墙划分出圣城的界线。"郊祭",就是以此城墙中线为起点,按城的方位向郊外走到一定的距离,在这个祭点进行的这个方位的祭天仪式。

按古传"五行"郊祭制,就是将方位与季节统一起来,春祭东方,夏祭南方,年中祭中央,秋祭西方,冬祭北方。因为"五行"规制中,方位与季节相合。

有关四方郊祭的情况,《淮南子·时则训》中有详记,有关古代的系统祭祀,将在后续著述中逐步介绍,这里只简单摘录与我们讨论有关的一小部分。

立春的那一天,天子亲自率领三公九卿大夫到东郊八里迎接春天的到来。修整清扫祭坛祭神牌位,用圭璧祈祷鬼神赐福,祭祀用雄性牲畜。""天子穿着青色的衣服,驾着青色的骏马,佩着青色的宝玉,竖起绣着虎熊的青色旗帜。吃的是豆类和羊肉,饮的是铜槃中八方风吹来的露水,用燧取火,燃烧豆萁。东宫的宫女们穿着青色的衣服,佩着青色的装饰,鼓着琴和瑟,使用的兵器是矛,畜养的动物是羊。天子正月初在东向堂北头室内召见群臣,发布春季所行的政令,布施恩德,进行赏赐,减省徭役,减轻赋税。

立夏的那一天,天子亲自率领文武百官到南郊八里迎接夏天的来临。回朝以后,赏赐有功的人,分封诸侯,奏雅乐,行大礼,宴缮群臣。""天子穿红色衣服,乘赤黑色骏马,佩红色美玉,竖立红色旗帜。吃豆类或鸡肉,饮的是八方之风吹来的露水,用燧取火，燃烧的是柘木。南宫的宫女们穿的是红色衣服，佩的是红色的彩饰，吹奏的乐器是竽和笙。他们使用的兵器是戟，畜养的动物是鸡。天子命令乐官修整好小鼓、军鼓、琴、瑟、管、箫，调好竽麓，装饰起钟、磬，手执盾牌、大斧、戈和用来指挥的羽饰。命令主管的官员为老百姓祈祷祭祀高山、大川和各种水源；旱季到来，举行盛大的雩祭，向天帝求雨，使用极其隆重的六代乐舞。天子用小鸡品尝将成熟的谷物，把新熟的樱桃，首先进献给祖先的寝庙。

夏季六月，北斗斗柄指向未位，黄昏时心宿正在南天，黎明时奎星正当南天。黄帝之神统治中央，它的天干是戊己，德泽在土。它的虫是蠃，它的音是宫音，律管中和它相应的是林钟。它的序数是第五，它的主味是甘，它的气味是香气。它的祭祀在堂中，祭祀时把心脏放在前面。凉风开始到来，蟋蟀居留在墙壁下，稚鹰开始练习飞行，腐草化为百足虫。天子穿黄色衣，乘黄黑色骏马，佩黄色宝玉，竖立的是黄色旗帜。吃谷子和牛肉，饮八方风吹来的露水，用燧取火，燃烧柘木。中宫的宫女们穿黄色衣服，佩黄色衣饰，他们使用的兵器是剑。他们畜养的动物是牛。

天子在中宫召见大臣，命令掌管渔业的官杀死蛟龙，用鳄鱼皮做鼓，把龟壳送入宗庙，取鳖来食用。命令管池泽的官送走芦苇之类。命令四监大夫，收聚百县上交的蒿草，养活供祭祀用的牲畜，以便用它们祭祀皇天上帝、名山大川、四方的神灵及宗庙社稷，为老百姓求福。实行宽和的法令，悼念死者，慰问病者，探视长老，施舍饭食，礼葬死者以便万物回归。命令女宫染制衣服，白黑、青赤两两搭配，谓之黼黻文章。

孟秋七月，北斗斗柄指向申位。黄昏时斗宿正中南天，黎明时毕星正中南天。少昊神位在西方，它的天干是庚辛，盛德在金。它的虫是兽类，它的音是商，律管中由夷则和它相对应。它的序列是九，它的主味是辛，它的气味是腥。天子身穿白衣，乘白色骏马，佩白色宝玉，竖立白色的旗。吃糜子和狗肉，饮的是八方之风吹来的露水，用燧取火，燃烧柘木。西宫宫女穿白色衣服，佩白色彩饰，撞白色钟。他们的代表兵器是戈。他们畜养的动物是狗。天子在西向堂南头室召见群臣，而发出秋天的政令，察考那些不孝敬父母、不听尊长、残暴凶悍的人，处罚他们助成阴气到来。

立秋那一天，天子亲自率领文武百官到西郊九里迎接秋天到来。回到朝廷后赏赐军将中以武勇有功名的人。

孟冬十月，北斗星的第七星指向亥位。黄昏时危星正中南天，黎明时七星正中南天。颛顼的神位处在北方，它的天干是壬癸，德泽在水，它的虫是甲壳类，它的音是羽，律管中和它相对应的是应钟。它的序数是六，它的主味是咸，它的气味是朽木之气。它的祭祀在门内，祭祀时把肾放在前面。水开始结冰，地已经上冻，野鸡进入淮水变为大蛤蜊，彩虹不再出现。天子身穿黑衣，乘黑色骏马，佩黑色美玉，竖起黑色旗帜。吃的是黍与猪肉，饮的是八方之风吹来的露水，用燧取火，燃烧的是松木。北宫宫女们穿的是黑色衣服，佩的是黑色彩饰，敲的是石磬。他们的兵器是铩。他们畜养的动物是猪。天子在北向堂西头室召见群臣，而发出冬季的政令。

立冬这一天，天子亲自率领文武百官在北郊六里迎接冬季的到来。

书中记录得更详尽，每月有祭，重复记述。这里只着重录记了四季中的立春、立夏、立秋、立冬四个主要日子的祭祀。从引文中可以清楚地看到：

春季为东方之祭，天子要着青衣、青马，及一系列青色，意在符合"五行"规制中的东方属"青"。并且，天子要在立春的当天，率众到东郊八里迎接春天的到来，实际上是迎接辛苦了一年又转回来的太阳。

夏季为南方之祭，天子要着红色衣服、骑红色马，及一系列红色，也是为了应合夏季南方之"赤"色。天子也要在立夏那一天骑马率众到南郊八里迎接夏天的到来。

中央之祭在六月，也即一年的中间，目的在于祭太阳神黄帝。天子穿黄衣，举黄旗，吃牛肉。需要注意的是，这一引文中的黄帝的代表兽是"蠃"，也即前面反复强调的早期的"螺日"。这里以"黄帝"为明号，以"蠃（螺）"为代表兽，正是早期太阳神的"黄日"、"螺日"两称之体现。

秋季为西方之祭，天子要着白衣、骑白马，及一系列白色，为的是符合"五行"中西方属"白"色。注意，立秋这一天，天子也要率众到西方九里（而不是八里）迎接秋天到来。

冬季为北方之祭，由于"五行"中北方属黑，故天子穿黑衣、骑黑马，一应俱黑。需注意的是，立冬这一天，天子骑黑马率众到北方"六里"迎接冬天。

《淮南子》这一部分记录的是周王朝时期的郊祭情形。由于周行夏制，实际上是对夏王朝时期郊祭的全面恢复，只有极少的地方有所变化。因而，我们便可依照周制来分析夏制及其三星堆蜀族在蜀地进行的郊祭及其遗留，因为三星堆雒城当年就正是进行这类大祭的中心，而不是什么"祭祀坑"。

引文中还有许多有价值的信息，这里先介绍一下。古傩郊祭为何要向城外行走一段路，而且有规定的里数？

古人认为的宇宙布局是"天圆地方"，天是一个隆起的盖子，盖在大地的上面，天顶到地面的距离是九万里。前引《三五历纪》有句："故天去地九万里。"古人认为，隆起的天顶至天的下沿口有一万里，天的下沿口至地面为八万里。因而，在祭祀东、南两个阳方时，需向前行走"八里"，以象征天上的八万里，表示来到了天神的面前祭祀，可以近距离与方位天神沟通。祭西方要行走"九里"，也是为了象征上天的九万里。为何祭西方要多走一万里呢？因为西方的天上有神圣的昆仑祖山，这个在天上的昆仑山也被认为高一万里（与天穹顶同高，不能超过天穹顶），因而多走一里，象征一万里，走到昆仑天都面前祭祀。北方走六里，象征六万里。因为北方属水，水肯定比山和平地要低，古人想像北方的天位可能更低，所以才能存住水。"6"数实际上是"女、阴"数的象征，它既是一年中最中间的偶数，象征最尊高的"女、阴"性，又是八卦中阴爻的称谓，由此可见"6"数之意了。这些古祭地由于长期祭祀，便会留下古地名，如北京市正东方有"八里桥"一名；成都市今东南方有"八里庄"名，都是古代东祭"八里"而留下的圣名。

三星堆当年的东祭圆丘

　　古人在盖建一座圣城雒都之前，要经过周密细致的勘察研究。一方面要按照祖训规制和卜卦的神谕指示，一方面也要符合自然生态。因为古人每筑一次圣城，想到的都是"万年大计"，江山永驻，因而会一丝不苟精心选择地望。在选择地望前，就会把与圣城配套的所有祭祀地和设施规划在内，决不会遗漏。因而中国史前每座圣都雒城四周都曾有过郊祭遗留。其遗留的位置，基本上与《淮南子》所述的位置对应。

从目前掌握的情况看，无论是夏都雒城，还是周都雒城，或是三星堆雒城，每座雒城都至少存在了几百年。而在其统治期间，每年都要进行祭祀，特别是必须进行与天沟通的郊祭。那么，更应有所遗留。况且，不管各自都城能营运多久，每个王都一开始都会按永久性使用设计，因而，一定会设计四方郊祭点。

到四方郊祭点进行祭天活动，是非常重要的大事，每次都需天子或君王亲自率众出祭，一定异常隆重。那么，郊祭点也不会是一块随意的荒野地坝。虽然初次的郊祭点是通过巫师占卜并按古制距离而定，但一旦定下，就是一处永久性的祭点。此祭点也一定会有讲究的建筑和装饰，以表祭天的诚意。况且，祭祀活动本来就是一种礼仪性活动，全部程序都是礼仪性质的，因而雒城四方的郊祭点肯定应有与"五行"制和祖承规制相适应的建筑。

目前，考古工作者尚未发现完整的以雒城为中心配以四方郊祭点的实物（主要原因还在于不少考古工作者尚未了解和掌握这一古祭系统），因而无法在这里给出一个完整的实物图记。但笔者却在一块汉砖上发现了可能是对古代郊祭布局记录的刻画。

鄂州市博物馆收藏了一块陶质汉砖，长 26 厘米、宽 25 厘米、厚 8 厘米，一面有画（见图103）。有研究者认为此图可能是一幅"六博"棋盘，但自己也认为"与史书记载的图案不同，玩法也不同"。经笔者研究，认为这正是一幅汉代记录的"雒祭·四方郊祭图"，上面精略地图记了当时的"雒（洛）城"及

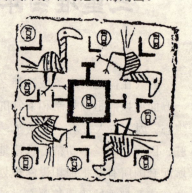

图 103　鄂州市博物馆收藏的
汉砖上的四方郊祭图

郊祭布局和程式，以象征宇宙中心。

　　图上可看到，有四只秃顶鸟置于四角，头身均朝一个方向，构成顺时针螺转动感，它们身上各有"五条"身纹，表示它们象征"五彩鸟"，秃顶象征"乌雀"，实际上就是太阳神鸟，在这里象征四方天神。汉代流行用"四鸟"表示图腾并置于方形四角。最近西安北郊汉墓出土的一件方口青铜钫，盖为四方形，四角有"四鸟"，朝向四角方向。古人的"鸟"代表太阳，四鸟顺时针构成螺旋动感，暗含着"螺（雒）"，也即"螺日"。而"雒祭"的核心就是祭祀这个"螺日"，即"螺转的太阳神"，所以其祭名"雒"。前面介绍的金沙出土的"四鸟朝日"金器上，也有四只凤鸟呈螺转布局，与此来自同一文化，正是受中原文化影响之结果。

　　中间的四方形既代表城池，也代表雒祭中心、宇宙中心，又代表地，因为"天圆地方"，这里代表的就是"雒城"。方城中间一"五铢"钱图，其圆形案置于中心，正是代表天。城墙中部各伸出一"丁"形，正是代表四方郊祭和郊祭点的位置——必须从城墙中门出城直行，在端部的郊祭点进行郊祭。周围有由一个矩形状和一枚"五铢"钱构成的图案，共八组，每一组分别代表一个方位的天和地。其地不能用四方形来表达，只能用一只角来表达，因为天地只能有一个中心，四方的地只是这个中心的下属，一个局部而已。其用"八组"占据八个方位的做法，当是受了"九宫"图的影响，实际上是"大五行"制。况且，汉代时期，八个方位均有天地之神的意识已经形成，所以此处用了八方祭位。最有意思的是，中心的"五铢"两字是反状，与其他八枚"五铢"字样排列相反，正好表达了这里才是中天，所以与"方天"不一样。

　　如果说上述的汉砖画由于没有专家结论，还不足以证明为古代郊祭图，那么，考古工作者发现了一面东汉铜镜上的图案，似

乎更为有力（见图 104）。此图为一
铜镜背面饰纹，整体构形与前面的图
完全一致。略有差别的是，前图的四
鸟是直接绘出的，此镜的鸟作为了底
纹；前面在每一个"矩"形内置有一
枚五铢钱，此镜上没有，但在四角方
向却有四个圆形突点。在此图的介绍
资料上，为其定名为"规矩鸟纹镜"。

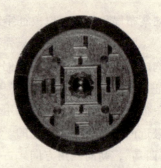

**图 104 东汉铜镜的
"四方郊祭"图案**

这样的定名也比前述定名恰当得多，
因为这样的定名注意到了古人神崇的"天圆地方"和"方矩圆规"
的基本思想。而已发现的汉代铜镜上的饰纹，大多都采用了圣纹
装饰，加之铜镜刚出来时，又曾作为驱鬼之法具（即后世俗传的
"照妖镜"），因而，不可能在如此神圣的器上绘饰世俗生活。可以
肯定，此镜上的布饰正是华夏古代流传的"四面八方"之宇宙布
局，同时也是古代四方郊祭点及其内涵的图记。

这幅图就比较准确地反应了古代郊祭的路线和主要内容：从
四方城门出发至郊外，主祭的内容为"螺日太阳神（图上由太阳
鸟表示）"，祭祀的地点在各个方向的郊祭点。

虽然考古学迄今未发现完整的四方郊祭实物，但从古至今却
一直有着浓郁的郊祭传说和文献记载，实物也有零星发现。

《封禅书》云："郊祀后稷以配天，宗祀文王于明堂以配上帝。"
文中说周王朝时期的郊祭，主要是祭祀后稷，后稷为周朝自认的
始祖。其实，后稷就是后土，也即黄帝的别名，所谓"黄天后土"
是也。后一句说的是，在宗庙中祭祀周文王，以配祭天帝。

《礼记·大传》云："王者，禘其先祖之所自出，以其祖配之。"
郑玄注云："此禘谓祭昊天于圆丘也。"

文中说古代的君王祭祀神明，其实就是祭祀"天子"的先祖，

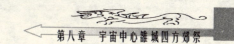

因为天子总把自己看作神明的后代。郑玄注说，古代君王祭祀的这个神明先祖就是"昊天"。所说极是。"昊天"就是"昊帝伏羲"，华人自古传说伏羲与女娲造人，伏羲当然就是华人特别是古代人王的先祖了。

不过，郑玄又给了我们一个信息："祭昊天于圆丘也"，也就是说，古代进行的东方郊祭是在一个叫做"圆丘"的设施上进行的。

"圆丘"是祭祀东方昊帝伏羲的圣坛，当然神圣非凡，因而历代承继，从未间断。至今北京"天坛"城中还有这个"圆丘"（见图105）。

图 105 北京天坛公园南部的"圆丘"

只不过，天坛公园中的"圆丘"祭坛出现在人类文明非常发达的时期，因而采用了石头建成三层圆台，名称仍叫"圆丘"。同时，这个"圆丘"祭坛已经有了一些演变，主要是内涵上的演变，形式基本未变。

这个"圆丘"在天坛公园内，而天坛公园整体又在北京城中轴线的东南方。"天坛"就是皇帝在地面假拟的天庭，其中四方都有"天门"。北有"祈年殿";中有"皇穹宇",也就是天之穹隆正顶之处,表示天地之最中心;"圆丘"就在东南方。按理,"圆丘"是祭东方昊帝之坛,应在东方才显合理,这里为何置于东南方?

昊帝是东方阳神,"五行"中东、南两方均属阳,西、北两方均属阴。因而,东南方便是两个阳方的重合地,也即"重阳"之地。古代祭太阳神的设施基本一样,都是在一个圆形的土台上,敞亮着不能有盖顶的建筑(天坛公园中的"圆丘"就是这样),以便能直接与太阳接触,与日神沟通。这也是古代的祭祀建筑多称"明堂"的原因,就是敞亮着以方便接受日光,让其明明亮亮,故称"明堂"。因而,经过几千年的演变,终将祭日之地合为一处,置于东南方。每次祭祀,都表示将东、南两方的日神都祭了。

但在早期,各方神应当均有自己的祭点和祭祀设施,不会合二为一。从古传的昊帝是用圆丘为祭坛,以及北京天坛公园至今尚存明代的圆丘来看,早期东方昊帝伏羲之祭祀设施当为一座圆形的土台,并且名称"圆丘",位置在雒城前伸"八里"的地方。

如此,我们便可以首先在蜀地雒城的东方来寻找这个"圆丘"。

按古代惯例,雒城四方的郊祭点,都应有略高出地面的土台,土台可能有方、圆两类,高低不同,以及当年各点的装饰也可能不同(主要依据"五行"规制装饰)。其他遗留已难寻觅,但如果未被城市或田地覆盖,土堆的痕迹或许还能找到。

为此,笔者专门找到了广汉市作协主席刘立基及几位从小就在广汉生活的老先生,并把意图告诉他们,根据几位老人回忆,他们儿时确实在三星堆故城四个方位2～3公里的距离内,看到过这样几个土堆。但今天已被公路和田地覆盖。

由于三星堆故城北面,紧傍鸭子河有一条新修的公路,贯穿东西,又正好在故城两侧,于是,笔者便沿着这条公路东行,企图寻找到东方"圆丘"之残留。

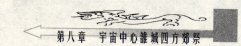

按古制，天子要到城外东方八里的地方迎接春天的到来，也就是说，东方的郊祭点离城当有八里远。古代的一里比现在短，相当于现在的350～400米左右。那么，如果雏城四方还残留有郊祭点的土堆，应当在距中心雏城墙2～3公里范围内。

不知是天意，还是别的原因，三星堆东方郊祭点的"圆丘"，竟被笔者找到！迄今尚存！不过，我们在三星堆雏城东方同时发现了两座"圆丘"，下面分别介绍。

沿着三星堆故城北面的公路向东行走大约2公里的地方，紧邻河堤几米旁有一座清晰可见的土堆（见图106），这里把它称作一号土堆。此土堆边沿今天仍可清楚地看到呈圆弧状。顶面平整，残高约4～5米，面积大约3000平方米。土堆上有农户居住，建有一组民居，还架有电线铁塔。可以肯定，这个土堆为人工堆砌，而且不是陵墓。广汉为一望无际的平原，为何在这个平原上会出现一个人工堆砌的圆形土堆？其又正好在古代规制东方"圆丘"的位置，造型也为一"圆丘"，似乎可以肯定，这就是三星堆故城当年的东方郊祭点：祭祀昊帝伏羲的"圆丘"！

图106 三星堆雏城东方一号圆丘

317

不过，这座土堆上连接着一条同样高度且明显为人工筑砌的台路，长约 500～700 米。另一端也有一座巨大的土筑"圆丘"（见图 107），其规模相对一号土堆还要大一些、高一些，距离现在的河堤约 100 米远，现在残高约 5～7 米。虽然土堆已被农田和道路破坏，部分地方已难辨认，但仍可以从未被破坏的地方看到，其边沿呈圆堆形，顶部也非常平整，三星堆博物馆的供电厂就建在这座土堆上。围墙内就是电厂的地盘，正好将此土堆围护在内。我们把此土堆称二号土堆。为何这里又有一座几乎一样的土堆？

图 107　三星堆雒城东方二号圆丘

这一地区的地貌为一大片平原，地球的造山运动不可能单单在此地隆起两个 5～6 米高的圆形土包，而且边沿的圆弧状很清楚，顶亦平整，肯定为人工所为。位置又正好在东祭的"圆丘"位置上，当为东祭昊帝的"圆丘"无疑。只是为何此处有两座圆丘？是否其中一座才是"圆丘"？其中还有什么秘密？

这需要回到三星堆故城东城墙的建筑时间问题上来。

　　我们在前面给出了三星堆故城初城符合古制的正常造型和位置，并且以现在发现的西城墙和南城墙为据，将故城恢复为南北长、东西窄的长形城池，朝向与鸭子河平行，呈西南—东北向。但考古发现的东城墙却与理论上的东城墙不一致，远离理论上的（初城）东城墙位置几百米。这是何因？

　　这一原因也被考古学发现。原来，三星堆故城存在期间，曾几度扩城，将城墙不断外移。一直在广汉考古单位工作、后又在三星堆博物馆工作、今已退休的敖天照先生，在《三星堆蜀都源流再探》一文中，概括性地提到了这一事实："月亮湾为二级阶地，北有西泉坎，南有三星堆高地作为古城轴线，在月亮湾古城堡的基础上，东边向外扩 700 多米处，修筑含土坯砖的城墙长 1800 多米，西边在月亮湾古城的西城墙基础上加高，在西南角东头角处向南延长，古城南边向外扩展至三星堆后，再扩至龙背梁子，筑南城墙 1100 多米。扩城的城垣由主城墙和内外侧墙组成，东城墙还用了土坯砖，先后数次逐步扩建成为拥有 3.7 平方公里以上的大城。"

　　由此，我们看到了，今天庞大面积的三星堆故城是由多次扩建而成。也就是说，三星堆故城存在时期曾有多次的扩建行为，还采用了后期创造出来的"土坯砖"。特别是"东边向外扩 700 多米"，当是指东城墙也向外扩移了 700 多米。如此，我们便明白了三星堆东祭点为何出现了两座不同距离的"圆丘"之原因。为了充分说明，这里给出一幅示意图（见图 108）。

　　一号土堆为三星堆故城初城时的"圆丘"，因为当时的故城，特别是东城墙的位置，在比现在更靠西几百米的地方。古制是以城墙根所在位置向东行"八里"，确定东祭点，因而，初城的东祭点就在一号土堆的位置。扩城之后，东城墙向东扩展"700 多米"，同时影响了东祭点"圆丘"的位置，只能根据古制，重

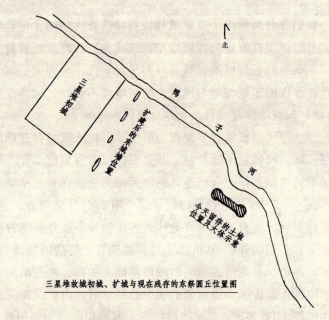

三星堆故城初城、扩城与现在残存的东祭圆丘位置图

图108 三星堆初城与扩城后，与两座圆丘的距离关系

新依照新城墙的位置，由巫师占卜重新度量，依新城重筑了二号土堆之"圆丘"。所以二号圆丘比一号圆丘规模更大，残高更高。由于一号土堆是过去曾经使用过的祭坛，犹如伏羲大帝的老家，是决不可以撤毁的，只能作为老圣地保留，如果从空中俯视这一建筑群，就像一只"哑铃"形，两端是两座圆丘，中间是一条与土台同高的台路。这正是古人最绝妙的设计：每次祭祀，先从旧台经过两台中间的车道，又将两座圣坛连为一体，祭祀时两台都照顾到了。这正是今天我们尚能看到的古人的设计用心。

三星堆故城迄今尚存的东祭"圆丘"，有力地证明了雒城古有四方祭。蜀地古代流行四方祭，如此，古代蜀地都城四方都应当有这样的遗留。后面我们就逐一分析。

320

金沙·机投·青羊宫

　　本书主要目的在于释读金沙遗址,由于金沙遗址涉及的文化背景复杂,不得不扼要介绍诸多背景文化。这里将集中笔墨阐释金沙。

　　前面已述,蜀地从三星堆雒城建成之后,一直到战国晚期的成都城、郫城等,均遵循蜀俗祖制建城。即将中心城市或都城建在西北—东南向的河流的南岸,城池朝向为东北—西南向。至秦汉以后,中原文化渗入,蜀俗淡化,此是后话。金沙成都为开明王朝之都城,时间在战国初期,而开明王朝又承继蜀俗,因而,也可以肯定,开明王朝的金沙都城,也会按照三星堆雒城祖制而建:北依雒河,城池朝向东北方,南低北高,中有祭台。

　　从目前成都市地图及地貌上,也可以看到金沙一地的地理环境。金沙遗址的北面几百米处,现有一条河名"摸底河",而且正好就在此处有一段河流比较平直(古代可能更加平直,因为城北的圣河会有人工修整),呈西北—东南向(见图109)。笔者以为,这就是当年金沙故都所依的北面"雒河"。

　　有学者认为,摸底河名及其流域是李冰治水后才有的,此言差矣。李冰未治水前,岷江就存在,其水系必然会流入成都平原,也必然会在成都地区留下多条河流。李冰治水,只是将岷江水有计划地分配,特别是将水导入没有河流的地方,在这些地方开渠引水,以期灌溉更多的良田。对于已有河流的地方,大可不必再行开渠。而且人工河河床大都平直,不必弄得弯弯曲曲,费时费工,并无效果。摸底河整体流域大多弯折,而且有很多小弯折,不像是人工所为。因而,可以认为,李冰治水之前就有此河,属成都平原的河流,古人只是利用了这些河流。不过,古人在利用这些河流的同时，对自建的设施，特别是与祭祀设施配套的工程，以及后来的护河工程，肯定介入了人工整饬，这一点后面有述。

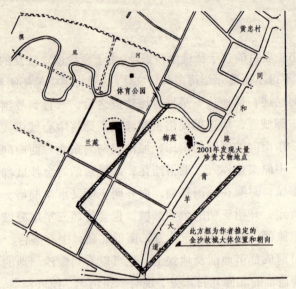

图 109　作者推测的金沙故城的位置，北依摸底河，东北
—西南向。今天发现的遗址点也框在城内

前面提到，金沙遗址出土器物的中心地带，发现了一条古河床。由于只出了一小段，又在地底下，无法判定它的上、下游与哪条水系相连，但仅此即可以肯定，金沙故城中心古有小河流过。这条小河，就与三星堆故城中心的马牧河具有同一性质。

由于目前金沙故城的整体面貌尚未探知，周围又都覆盖在城市下面，可能相当长的时间内，也无法发掘。那么，我们只有利用现有的残留，予以推论。既然我们在这里肯定金沙故都承继蜀俗而建，那么，它就肯定也有配套的四方郊祭点。因为它存在的时期必然也会进行四方郊祭，作为开明王朝的宇宙中心与天沟通。我们可以利用这些发现来丰富对金沙故城定位的依据。

　　金沙遗址周围首先应当纳入可疑范围的祭祀设施，就是今天尚存的青羊宫及其祭祀的"青羊"（见图110）。笔者初知青羊宫，特别是对其祭主为青羊图腾，多有不解。后来研究祭祀文化，了解了"青"本指东方，往往充作东祭圣名。但目前成都的青羊宫却坐落在成都城的西方，更加不解。过去多有猜想，莫非成都的更西方古代曾有一祭祀中心？金沙遗址的发现，证实了这一猜想，因此，在此详述有关"青羊"的背景。

图 110　成都青羊宫及宫中祭祀的青铜羊

　　青羊"宫"可能是在汉代及其以后盖建的。但建宫的地方，却早有"青羊肆"一名。《蜀王本纪》云："老子为关令尹喜著《道德经》，临别曰：'子行道千日后，于成都青羊肆寻吾。'"又相传老子命青帛子化为青羊，乘坐之而降临成都，青羊宫即得此名。

　　注意引文中将青羊宫称"青羊肆"，而且传为老子时代就已有之。"肆"即小型的人们聚会的地方，相当于一个小型集镇。从引文中老子知道此"肆"来看，青羊肆早于战国时期就已存在。即使这只是一个附会传说，也可认为青羊肆这一地名早于青羊宫出现。《蜀王本纪》虽以此肆与老子附会，但却知道早有此肆。而后来因在"青羊肆"建宫，才有了"青羊宫"。因此，可以肯定，"青羊肆"早于"青羊宫"出现在成都，其时间不受道教建教的限制。由于"青羊"图腾更早，而且内含深厚的祭祀文化，因而，更可

323

以不受建宫时间的限制。

"青羊"图腾的出现更早，一直为华夏古传的图腾之一。只是各地流行的时间有早有晚，但大都兴起于史前，突出流行的时间，大约在西周以后。

"青羊"图腾的产生，出于这样一个背景：

古人在"五行"雎祭中，除了献祭人工制作的礼器及诸多程式之外，还要向五方神灵敬献牺牲。至少传至新石器时代早期，各方神明均有专门的牺牲专祭，且已形成定制。献牺的专祭动物的选择，主要取其与"五方"神灵及五行规制相似相近的特点。中央之牺为牛，取其色黄有角，与中央黄帝及代表虫黄龙有角相似，后成定制；东方之祭规定为"羊"，因为东方为太阳的大本营，取其名"羊"（阳）和有角，东方的神为正宗的太阳（羊），代表兽亦为有角之"青龙"。从笔者的研究来看，太阳早期称"华"、"日"、"螺"，并无"阳"称。大概正是古为"羊"祭东方，此羊由于为日神专品，故而地位尊高，逐称"大（太）羊"，后来直接转称给了"日"，即今称的"太阳"。

从目前掌握的情况来看，专牺敬祀专神，以及早期多用牛、羊祭祀来看，定祭专牺始于细石器·游牧经济时期。因为只有游牧经济时期才可能有充足的牛羊，随时为特定的祭日提供祭品。狩猎时代和农耕经济时代都做不到。

古人还有一俗，是今人用今天的思维难以理解的，就是自己要主动畜养和食用被祭方位的牺牲。因为古人觉得只有自己也食用与方位神明同样的牺牲，才意味着与方位神明有共同的生活方式，并被神明视为同类而加以保护。古人同时认为，与神明食用同样的牺牲，能够从牺牲的血肉中获取神力。因此，古人们对崇拜的图腾，处理的方式让今人不解：又要食用，又要敬拜。

《淮南子》中就记有人们进行东祭时，"畜养的动物是羊"，"吃

的是麦类和羊肉"，以及在冬祭北方水神时，专门射鱼杀龟食用等，就是前述的原因。

早期原始时期的祭祀很简单，就是到了祭日当天，众人跪地，口中念叨着所祭方神的名字，将专祭的牺牲当场杀死，扔进火堆就完事。到了后来生产力发展到允许的时候，祭祀的牺牲要在祭日前三个月挑选出来。专挑健壮精敏的动物，另圈饲养。由于这些动物注定要成为神们的供品，注定要与神们近距离地亲密相处，人们便把这些挑出来的动物视为亚神加以尊敬，用精料喂养。

如果是东祭，提前挑出来的祭祀东方日神之羊，就被视为半神之物，由于东方属青，便被誉称为"青羊"。一旦被尊称为"青羊"，一方面意味着是已经被挑出来注定要与神们共事的羊，一方面认为这些羊原本就是神灵，所以才能在羊群中被巫师的技法选中。特别是在祭前的 3 个月中，这些"青羊"被认为是临时替神照看的半神，因而备受敬重。因而，又产生了许多关于这些青羊来自神明变化的传说。

《玄中记》云："千岁之树精化为青羊。"

《述异记》云："樟树之精，化为青羊。又百年而红，又百年而黄，又五百年色苍，又五百年而色白。"

这些企图为青羊杜撰履历的传说，都是多事的文人在前述背景下走火入魔的结果。但不管他们怎么杜撰，都未脱离"五行"古制。引文中的羊总是来自"树精"的变化，为什么呢？因为"五行"中东方五行就是"属木"。至于青羊过几百年就变色，那是因古代文人发现羊的皮色有多种，为了表现自己知识渊博而臆断的。

青羊为东方亚神，并与青龙共事的观念，至少出现于新石器时代中晚期，考古学在中原地区发现许多青铜器上的"羊"，就出自这一背景。正因如此，我们才在三星堆出土的器物中，发现了东祭的青铜器上将"龙、羊"同祭的现象（见图111）。此器被考

古学定名为"青铜爬龙柱形器",但器
上的动物头上有两对角,一对龙角,
一对羊角,动物的体形也似龙似羊,
加之又使用与东方相符的"青"铜制,
当为青龙、青羊同祭之器。同时也可
见,蜀地敬拜青羊图腾至少可追溯到
三星堆三期文化时期。

　　介绍了这么多有关青羊的背景
后,回到正在讨论的"青羊肆"上来。

　　古人的地名决不会乱取,特别是
涉及"五行"规制中的字号,更会依
制而行。一是不敢随意使用"五行"
制号,二是如建中心,必以"五行"
规制取名。此地早有"青羊"一名,
后来在此建肆。(实际上是因为东祭点

**图 111　三星堆出土的
青铜爬龙柱形器,龙头上
有一对龙角和一对羊角**

逐渐聚人而形成的"肆"。)有学者认为,"肆"与"祀"通,"青
羊肆"就是"青羊祀",也即祭祀青羊的地方。青衣江一带,就对
祭祀青衣神的活动称为"青羊之肆"。因为"青"衣羌,也是东方
敬祭之族,其文化中也包含着"青羊之祭"。

　　取"青羊"为地名,必是对东方日神的敬祀。在神明系统淡
化的时代取此名,是对早期神明文化的恢复和承继,但在神明文
化流行的时期,此名必出现在一个圣地中心东方!奇之又巧的是,
成都市的"青羊"地名和青羊宫之地正巧就在金沙遗址的东方,
只是略有偏南。正是这一位置和距离,不得不让我们以肯定的方
式,确定它就是金沙圣城的东方郊祭点!

　　开明王朝的都城肯定会沿承蜀俗,北依洛河,城呈东北—西
南向。如果我们按这个城池朝向恢复金沙圣城,那么,"青羊宫"

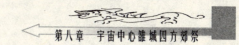

正好在金沙故城的东城墙正中，其距离也基本符合东方的"八里"（见图112，图中的位置和比例是按今成都市区地图而制），与三星堆东祭点的朝向和距离惊人一致！这难道是偶合吗？不是！青羊宫周围今天尚遗留着完整的东祭设施，将以无可争辩的事实证明，它就是当年开明王朝都城的东祭点。由于青羊宫周围遗留太丰富，留待下一节专述。

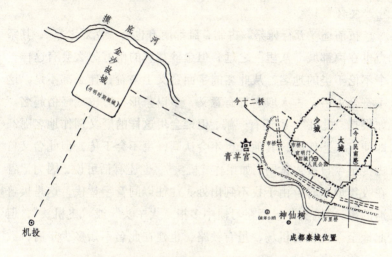

恢复的金沙故城的位置及与成都青羊宫、机投的距离关系示意图

图112 金沙故城与青羊宫、机投的位置和距离

早期"青羊肆"的"青羊"一名，大概就来自前述的背景。古人将挑选出来的"青羊"，就圈饲在这个东祭点上，因为古人非常尊重古制，挑选出来的青羊必须置于东方饲养，否则就是越制。如成都的"牛王庙"、"牛市口"必在南方一样。于是，这一地就成为长期饲养"青羊"的牧圈，并有不少人员在此伺候和驻扎。久而久之，此地不仅誉称"青羊"，同时也被称为"青羊肆"了。因为这里的居人已经构成了一个小型的人聚点，与成都市东方的

"青龙场"又是"八里庄"一样，既是祭点，又成为人居邑地了。

读者从图上还能看到，金沙故城南方，也被标了一个中轴线，线端有一个地名"机投"，这是什么意思？"机投"是现成都市西郊的一个小镇，此名来自古传，也正好在图上标示的位置（虽然经过几千年，地名可能会有前后左右的移动，但大体如此）。成都市此地为何有这样一个地名？当笔者一发现这个地名，就开始对它产生怀疑！

按前述"五行傩祭"古制，雒都南方也有"立夏之祭"，其祭点也在离都城"八里"之远。但金沙都城的南方怎么会有这样一个不伦不类的地名？从此名的字面意义上来看，什么都不是。这不符合古俗。古人取名都有意义，多以象形、方位或祭俗起名。如果是"投机"，也还有一解，但谁会用这样的贬义词作地名呢？即使有人恶作剧，其他人也不会认同，更不会下传。但此名又自古传至今日被人认同。如果作"机头"，也还有话可说。因为记者在收集地名时，由于找不到出处，往往以同音字替代，这是极普遍的事。"机头"一词在习惯中多指"火车头"或"飞机头"，但此地至今也没有机场，虽有铁路，也建在此名不知多少年后，数百年前何来"机头"？

那么，此名会不会初名"鸡头"，被后人误用了同音字替代记名呢？如果此名为"鸡头"，就百分之一百对了！

而且，可以肯定，"机投"之名当为"鸡头"！

古人取名，非常朴素，雅名多为官方文人所取，老百姓则多以形象或象征取名，朴素之极。什么汪家沟、李家湾、竹林子、白水河，等等，都是老百姓顺口所取。对于"机投"这样一处远离城市（至今尚为郊区）的地方，不可能有什么雅名，肯定古时为"鸡头"之名。迄今成都市东南方三环路上，成渝立交桥北约 2 公里处，还有一条小河就名"鸡头河"，可证"机头"当为"鸡头"。

那么，"鸡头"一名又说明什么呢？与金沙都城的南祭点又有什么关系呢？

古代"五行"系统中，南方属阳，代表动物就是鸟，也即太阳鸟。古人祭牺，需与方神相似，因而，古制南方专祭的牺牲就是鸟和鸡。狩猎时代用鸟祭南方，鸡本也为鸟类，后来家养成鸡，农耕时代就用鸡祭南方。

前引《淮南子》也提到南·夏祭之时用鸡之说。"畜养的动物是鸡"、"天子用小鸡品尝将成熟的谷物"、"吃豆类和鸡肉"等。

用鸡祭神的传俗一直传至近现代。近现代人盟誓或祭祀时仍用鸡，甚至喝鸡血酒，巫师端公驱鬼镇邪时也用鸡，都是早期南祭阳神时将鸡上升为"神牺"留下的习俗。

从"机投镇"地名离金沙都城的距离也约"八里"，和此地名古传久远及正对着金沙故城南墙中心来看，"机投"一地就是当年金沙都城的南方郊祭点无疑。古人祭祀杀牺，不像今人有锋利的刀子，割破鸡喉，放血而死，而是直接用玉刀或利器将鸡头斩断。古人以为，只有这样，鸡的灵魂才能完整地上天，与神相会。如果让鸡在地上垂死挣扎，就意味着此鸡灵魂不能上天，祭祀就算失败。古人祭祀时，会快利地斩断鸡头然后将鸡身子迅速扔进火堆，焚烧以祭。鸡头便会落在一块布饰成圣地的地方，没有人敢去捡，因为此鸡已经成圣。

每次祭祀，并不只祭一只鸡，祭多少只，祭什么颜色的鸡，均由巫师通过古制和天象五行计算得出。这样，每次都会有多只鸡被杀，便有多个鸡头留在地上。年年鸡祭，年年掉落在此很多鸡头。天长日久，就会在地上留存很大一堆鸡头。老百姓取名，通俗朴素，就顺便取名为"鸡头"了。当然，在金沙都城存时，南祭点一定有一个与"五行"布局相符的雅名。如"赤地"、"炎坛"、"火神"之类，但今未存下，只能以"鸡头"俗名分析。

关于金沙都城的西、北两处祭点，由于笔者条件有限，尚未发现，但仅从这残存的两处已经能够说明问题了。其综合前面给出的庞大系统及现有的青羊宫和机投两处郊祭点，似乎已经可以为金沙故城的范围、性质定位了。而本书给出的这些尽管不够完整的材料，也已经大大地超过传统观点占有的材料和依据了。

青羊宫三桥迎太阳

前面分析了成都市西城的青羊宫（肆），古代为金沙都城东祭点，其距离、名称和内含的东祭青羊文化，与古传东方郊祭完全一致。《四川省文物志》"成都市青羊宫战国遗址"条下就记有：其地早就为人居中心，且"出土的兽骨较多，有鹿头骨、鹿角、野猪牙、獐牙、狗牙等"，还出土了青石环两件，出土的陶片中有的器表涂有朱色。这些都是祭祀东方的牺牲和礼器。由此可以说明：青羊宫（肆）早在战国时期就存在，并且正好是冬祭的郊祭点。而且，更为可喜的是，以青羊宫（肆）为中心的周围一组庞大的祭祀设施迄今完好存在，不仅百分之一百证明了青羊宫为金沙都城的东祭点，而且是迄今在中国大地上发现的史前祭祀建筑群中保存得最为完整的一处。甚至是唯一的一处。

对于"青羊宫"之古迹遗留，一般人只注意到了青羊宫及庭院内的组套建筑，忽视了与它密切相关的迄今尚存周围的另一组建筑群，这一组建筑群就是迄今尚存的迎仙桥、送仙桥、望仙桥（见图 113、114、115）。它们紧紧围绕青羊宫，而且与中心区域

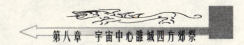

的河流配套，构成了一组完整的古代东祭建筑群。

图 113　迎（遇）仙桥

图 114　送仙桥

图 115　望仙桥

这三座桥目前存在的位置及其与青羊宫之间的关系，非常明确地表达为一组同期建设且相互有着紧密联系的祭祀建筑群。为了充分说明，这里按现在的三桥位置和青羊宫的位置及方位，制作了一幅示意图（见图116、117），以避免杂乱的街道和其他因素的影响，单纯地分析这处建筑。

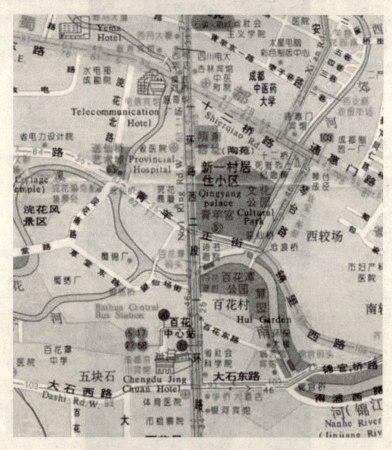

图116　成都市街区图上的青羊宫和三桥及水系位置

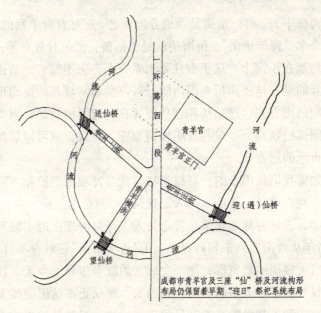

成都市青羊宫及三座"仙"桥及河流构形
布局仍保留着早期"迎日"祭祀系统布局

图 117　单纯的青羊宫与三桥和水系示意图

　　首先请读者注意图上青羊宫的地理位置和建筑群朝向，它仍然为东南—西北向，与蜀地的诸多经典雒都的朝向一致。特别是与前面给出的"金沙雒都"的朝向一致，而且正在非常合适的东祭位子上，说明它肯定是金沙都城的配套建筑无疑。青羊宫这个古承的建筑朝向，迄今使许多游人不解。今天青羊宫的正门，虽然临街，但却不正对街面，而将头歪向一边，正门直朝非常规正的西南方，表明它自古就是今天存在的朝向。从图上可见现代新建的一环路呈正南北朝向紧邻青羊宫西墙而过。

　　图上可见迎仙桥、送仙桥均在与青羊宫平行的青羊正街和青羊上街的东、西两头，青羊宫在街的北边中心，可以肯定，古代这条街是直通的一条街，现在的略有不正是后来城市街道改造、维修所致。

333

　　再往下看，有一条街呈西南方向伸进，正对着青羊宫的大门，此街今名"青羊横街"，街南头就是望仙桥，也正对着青羊宫。三座桥均建在小河上。这里有几处水系交汇，先不管它。请读者一定注意的是，这三座桥范围内的一条河呈非常规正的半圆形，圆弧朝向西南方向，送仙桥和迎仙桥各在河流两侧端部，而望仙桥则在圆弧的顶端，不仅与青羊横街相连，而且一直可以延伸到西南方更远的远方。

　　如果我们将图上的一环路忽略，就会发现由三桥和半圆河流及青羊宫构成了一处庞大的人工建筑群：对称的三桥一东、一西、一正中，正好对称地建筑在肯定为人工开掘的规正的半圆形河流上，当年从西南方向来朝拜青羊宫的"青羊横街"正对青羊宫，……这一组大规模的建筑群，把一个远久的故事带到了今天。我们仿佛已经看到了"天子骑黑马，着黑衣"率众正在这里迎接太阳的画面，听到了清澈嘹亮的迎日歌声……这一组建筑把史前古人的迎日活动及程序非常细致地展现出来了！

　　为了充分释读这一宝贵的圣地，先作一个说明，由于蜀地雒城依古制，靠西北—东南向的北水而建，导致城池朝向为东北—西南向，但对于古人而言，会把这个朝向视为正四方，尽管其中也会出现与自然的"正四方"观念相交叉的情况，但整体来讲，会把这个朝向视为"正四方"；因此，这里暂将图上的朝向当作正四方朝向，并以此相述，便于理解。

　　东祭点就是古制的"立春迎日"点，因而，这里的"迎仙桥"在东方，无疑是迎日的当天在此桥迎日；"送仙桥"在西方，当是黄昏的送日之处；"望仙桥"在正中，其中包含的文化更多，容慢慢道来。

　　首先要分析的是，古人为何以"桥"迎送太阳？

　　因为日神在天上，诸神都在天上，古人无法上天，早期曾出现过多种方式，以达到近天亲神的目的。后来，古人发现天神在空中，桥也在空中，于是利用"桥"来表示到达天上迎、送日神，于是形成定制。因而，在古代相当长的一段时期内，古人均利用"桥"象征天空，与神沟通，迄今北京市正东方就有一个地名"八里桥"，位置离城中的古城大概也正好"八里"。可以肯定，此桥曾为古代北京城的东祭迎日之桥；佛教中每每接神送神之时，要借用一条长木凳，大师站在木条凳上接神送神，就是早期以"桥"充作空中联系的简化；迄今藏、羌及许多少数民族的巫事活动中，仍以"桥"迎送天神，都是此俗。由于桥具有迎、送天神的功能，因而，桥在古代也上升为图腾之一。古人们把彩虹看作与神沟通的天桥，甚至制作大量的假拟彩虹的玉器"璜"，用以祭神祖，其举就内含着利用"桥"与神沟通之意。

了解了古代的东祭内含及程序系统，再有这一组实物，我们便可以"对号入座"来介绍古代的东祭仪式了。需要略作解释的是，道教所说的"仙"，就是神，而人类自古所说的神，就是日、月、星辰的变相，且往往以太阳神代表。因此，这里的几座"仙"桥，实质上就是对日神的称谓。

按古制，立春之日，天子（君王）要亲自率队到"东郊八里"迎接太阳。（后来演化为"迎春"，实际上是一个意思。因为东方又代表春季，东方的日神又别称"春神"，"迎春"也就是迎接东方日神。）综合各种文献传说来看，东方的迎日之祭，大概是这样的：

立春祭日到来之前，就要做好充分准备，挑选祭祀的羊，制作青色的衣服，清洗需带上的物品。立春的凌晨就出发，在太阳未冒出头之前到达东祭点，进行一天祭祀活动的布置安排。清晨以前，按巫师的指令，到达"迎仙桥"，沉默跪拜，至太阳刚刚冒出一点，众人就开始舞蹈、唱歌、献牺，告诉太阳神，这里的人们热烈欢迎你的回归。立春之祭是一年中非常重要的仪式。古人认为，太阳从去年的今天出去之后，辛苦了一年，并且经过了漫长的冬季，才返回到原地，如果不热烈欢迎，怕太阳一生气就不出来了。在一个没有太阳保佑的黑暗日子中，如何生活？因而非常注重立春的迎日活动，态度一定要好，献牺一定要精良，气氛一定要热烈，因而要载歌载舞。中国各民族，特别是西南少数民族一直 "能歌善舞"，本质上就来自早期的祭祀之俗。

提到 "迎日歌"，略略展开一下。

古代诸多文献中不断提到古代迎日活动中要唱迎日歌，但迄今完整传下并被今人注意到的并不多。《九歌》中有些段落就是非常明确的迎日歌。比如《东君》一首，内容大部分就是叙述的日神在天空的活动。第一句就是 "旭日就要跃出东方，照亮我的栏杆扶桑"，正是等待太阳出现前的歌唱祈祷。而《东君》一名，就是指东方的太阳。还有西南地区的少数民族，迄今仍有 "迎日"之俗，并唱迎日歌。

笔者曾到岷江河谷羌区考察。在一次与当地学者的交流中，阿坝师专的陈副校长就是羌族人，兴致起时，为我们演唱了几首羌歌，其中一首只有两句，在羌区十分流行，他用羌语唱，译成汉语就是 "乌云乌云快散去，太阳太阳快出来"。有不少今天的羌人后代，已不知此歌产生的背景了。笔者可以断定，这就是羌人古代迎日仪式上演唱的 "迎日歌"。只不过早期内容还要丰富得多，大概随着祭俗淡化，歌词也逐渐简化为这两句了。不过，值得注意的是，上述羌语的迎日歌在表达 "太阳" 一词的地方，发音为 "母神"，也即 "母神母神快出来"。这一句又把一个远古的信息带到今天。羌族为汉族先祖，母语基本一致，早期母系社会时期就将太阳称 "螺神"，并将太阳视为 "圣母"，也即人类的女性先祖，故也称 "螺母神"（就是后来传说的 "螺祖"）。羌人在表述太阳时用了 "母神" 一词，

正是正宗的古代迎日歌词。还有许多，此处暂略。

需作一个小小的解释。目前青羊宫东边的桥，现名"遇仙桥"，但在成都市民的口中，仍称"迎仙桥"。古代当为"迎仙"桥。因为这一组设施原本就是专门为迎日仪式而建。"迎"有主动热情的内涵，"遇"有被动与偶然的意思。大概是蜀地道教兴起后，由于对古承祭仪无知，为了增加道教的神秘性，有意将早期的专门"迎日"之桥，改作（或因传说变异）偶遇仙人之桥了。

回过头来，看看前面还在亦歌亦舞的队伍。他们在进行完清晨的迎日仪式后，又会做什么呢？如果就此回营，那么，另外两座桥又该作何解释呢？

目前我们已无法确知开明王朝的迎日仪式，但由于这个仪式的全部内容及程序都是承继中原而来的，因而，我们可以从中原文化的传说中寻找一些蛛丝马迹作为参考。

前引《周礼·觐礼第十》记述了周朝天子在国门外设有小型的雒都模型，诸侯来朝见天子时，均需先拜此神坛。其中也混记有天子朝祭之事："天子乘坐龙马驾的车，车上载着太常旗，旗上面有日月升龙、降龙的图案。（天子率队）出王城门，在东门外礼拜太阳，返回来在坛上祭祀上下四方神明……"

前面已述，周行夏制，但又有所改进。蜀地一直流行夏俗，但在开明王朝时期，又受到中原祭祀文化的影响。因此，周王朝当时使用的祭俗，也可以用来比照解释蜀地的祭祀程序。引文中也由天子率队进行郊祭，先到东门外拜了太阳，紧接着回到雒城中心的祭坛上祭拜四方神明。如果以此为据，那么，刚才在成都青羊宫"迎仙桥"上折腾了一阵的迎日队伍，在太阳完全升起之后，又会急急忙忙赶回金沙都城中心的祭台旁，（这个祭台与三星堆雒城中的祭台一样，只是规模小一些，因为器物小。金沙遗址出土的绝大部分器物就布饰在这个祭台上，按"五行"分布摆饰，充作宇宙中心。)祭祀上天下地及四方神明，大概是为了避免其他方神生气，虽是专祭东方神祇的专日，也不要得罪其他各方神明，抽空打个招呼吧。

如果迎日队伍不是急忙赶回雒城中的祭台，那么，会就近回到青羊宫中（当时为"肆"），仍按有关仪规，稍息片刻。因为紧接着更隆重的"望日"之祭又开始了。

这里又先分析一下"望仙桥"。请读者再回到前面的图上。

望仙桥，位子正好在青羊横街的南端，又正好坐落在此河流构成的半圆弧的中心顶端，这一设计百分之一百是有意按古训而作，这一条半圆弧的河流也百分之一百为人工所建，目的正是为了"望日"，与此地整体祭祀系统配套。因而此河上游的引水渠和下游的排水渠，也有可能为人工筑建。

南方属阳，望日之祭一定要在南方，望仙桥正好在最南方。其实，整个迎日活动都在青羊宫的南方进行，正是应合南方属阳之制。这里用人工挖掘成半圆弧的河流，正是表示"阳"之方位。古代以平直或矩形表示北、阴，以半圆或整圆表示南方，已是通俗。考古学上人人皆知的河南南阳出土的 6000 年前的贝塑龙虎墓，大部分的学者都将注意力放在贝塑及龙、虎图腾的方位上。墓中的图腾也确实东龙、西虎（见图 118），但却没有注意墓的形制亦为北方、南圆，就是表达北阴南阳之意。整体来看，为东龙、西虎、北阴、南阳，也即一个小型的宇宙中心矣！

望仙桥此处的圆弧不仅表达意念中的南方之阳，同时，也是表达此时此刻具体的"天穹望日"之形象。古人认为，天似穹顶，像一只倒扣的锅盖，周边低中心隆起。而太阳的运行，也是沿着天穹之盖而行。每到中午太阳就运行到了天穹的最顶点。古人认为，此时的太阳神是最有神威的时期，也是太阳神最需要营养补充的时期。这就是为什么民间自古传俗为"中午祭日"的原因。

现代人的婚礼也多定在午时，也是承继祖俗，为了获得日神最大神力的照顾。古代杀人行刑也在"午时三刻"，意在利用日神最威烈的神力，杀灭罪犯之阴魂。

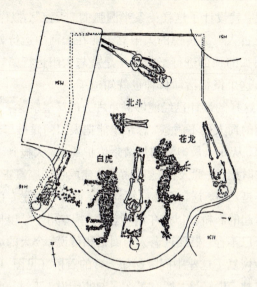

图 118 河南濮阳贝塑龙虎墓，墓形制为北方南圆

古人一直重视"午时祭日"。"午"与"五"通。5 月 5 日就是一年中祭日最大的日子。5 月 5 日就是早期 10 月太阳历时代认为的"年中"，意喻日神行进到一年（天顶一圈的）最中点，并在这一天隆重祭日。所以这一天叫"端午"，又叫"端阳"，也即一年的中午端立于当顶的太阳之意。北京紫禁城南城，迄今尚有"午门"、"端门"，就是借用"午顶端日"吉意命名。同时以此拟作日行天门，把皇城打扮成天庭。

中午的太阳，又被称作"望"，也即最烈最威的日神。人们今天还把满月称作"望月"，也是此意。望又通旺，"望日"就是"旺日"。还有古人选择居地时称"地望"，也是此意。

339

如此，我们知道了，中午的太阳已行至天穹的顶端，又称"望（旺）日"，那么，此时的祭祀活动，就不能在平地举行了，而应赶上太阳的高度，在天穹的顶部祭祀。但古人又不能上天，怎么办呢？于是，就设计了这样一条半圆弧的"天河"，拟作天穹，（此设计与埃及古人一直传说的太阳靠天船在天河中运行如出一辙。）并在这个圆弧的顶部进行祭祀，于是就与太阳运行的轨道成平面了。那么，这个祭祀活动日神也就知道了。

本来，这样的设计已经能够满足古人的"望祭"了。然而，稍后一些时期的蜀人仍不满意，总希望能把太阳伺候得尽善尽美，让它无可挑剔，从而以最饱满的热情来佑护蜀人。大概到了在蜀人生产力允许的时期，古蜀人将"望仙桥"改建成了一座真正的"天桥"！这座桥已不是"迎、送"两座桥那样的平面状，而是专门建了一座中心高高隆起的石桥，以应午时"望祭"，专用于"望日"之祭。这座古桥今已不存，但经过老人的回忆和传说，今天的成都人已按原样在原地恢复了这座中间隆起如天穹的石桥（见图 119）。可见此地古为日神"望祭"之桥有多么深刻的传说。不过，此桥古代只在祭祀时才用，平时人们仍利用旁边的平面石桥通行。

图 119　今天恢复的高高隆起的望仙桥

"望日"之祭一定非常热闹，人们会长时间地在此献祭。同时古人也认为此地望也是最吉祥的人居地。时间一长，这里也有了很多居人，形成场镇，因而此地仍有古名"望仙场"（见图120）。

图120　望仙桥附近的街牌，指向望仙场

读者可能已经很清楚了，下一座桥的任务就是"送仙"。送日回归西方昊帝之处，也是不能马虎的，要说很多热情欢迎再来的话。其时当在日落前一个时辰就开始进行，直至太阳完全落山。这一整套的东祭、立春之祭最重要的活动此时才算结束。

从前面图上可以清楚地看到，现有的"青羊横街"，也即望仙桥所在的街，在古代肯定是一条正规进入青羊肆祭祀点的正道，它端直地冲着青羊宫，是青羊肆建筑群的中轴线，而青羊宫（肆）一地，当时肯定为东祭日神点的大本营，还应有与之配套的建筑。然而，问题又出来了，祭日路线为何不从金沙都城直接进入青羊肆？如果是这样，那么，青羊肆（宫）的正面就应开在西方才对，但从古人一定会原样承继（实际上也是原样承继）古俗设计的逻辑，从今青羊宫大门仍开在南方及其"三桥"和象征"天穹"、阳方的水系来看，这一建筑群一直保留着原始设计，几乎没有改变，那么，又为什么要从南入，而不东入呢？

这不得不引入华夏民族最古老的圣地布局观念。

《封禅书》中记录了这样一件事，说汉武帝朝拜泰山时，发现岱庙已朽旧，拟选址重建，但又不知古庙祖制，该怎样建才符合祖制。于是让群臣打听查找。有一人名公玉带，献上了他家祖传保存的昆仑时期传说的神庙（明堂）图。图为这样："明堂图中有一殿，四面无壁，以茅盖、通水、环宫垣为复道，上有楼，从西南入，名曰昆仑。"此形为传说的昆仑时期非常简陋的圣庙（庙名就叫"昆仑"，昆仑山也因此得名）的基本构形。后来历代有所发挥，但有几处没有变。特别是"从西南入"这个方位，很多史前圣地都完整承继。连日本国今天考古发现的史前明堂，都按此制。

成都青羊宫的"望仙桥"之路，也正在西南方，正符合古制从西南入。至于为何由西南入，解释起来很长，暂略。不仅此祭点由"西南入"，而且如果以"望仙桥"及"青羊横街"为此祭点中轴线，整个青羊肆的位置也在东南方。其原因正是为了连祭"东、南"两个阳方——整个青羊肆东祭点的设计，完全按照同期祖承的中原系统祭祀文化，而如此庞大的系统决不可能偶然相似！可以肯定，蜀人及古蜀文化系统来自中原夏后氏！

青龙场与牛王庙

我们在前面分析了三星堆故城和金沙故城周围残留的古代郊祭点，特别是成都青羊宫的东祭点，几乎原样保留。其实如果仔细分析，就连秦人入蜀后，由秦人监督、蜀人自建的成都城，今天也仍能看到当年郊祭点的残留。

前面已经分析，古人非常重视东祭和南祭，因为这两方属阳，与日神关系密切。加之阳方之祭，总是袒露于地面，其设施和祭仪都需要暴露在阳光下，以便直接与阳神交流。因而，残留在地

面的遗留容易被发现。而北、西之祭均为阴祭，多以沉璧于河或者埋器于地的方式献祭，因而难以发现遗留物。

需要说明的是，金沙雏都的放弃，是在秦国的侵略者血腥暴力的压迫下，蜀人为了保护自己的圣庙而自动掩埋的。因为秦人入蜀后，首先要做的就是捣毁开明王朝的统治中心，紧接着就要毁灭蜀人的圣庙、祭祀中心，以示彻底埋葬蜀国，让蜀人失去信仰和聚会的中心，避免一些不甘愿做亡国奴的人利用这个中心组织蜀人反抗秦人的统治。因为任何一个信仰中心都潜藏着反抗侵略者的暴力隐患。因此，秦人入蜀后，蜀人没有了祭祀中心，同时也停止了祖传数百年的祭祀活动，即使个别的铁杆分子，也只能偷偷地在家里进行本族的祭仪。当时整个蜀地中的蜀人，都生活在秦人武装统治压迫的白色恐怖中，根本不可能还有集会祭祀的机会和心情，秦人也不会放松对蜀人的警惕。这样的对抗至少经历了几十年，直到后来才有所缓和。也就是说，蜀人从金沙雏都放弃之后，至少"息祭"有几十年甚至一二百年时间。

到秦汉以后，特别是汉王朝的仁治时代，人民宽衣足食，生活富有，加上汉王朝本身崇尚祖俗，（大量的神明文化和浮雕图腾出现于汉代，就是有力的证明。）蜀人又恢复了祖祭。只不过，这一次恢复，已没有早期那样严格和系统，也不可能在城中心建立什么大型祭台。因为蜀地当时只是中原王朝的一个郡地，没有资格独立成王。但祖承的充满着戏剧性的"郊祭"活动，则一直在民间传说着。因此，汉代的蜀地更多的只是恢复了祖俗郊祭，并且已无早期那样庄重，更多的演为自娱自乐的集会祭祀了。

同时，秦汉时期的蜀地已习惯了将中原视为上级中心，仰慕中原的发达文明，各类文化多有引进和学习中原流行文化之意向。因而，蜀地恢复祭俗时，也部分地参考了中原的祭俗。最明显的是将过去传承的郊祭方位依轴心逆时针旋转了一格，将东北方视为了东方，将过去祖承的东南方视为了南方等。根据这一背景，让我们对号入座分析一下迄今残留在今成都市的几个方位地名。

成都市现在东北方仍有一个地名"青龙场"（见图121），此地何时建场，不必考证。但古有"青龙"一名，不能不让人怀疑，其方位又正好在成都城的东北方向。这个"青龙"一名，就是东方图腾的正名，极可能是现成都城汉代"复祭"时留下的东方郊祭点的名称。最让人惊叹的是，青龙场一旁紧邻着的还有一个地名"八里庄"！它使我们马上想到古代郊祭东方要向城外行走"八里"的规制，这难道会是偶合？其名称、方位、距离及当时的祭俗，都如此惊人地吻合，恐怕不会是偶合，而正是早就发生过的客观事实。只是经过了近2000年的历史动荡，竟然无损地保留至今，倒是一个奇迹。

成都市东部青龙场、八里庄及
南方牛王庙的位置

图121　成都市今尚存的青龙场、八里庄与牛王庙地名分布及位置

青龙场与八里庄今天看来是两个地名，而在古代实指一处。

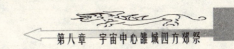

"青龙"本指东方郊祭点，由于"青龙"一地必须位在东方八里之
处，故又俗称"八里"。二者如身体与影子，相跟相随，无法分离。
由于古人非常重视东方太阳神之祭，因而，祭俗隆重，祭点设施
也丰富。加上汉代祭俗已不像早期那么严格，略有淡化。因而，
此处既是祭点，又可能是人居聚地。在举行祭祀活动之时，此地
称作"青龙"；由于东祭点按古制当离中心雒城"八里"，故又将
此地的人聚点称作"八里庄"，一直传至今日。而这个"八里"，
肯定因郊祭之俗依中心雒城东行八里而得名。否则，为何称"八
里"，又以何物作参照？

现在的青龙场与八里庄在成都市二环路以外，与早期的秦城
距离似乎超过了"八里"。这可能有两种情况，一是复祭之时的
汉代成都城是否已有扩建，东城墙是否已外移了一定的距离，
现在没有考古证明；二是这个"八里"并不是用尺子量出来的，
而是由巫师自己用步子度量，因而其中就有一定的随意性，出
现与实际的"八里"或远或近的情况，均为正常；第三种可能
就是，地名总是随着人们的活动而不断移动。本来泛指一大片
地区的地名，由于有了一座建筑，后来成了确指这一建筑地的
地名，导致地名的移动。这样的情况在现实中非常普遍。由于
"青龙"和"八里"这两个地名为同一祭祀系统中的联名（正是
因为这一联名，才使我们确信它是东祭点），因而，一个地名移
动，另一个地名会像影子一样，随之移动。而且，从此两地名
是向更东方移动来看，极有可能是因为扩城，东城墙向外移动
而导致的同步东移的结果。

汉代蜀地郊祭方位的改变，很有可能是受到中原当时东祭方
位的影响，甚至就是直接引进的中原祭俗。西周时期，中原地区
的东祭方位就是在东北方向。古人的祭祀活动虽然在地面进行，
实际上每一个内容和程序，都是按照古人对宇宙的认识而设计的，

所有的祭祀设计都是为了应合天道。今人眼中的一年，只是个时间概念，但"一年"的概念在古人的眼中，是太阳神绕天运行了一周，又回到原来的位置。在古人眼中，这个"一年"除了时间概念之外，还有一个形象图，就是太阳在一个圆环状的天穹上，经历了四个方位的四季，又回到原来的地方。这个图与现在的地图方位一样，上北、下南、左西、右东。这个图上又被划分出四季的节气交点，而立春、立夏、立秋、立冬这四个重要分段节气，就分别均等地标在这个圆的四个方位上，类似一个"X"形。而"立春"之节气就在正东北角方位上。立春，就是指春季的确立，从这一天开始，春天就到来了。然而，立春的前一天，还为冬季的日子。因此，立春这一天，实际上是太阳辛苦地钻过寒冷的冬季，终于又回到了东方的春天，也是一年中的第一天。因而，中原地区的东祭方位定在东北方向，就是祭祀立春这一天。从这一天开始，春天建立起来，从这一天开始，日照的时间一天比一天长，所以《礼记·郊特牲》说："郊之祭也，迎长日之至也。"这里说的就是东祭，目的之一在于"迎接长日"的到来。前面提到的青羊宫的东祭点"从西南入"，也包含着敬拜"立春"方位之意。三星堆经典雒城在城南行祭，祭祀轴线伸向东北方向，也是祭祀东北方。其祭方位也包含有此意。

　　现成都城不仅保留着汉代的东祭点地名，似乎还保留了南祭点的地名。从前面的图上还可以看到，成都市东南方一环路口，还有一个古承的地名"牛王庙"。我们在前面已提到这个牛王庙，金沙遗址也出土了青铜牛头，形制和祭俗应是引进的中原当时流行的"牛王"崇拜。因为这个"牛王"崇拜之俗，不见于三星堆遗址，不是蜀族的祖俗，也不见于岷江河谷的土著羌俗，更不是巴族的祭俗，因为巴人很晚才进入农耕经济。尽管岷山古羌也有"牛头"崇拜，但不是以突出的南方之神置于祭坛。两者有更古老

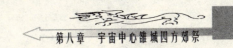
的祖源祭俗联系，但没有当时的"牛王"崇拜的传播和承继关系。因而可以肯定，此俗来自中原的传播。(此俗在中原的西周以后流行，并被金沙雒都接受的事实，也是有力地证明金沙雒城存在的时间之证据。金沙雒都不可能出现在商代晚期和西周早期，因为那时无论蜀地还是中原，均无"牛王"崇拜之俗。)

有关因为对农耕经济的依赖，转而突出崇拜"牛王"之俗的背景，前面已述。"牛王"是金沙雒城的南祭神祖，同时又出现在成都城的南方，不仅证明了这一祭俗来自金沙后裔的传承，反过来又证明了金沙的牛头神王为其南祭图腾。同时，此庙出在南方，又与"青龙场"为东祭点相互佐证。这个"牛王庙"的位置，又似离成都中心城近了一点，其原因也不外前面分析的那样。

古人对动物图腾应当出现在哪个方位，非常讲究，决不会出差错。由于"牛王"为南方图腾，南方就是最适合牛王生活和出现的正统方位。因而，古代成都人的"牛市"也设在南方。今天成都市离"牛王庙"更南方约 1 公里处，还有一地名"牛市口"，就是为了应合"牛王"位在南方，而进行牛的贸易也必在南方之古训。

羊子山合——共工的镇水祭合

成都城周围不仅有秦汉以后的东、南祭点，似乎还有战国晚期的北祭设施。只不过，这一组设施不属郊祭系统范围，而是更古老的北祭系统的再现，且比成都城郊祭系统更早出现。由于这一系统迄今无人披露，故在此利用成都城发现的北祭实物，作一介绍。

　　成都市考古工作者几十年前，在市区北方驷马桥以北 1 公里处的沙河边上，发现了一座古代留下的土包。土包上长满了青草，古代多有牧羊在土包上食草，故被称作"羊子山"。后来发现，这个土包是古代人工筑砌的一座土台。经发掘，发现这是一座规模宏大的三级四方台，底边长 103 米，一、二级各宽 18 米，第三级宽 31.6 米，高达 10 米以上，总面积为 10732 平方米。经成都市考古所恢复如图（见图 122）。《成都文化文博词典》在《羊子山土台遗址》条下这样记述："1953 年以来，从该地相继发掘出秦、

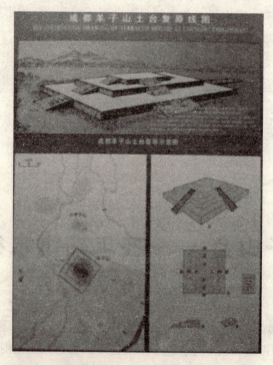

图 122　成都市北郊发现的羊子山台（恢复图）

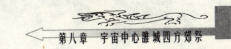

汉、隋、唐、宋、元、明诸多文物古迹。最底层为春秋战国时期
的大型土台遗址。"同时，又在这座土台的附近发现了一座建于同
期的略小一点的同类土台，也就是说，羊子山土台实际上是一大
一小两座土台。

　　这是一组什么建筑？建于什么时期？包含着哪个族属系统文
化？目前为止，尚无结论，甚至没有学者介入研究和讨论。

　　由于三级四方台是华夏古代典型的祭祀设施之一，因而，我
们必须将它放入祭祀文化系统中来分析，才能有所根据。

　　从目前已掌握的华夏古祭祀系统来看，一般没有单独建一座
三级四方台充作完整祭祀中心的传说和实例。这类祭台往往是依
傍着一座"雒城"中心的附属祭祀建筑。这类土台一般情况下都
是象征昆仑山的三级四方祖山台，或者象征古老时期传说的昆仑
神话中的先祖图腾之台。因而，它们往往建在古祭中心雒城的西
城外和北城外，因为这两个方位都代表女性母祖方位，而祖山和
先祖图腾通常被视为女性母祖。况且，古代"五行"郊祭中，东、
南两方属阳，已有相应设施，不可能异性叠置。

　　按照这个基本规则，我们来看看羊子山土台是哪座雒城的配
套设施。通过比较，发现羊子山土台应当是现成都初城（也即
秦人入蜀时建的"秦城"）的北方祭台（见图123）。因为古代祭
祀设施是否为一组配套系统之设施，有一个最基本的标准，就
是各类设施必须与中心雒城的方位朝向严格一致，这样才能沟
通灵气，互为一体。目前发现的羊子山土台朝向为规正的东北
—西南向，与成都秦城完全一致，同时又位在东北方向。因而，
它不可能是金沙雒都的配台，更不可能是三星堆故城的配台，
而除此之外，这一地区再没有较大的都城中心了。加上在此地
发现最早的文物为"秦"代，（但将土台建筑时间定在"春秋战
国"太笼统，文物发现的是"秦"，土台怎会过早？但这个"秦"

对于四川来讲，应当可早至秦人入蜀的战国晚期。）因此可以认为，这座土台应当建于战国晚期，与成都秦城同期建筑，并是成都秦城的配套建筑。

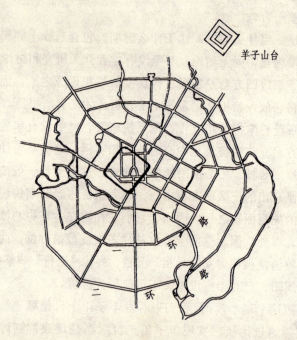

羊子山台

羊子山三级四方台与成都秦城（中间黑框）的距离与朝向关系

图123　羊子山土台所在位置，并与成都秦城朝向一致

然而，古人为何建此"二台"？为何置于东北方向？为何要建成三级四方台？经研究，发现这一祖俗仍为华夏民族古远的祭俗。这样的"二台"之俗，《山海经》中早有传记。

《海外北经》云："共工的臣子叫相柳氏，长有九个脑袋，而且同时吃九座山上的食物。相柳氏到达的地方，都变成沼泽和山谷。禹杀死相柳，他的血流出来遍地腥臭，不能够种五谷。禹挖土填塞这块地方，填充了三次，坍塌了三次，禹干脆在这里为几个先帝修造了几座灵台。灵台在昆仑山的北边，柔利国的东边。相柳这个怪物，长有九个脑袋，人的面孔，蛇的身子，浑身青色。射箭的人不敢向北方射，因为他们害怕共工台的威灵。台在他（指相柳）的东边。台呈四方形，每个角都有一条蛇，老虎的颜色，蛇头冲向南方。"

　　引文中信息量也很大，特别是涉及到了北方的"灵台"，下面逐一分析。

　　文中说的共工，就是北方水神。但这个在古代传说中非常有名的水神共工，后来却没有进入"五行"系统列为神系之一，这是为何？有学者研究认为，这个"共工"实际是北方鱼形水神"鲧"音变为"鲸"，又再由"鲸（音滚）"传变为双音的结果，此说甚是。"共工"正是"鲸"的双音。"鲸"为大鱼，共工也传为水神，肯定是鱼形水神无疑。

　　文中说共工的臣子名"相柳"，且流到哪里，哪里就变成沼泽和山谷。这里说的就是水。"相柳"就是水霸的别名。水流入山地，就会把山切割成河谷，流入平地就会变成沼泽。其"相柳"一名，实际上借度的是"杨柳"。柳树总是生长在河边，且喜水，故用植物柳树，拟作水神共工的臣子，代表共工司水。禹杀相柳，是指大禹治水采取了有力措施。至于说相柳死后，流出的血腥臭难闻，故挖土造台，当是附会。但禹在这里挖土造台并造池，却可能是事实。但由于此传为古老的昆仑神话，早于大禹时代若干万年，因而，当为混传。或者是指"禹（鱼）"水神在此建台，后附会于大禹。或者是早就有大禹（鱼）之神的传说，后来夏王朝的国君附会了早期的鱼神之名号。

　　但请注意，文中明确说明了有人王在此率众建台，而且建的是祭祀共工水神的台，目的在于建此台镇压水怪"相柳"，实际上是利用共工神力镇压古人经常遭受侵害的洪水。因为洪水"相柳"是共工的下级，只有利用共工之威。此台就应名"共工台"，文中明确有"害怕共工台的威灵"一说。还有一个信息要注意：台呈四方形，就是指三级四方台。台的每个角都有一条蛇，老虎的颜色，蛇头冲向南方，说明蛇身置于北方。蛇也为水神之一，置此共工台的四角，警惕地提防着南方火神的进攻，护卫着上级水神共工的灵台。

然而，这里只说建了几座台，并没有说建两座台。但《海内北经》却另有记："帝尧台、帝喾台、帝丹朱台、帝舜台，分别都是二座台，台的形状是四方形的，在昆仑山的东北方向。"

这里清楚地传记着古代的先祖图腾均有两座三级四方台，且均建在昆仑山的"东北方向"。古人是否真的为这么多的神明图腾都建过"二台"，现已无从可考，但既然一直传说着每位图腾先祖都有一处"二台"，那么，共工之台也应当是"二台"。

《大荒东经》有句："有一种五彩斑斓羽毛华美的鸟，喜欢成双成对地婆娑起舞，天帝帝俊喜欢下来与它们交朋友。帝俊在下方的两座祠坛，就是由这种五彩鸟掌管的。"

这里也提到太阳神帝俊，在地面也有两座灵台。"五彩鸟"就是早期传说的经典太阳鸟。

由此可以肯定，古传的天神们自己的"家庙"或祭台，均为"二台"。

成都羊子山台也为一大一小两座台，且方位也正好在"东北方向"，而且又是在一条西北—东南流向的沙河的北边。这是否正是为了应合传说中的昆仑山之"海外（河外）"东北方向的共工之台呢？回答是肯定的。从此两台所处的位置，联系古文化系统来看，羊子山土台正是与成都秦城配套的用于敬祀北方水神共工及镇压洪水鬼怪的"共工台"！

　　不过，这样在雒城东北方建共工二台的祭祀系统是哪个族属的传俗呢？按逻辑，《山海经》中有传，蜀族又来自正宗的夏后氏，蜀地又一直流行蜀族系统文化，把这一传俗视为蜀族祖承似乎天经地义，顺理成章。

　　然而，由于种种原因，目前未在三星堆及金沙故城的北方发现同类遗留，特别是尚未在三星堆故城雒河以北发现同类土台。因为三星堆三期文化可以百分之一百确定为正宗蜀人祖承文化系统，金沙由于有巴人文化的介入，还不能以金沙故城的布局为纯粹的蜀文化参照。加之成都平原可以确定为蜀族文化传播地的中心地区现有大量的地名为"三台"，也即后裔们承继三星堆故城中心天、地、人三星台的亚级祭祀中心，基本不见"二台"之地名和实物，因而难以将羊子山之共工台判断为蜀文化系统的产物。

　　令人困惑的是，我们恰恰在长江中游地区，即古代巴人文化的中心地，巫山、巫溪、城口、云阳、奉节等县境内，发现了迄今尚存的十几处"二台"、"二台子"、"双台"等地名，这说明建"共工二台"的祖俗，兴起于巴人的祖地！

　　综合来看，当是秦人入蜀后，监管巴、蜀两族人修建成都"秦城"，由于两族人机智巧妙的斗争，以"鳖灵"相胁，迫使秦人认同按照蜀地传俗，将城建成符合三星堆祖制的城垣布局。同时，也争取到了建筑"二台"的批准。因为羊子山台的规模很大，不可能偷偷摸摸地修建，必须征得秦人的同意。于是，蜀人大胆地与成都城同期建筑了此二台。考古学在台上发现的文物最早为"秦"，也是力证。至于将土台建筑时间推断为"春秋战国"，有失笼统，它正应建筑在战国晚期。

　　从前引《山海经》传说中，共工台四角有蛇相守，头冲南方的记载来看，羊子山土台早期的四角应有"蛇"相守。金沙遗址中也出土了石刻的蛇（见图 124），可能就是用于共工台的守护神。因为在金沙的傩祭系统中，单独的蛇图腾并无可置的席位。

图 124　金沙遗址出土的石蛇